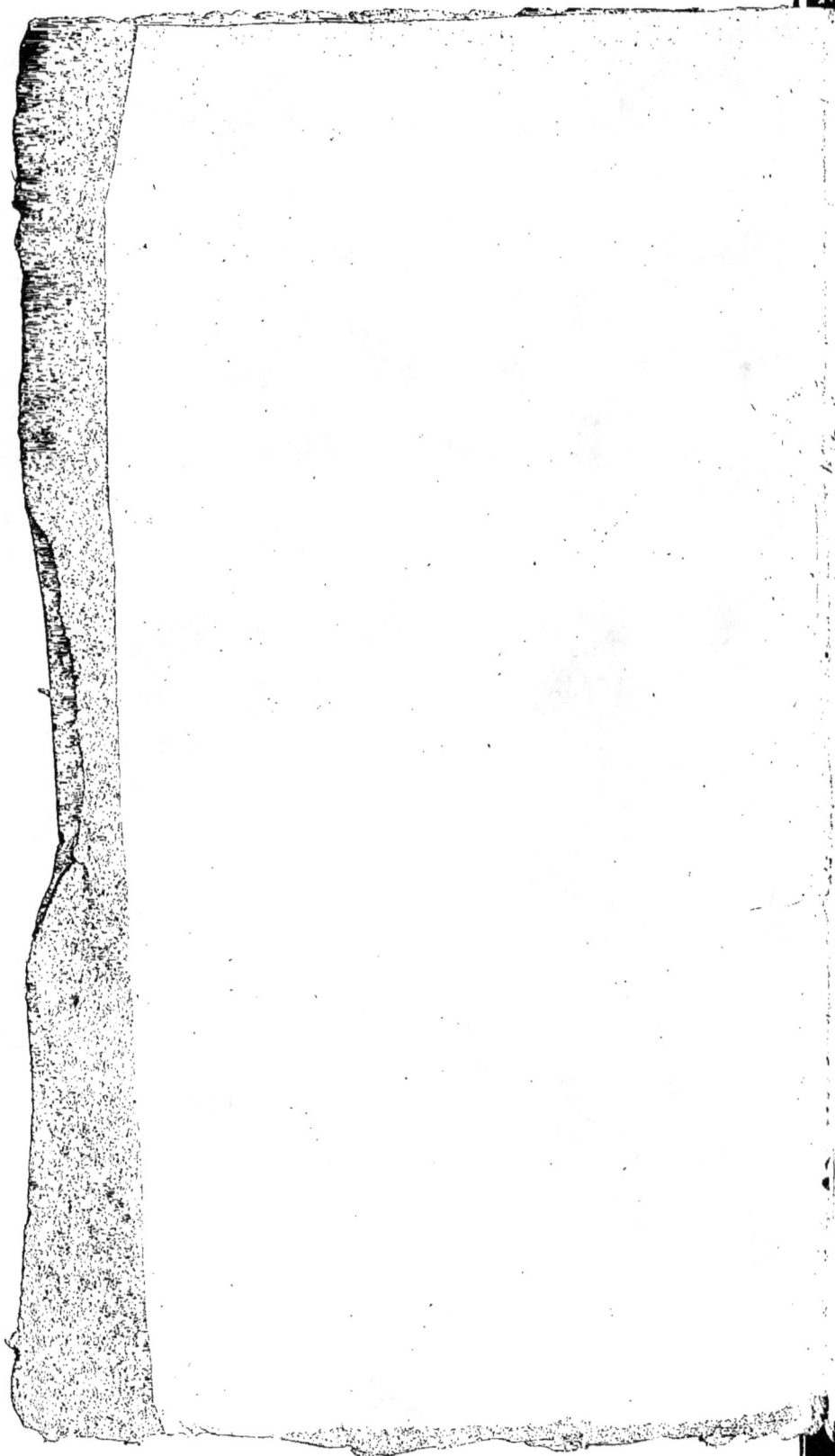

TRAITÉ

ANALYTIQUE

DU DROIT ET DE LA MORALE.

A. = CRE.

NOTE DE L'AUTEUR.

Les fautes typographiques et quelques inversions dans les mots et dans les citations, seront réparées dans un *errata* et un supplément général placés à la fin du quatrième volume.

L'Auteur a rempli les formalités prescrites par la loi, pour assurer la propriété de son Ouvrage; afin de prévenir toute surprise ou contrefaçon, chaque exemplaire sera revêtu de sa Signature.

Gy Grouard

TRAITÉ

ANALYTIQUE

DES MATIÈRES PRINCIPALES

DU DROIT

ET DE LA MORALE,

CONSIDÉRÉES DANS LEUR RAPPORT AVEC L'ÉTAT
ACTUEL DE LA CIVILISATION;

Précédé d'une LETTRE AU ROI sur la situation
politique de la France.

PAR G.-Y. GROUARD, Docteur en Droit.

TOME PREMIER.

PARIS,

CHEZ TESTU ET COMP^e., RUE HAUTEFEUILLE,
N°. 13.

De l'Imprimerie de TESTU, Imprimeur de LL. AA. SS. Mgr. le
Duc d'ORLÉANS et Mgr. le Prince de CONDÉ.

1815.

LETTRE AU ROI.

SIRE,

La France, après vingt-cinq années d'angoisses, vous devait le repos et sa réédification sociale; mais elle recelait encore le germe de la frénésie; une convulsion nouvelle s'est manifestée; des Français ont donné à l'Europe l'exemple le plus scandaleux de l'ingratitude et de la perfidie. Celui qui avait suspendu le crêpe funèbre sur le seuil de presque toutes les familles de l'Europe a été tiré de la retraite, qu'une clémence trop magnanime peut-être *lui avait accordée ; il a osé se replacer sur le trône qu'il avait usurpé. Il était rentré en France, comme Marius, respirant la vengeance, et se souvenant des marais de Minturnes :*

« . . . . Et tacitum vivit sub pectore vulnus ».

Repoussé par une force morale, il n'a pu trouver d'assiette qu'en s'environnant d'hommes qui, pour conserver des richesses trop facilement acquises, pour obtenir de honteuses grandeurs, ou pour satisfaire un esprit de parti trop actif, se sont habitués à braver toute espèce de considération et à tout hasarder, et propter vitam, vivendi perdere causas. *Aussi, pendant les cent jours du second interrègne, on a vu se dérouler le tableau renouvellé de tous les genres d'excès,* justâ in indignatione quis sibi ipse temperet! *La conduite de ce gouvernement hétéroclite a démontré que, s'il craignait l'épreuve d'une persécution en masse, il avait résolu de tourmenter partiellement; ses actions laissaient apercevoir un sys-*

tème de gradation qui, dans sa marche, devait bientôt arriver au rétablissement d'une affreuse tyrannie ou d'une effrayante anarchie, omen hoc avertite Di immortales!

La mésintelligence est la suite nécessaire de l'injustice; un nouvel excès venait ajouter à un autre excès; les murmures grossirent, parce que la sûreté est la confiance dans la force de tous pour assurer le droit de chacun, et parce que l'offense, faite à un seul citoyen, devient la cause de tous. La grande majorité, trop péniblement blessée par le joug qui, progressivement, s'appesantissait sur elle, s'efforçait à le secouer. De là, la manifestation des vœux qu'une police impériale cherchait vainement à comprimer; ils s'adressaient au Monarque que, dans leur affliction, les Français appelaient à leur secours.

Mais ces vœux, dans la presque totalité de la France, ne pouvaient avoir qu'une force négative, insuffisante pour lutter *contre l'action du gouvernement, pour dompter l'esprit de vertige et d'imprudence qui s'était emparé de l'armée, et pour comprimer l'effervescence de la classe nombreuse, toujours lasse de dépendance, toujours ennemie d'un ordre de choses légitimement coordonné. Cette situation politique de la France sera recueillie par l'histoire morale des nations pour établir le danger des gouvernemens militaires, et combien il est prudent de tout faire pour le peuple et rien par le peuple :* multitudo aut servit humiliter, aut superbè dominatur.

Les Souverains de l'Europe résolurent enfin d'anéantir le fléau de destruction que la guerre avait successivement amené chez eux. Ils formèrent une association imposante. Ils semblent avoir adopté, pour mot de ralliement, c es vers d'un poëte célèbre :

Exterminez, grands Dieux! de la terre où nous sommes,
Quiconque avec plaisir répand le sang des hommes!

Leurs armées se sont présentées aux frontières; mais déjà ces Souverains alliés avaient, par des déclarations solennelles, instruit les Français du but unique de leur expédition; et, lors du premier acte d'hostilité, des proclamations énergiques achevèrent de les éclairer. Ce n'est plus leur asservissement, ce n'est plus la destruction de leur patrie, destruction (comme j'aurai occasion de le prouver dans le cours de mon ouvrage) qu'ils auraient vainement tentée, car la France pro patriâ, laribus et religione pugnans *sera toujours invincible; c'est leur délivrance, c'est le don de leur Roi légitime, c'est le gage d'une paix désormais inaltérable qu'on leur assure; l'amour de la patrie se trouve alors d'accord avec le vœu du cœur; la plupart des villes ouvrent leurs portes, les citoyens posent les armes, et la France est délivrée sans être vaincue.*

Les rayons de Phébus ne paraissent pas plus éclatans, quand ils viennent éclairer la terre après une longue nuit, que ne le fut l'effet que produisit l'annonce de la présence de VOTRE MAJESTÉ dans sa capitale; tous les cœurs lui furent ouverts; un cri général d'alégresse se fit entendre, spes omnis et fortuna nostri nominis.

Mais ce résultat si heureux et si ardemment désiré n'a été obtenu qu'au prix de beaucoup de sang; mais les excès d'une guerre générale ont dévasté le territoire national; la France, l'Europe ont besoin d'une garantie contre le retour de tels malheurs. C'est dans la punition des traîtres que réside la garantie plus particulièrement constitutive de sécurité, en évitant toutefois, dans une telle occurrence, et les excès de sévérité et les abus de l'impunité.

D'abord, on ne peut nier que la révolution, ce tems de dépravation où les mœurs et les idées ne connaissaient aucun frein, n'ait été très-favorable aux intrigans de toute espèce, qui se reconnaissent à ce signe :

Du mouvement, dit-on, sans lui tout est stérile,
Le talent sans l'intrigue est un meuble inutile.

et qui finissent par s'accoutumer aux sentimens bas, comme Mithridate s'était habitué au poison. Leur tourbe s'est accrue avec leur audace; on en voit par-tout porter les couleurs qui ne sont dues qu'aux gens de bien; ils ont fait irruption jusque dans le sanctuaire sacré, pervetere jura divina et humana!

Les bons esprits, qui ont été indignés de ce désordre, connaissent le seul moyen de l'extirper : c'est de renoncer enfin à ce système d'administration composé de matières hétérogènes, système funeste qui tend à allier deux contraires, et qui fait survivre les effets à leur cause : c'est d'éloigner les profanes de toute participation à l'administration publique, pour ne la composer que d'hommes probatæ artis et fidei, ce qui amènera la guérison du corps politique, et lui assurera une vigueur indomptable.

Il est de notoriété que l'homme qui a

adopté un parti, ou qui même s'est formé une opinion sur un sujet quelconque, abonde toujours dans son sens, et que son erreur ou sa résolution deviennent souvent indestructibles, suo quisque studio ducitur.

D'un autre côté, une expérience funeste démontre que l'intérêt particulier l'emporte par fois sur le devoir, et presque toujours sur l'intérêt public. L'homme est avide de dignités ; il éprouve aussi un penchant naturel à acquérir des richesses par le moyen le plus prompt et le plus commode ; rien ne lui coûte pour atteindre ces objets de toutes ses pensées ; il adopte tous les masques, il affecte toutes les vertus, et, suivant l'expression du bon Lafontaine, il dit, selon les gens, vive le Roi ! vive la Ligue !

Ces deux vérités une fois établies, il devient évident que les grandes administrations, si elles étaient composées d'individus trop cupides, ou d'antagonistes du régime politique, ne pourraient être que *dangereuses; elles n'offriraient point cette union franche et désintéressée sans laquelle il ne peut y avoir d'action positive; elles entretiendraient au contraire un foyer de scission, protecteur des dissensions.*

Il convient donc de recourir à une épuration dirigée avec ménagement. Il serait possible que cette idée d'épuration excitât quelques murmures; on doit même s'attendre à quelques cris; mais il est préférable de trancher le mal dans sa racine, que de le neutraliser par des lénitifs perfides, medicus crudelis est qui exaudit hominem et parcit vulneri. *On aurait tort de prendre cette révélation pour une déclamation; on verra tôt ou tard l'effet des dangers qu'elle signale :*

Quod modo proposui non est sententia, verum
Credite me vobis folium recitare sibyllæ.

Lorsqu'un homme abandonne le chemin de l'honneur, lorsqu'il fait abnégation des sentimens de délicatesse, il sera toujours le fléau de la société, parce qu'il étudie la finesse-pratique des fourberies, et qu'il épie tous les moyens d'être impunément méchant; il sera d'autant plus dangereux, qu'il sera plus élevé ou plus instruit : les talens sans la vertu, dit Montesquieu, sont des présens funestes, car ils ne sont propres qu'à donner plus de force aux vices.

Dès qu'on obtient la preuve d'une de ses mauvaises actions, il faut le terrasser :

.........Omne aditum malis percludito.

La société doit être satisfaite; elle a besoin de la punition du coupable pour effrayer, pour arrêter ceux dont le malin esprit a déjà commencé la dépravation, multis delinquentibus pœna unius debet esse metus multorum. On ne connaît que trop les dangers de l'impunité; loin de corriger, elle enhardit dans le crime, elle apprend à mieux cacher les délits, quibus cùm benefeceris pejores fiunt.

Cependant, la société doit la justice à ceux même qui se déclarent ses ennemis; elle veut que les peines soient proportionnées aux délits; elle exclut tout excès de *sévérité*, adsit regula peccatis quœ pœnas irroget æquas. *Elle veut, en outre, que les délits soient personnels, et que l'auteur seul supporte la peine de son action*, filius non portabit iniquitatem patris, neque pater iniquitatem filii.

Et puis, dans les circonstances extraordinaires où la France s'est trouvée, on peut dire qu'il est indispensable de légitimer certains faits et d'excuser certains excès qui ont eu lieu avant la restauration; il n'est plus possible d'empêcher que ce qui est fait ne soit fait, multa fieri prohibentur quæ facta tenent.

En effet, toutes les nations de l'Europe avaient reconnu le gouvernement que la France s'était donné; elles avaient même à ce sujet stimulé *la France, en déclarant, à une époque remarquable, qu'elles ne traiteraient avec elle que lorsqu'elle aurait un gouvernement régulier; est-il dès-lors étonnant qu'un grand nombre de bons citoyens y ait pris part et l'ait servi fidèlement ? L'entraînement à cet égard fut tel, que beaucoup d'anciens privilégiés, d'anciens hauts et puissans seigneurs briguèrent les faveurs du puissant d'alors, et tinrent à honneur d'exercer diverses fonctions publiques ; ils y furent amenés par le torrent commun ; ce ne serait pas leur rendre justice que de croire qu'ils méditassent, dès-lors et en cachette, un vaste plan de perfidie. Il n'est personne qui ne sache que la perfidie est une mauvaise action, qu'elle est répréhensible, quel qu'en soit le but ; il en est peu qui osent dire avec détermination :*

Il faut des conjurés flattant la lâche estime,
Pour servir la vertu, jurer encore le crime.

Ceux qui aujourd'hui viendraient se vanter de cet horrible manège, ne seraient pas crus, non audiendus propriam turpitudinem allegans. *Ils ne recueilleraient que mépris ; une bassesse ne peut être utile à l'usage de la vertu, elle ne sert qu'à agrandir la carrière du vice,* in délectis scilicet non laudari auctorem.

Mais, sont-ils coupables, sont-ils même blâmables, ceux qui se sont associés au gouvernement sous lequel les Français, encore bouillans de quinze années de fougue et d'agitation, avaient cru devoir se rallier ? Non, sans doute ; c'est le cas de l'application de cette maxime : Error communis facit jus. *Certes, si quelque chose peut constituer une commune erreur, c'est l'assentiment de tous les Souverains de l'Europe, qui, dans des circonstances difficiles, ont traité d'égal à égal avec le chef du Gouvernement français ; un d'eux lui donna sa fille chérie en mariage ! Les Français, dès-lors, ne pouvaient que secrètement accorder des larmes à leur Roi, à leurs Princes proscrits, mais ils devaient obéissance à l'Empereur, général d'un million de soldats.*

D'un autre côté, des publicistes trop célèbres avaient, depuis long-tems, préconisé avec force l'influence des idées libérales. L'indépendance, que Cicéron a dé-

finie cujus proprium est sic vivere ut velis, *sera toujours le bien le plus précieux de l'homme civilisé. Le Français est naturellement porté à ne reconnaître d'autre assujétissement que celui qui lui est imposé par la nature, ou que l'équilibre du corps social rend nécessaire.* libertas naturâ compétit hominibus, id est jure naturæ præcedente factum omne humanum. GROTIUS, de jure belli ac pacis. *Lib.* 2, *chap.* 22, §. 11.

Et, pour dire toute la vérité, la féodalité, la dîme, les privilèges de naissance et tous les excès que ce système mitoyen de servage traîne à sa suite, avaient rendu si nécessaire une commotion politique, qu'il n'est pas étonnant qu'un si grand nombre ait manifesté une haine insurmontable contre toute suprématie offensante. Les Français, essentiellement bons, comme ils sont naturellement braves, concentrent leurs vœux dans tout ce qui peut assurer leur liberté civile ; ils sont tous d'Athènes sur ce point. Le principe sacré

*de la dignité de l'homme s'est fait entendre;
les progrès des lumières ont éclairé la raison; la force naturelle des choses l'em-
portera toujours sur les combinaisons de
la superstition; il n'est pas plus possible
de maintenir le monde dans un état d'ignorance, que d'empêcher un enfant de parvenir à l'âge mûr*, remisceri suæ naturæ.

*L'expérience est la pierre de touche de
toutes les institutions humaines; ses révélations ne pouvaient être dédaignées par
un monarque dont l'esprit et les vertus
commandent l'amour que ses sujets lui
ont juré; aussi, Votre Majesté s'est em-
pressée de donner aux Français une
Charte constitutionnelle appropriée à l'é-
tat actuel des mœurs, qui, en écartant les
préjugés d'une antique tradition, décrit
l'étendue de liberté que peut prétendre
chaque citoyen, ou qui plutôt rend véritablement la liberté civile ce qu'elle doit être.*

Par cette concession, Sire, *vous vous
êtes associé aux partisans des idées libérales; par-là, vous avez sanctionné le*

mobile du grand élan patriotique; par-là,
vous alliez la différence qu'on pourrait
remarquer entre la politique d'un Roi et
le génie d'un grand homme ; par-là, en-
fin, vous assurez le bonheur du peuple,
parce que l'obéissance sera glorieuse, dès
que le commandement est auguste.

Vous le savez, SIRE, *et vous avez dit*
vous-même que du fond de votre retraite
vous aviez applaudi aux triomphes de l'ar-
mée française qui, pendant vingt-trois ans,
a combattu pour la France, quoique la
France fût régie par des gouvernemens
qu'une force invincible de choses a anéan-
tis; cette armée comptait tant d'actions
d'éclat !

La voix du monde entier parle assez de sa gloire.

La gloire est une passion; elle raisonne
peu; toute passion égare. Et puis, il est
si dur de renoncer aux prétentions, aux
chimères peut-être de quinze années de
triomphe; il est si cruel d'apercevoir ses
membres mutilés, de ressentir les souf-
frances

frances des blessures reçues au champ
d'honneur, et de ne pouvoir s'enorgueillir
des cris qu'elles arrachent ; il est si difficile de contenir une multitude d'hommes
de toutes classes, d'autant plus irritatifs
qu'ils sont armés et plus braves , qu'il était
impossible d'étouffer tout signe de dépit
lorsque , faussement et d'une manière
perverse , on fut parvenu à insinuer aux
militaires français que l'on considérait
leurs campagnes les plus brillantes comme
des brigandages : En outre , cette armée
dont le courage est admiré de toute l'Europe, était si fière d'être commandée par
des officiers plébéiens , ce qui, parmi
beaucoup d'autres avantages, ouvrait une
égale carrière d'avancement à tous, qu'il
fut facile aux fauteurs des rebelles d'en
user bien perfidement en lui faisant entendre qu'à l'avenir les grades d'officier
ne seraient conférés qu'à une classe privi-
légiée. De sorte que, sous ces deux rapports, on oserait presque dire que l'armée,
au milieu de ses alarmes, est excusable.

**

jusqu'à un certain point, d'avoir, par un entraînement irréfléchi, montré une sorte de récalcitrance envers des officiers qu'elle n'avait point vus dans ses rangs, pour obéir, trop aveuglément sans doute, à la voix de guerriers élevés dans son sein, et qu'elle avait appris à connaître et à respecter. Le méditateur, se reportant par la pensée à l'effervescence du moment, se trouve mentalement forcé d'innocenter ce qu'il condamnerait en d'autres tems, multa in modo rei et circumstantiis ejus novâ quæ in genere nova non sunt.

Hélas ! les militaires français sont cruellement détrompés ! La conduite récente de leur ancien chef a fait cesser toute illusion : les délaissant, pour la quatrième fois, dans la position la plus déplorable, il fuit en Angleterre ! ! ! Ces militaires seront maintenant d'autant plus fidèles au Souverain légitime de leur pays, qu'ils ont épuisé toutes les preuves de fidélité envers leur ancien maître ; ils seront d'autant plus fidèles, qu'ils ont été plus indignement trahis. Ils connaissent aujourd'hui quelle espèce de récompense cet homme, dont les dernières années politiques expliquent la vie entière, avait l'intention d'accorder à leur dévouement !

Usus efficacissimus omnium magister.

Il est donc de justice de tirer le voile sur tout ce qui ne présente point le caractère positif de la trahison et de la rébellion, ou le signe évident de l'intrigue et de la mauvaise foi, pour ne voir que des Français qui, encore bien qu'ils aient suivi des routes différentes, n'en marchaient pas moins vers le grand but de l'amour national. Ce serait prendre la fraction pour l'unité, que de restreindre les faveurs et de n'accorder le titre de bon Français qu'à ceux qui se sont constamment dévoués au culte de la souveraineté légitime; ce culte, quoique méritoire, a vu l'impérieuse nécessité forcer momentanément la désertion de ses autels, quod non est licit

**

tum in lege, necessitas licitum facit. *Ce serait payer le prix d'affections particulières par des récompenses qui doivent être essentiellement nationales. Un Monarque vertueux prend pour règle de gouverner ses sujets selon les loix de l'Etat, comme Dieu gouverne le monde selon les lois de la nature; c'est-à-dire que sa justice et ses grâces ne faisant exception ni de personne, ni de rang, ni de naissance, sont les mêmes pour tous, de même que le Soleil luit pour tous.*

L'état de société est l'état naturel des hommes ; c'est la nature elle-même qui a établi entr'eux une société générale, en les assujétissant les uns aux autres par leurs besoins et par leurs penchans. On peut définir la société civile une réunion d'individus qui a pour but la sûreté commune et le bonheur de chacun, et qui tend à cette fin par l'action d'un pouvoir suprême, auquel doivent être soumises les volontés et les forces des associés: il est de l'essence de la société civile que le Sou-

verain administrateur abjure toute espèce
de préjugés et tout sentiment de prédilection pour peser dans la balance de l'impartialité les actions et les services, les
avantages et les torts de chaque associé :
il est de l'essence de la société civile que
chaque associé ait une part proportionnée
dans les bénéfices, societas cùm contrahitur tàm lucri, quàm damni communio initur. La convention qui donnerait
aux uns tout ou la majeure partie des
bénéfices, et aux autres tout ou la majeure partie des pertes, serait injuste; elle
rappellerait cette société léonine que peint
une des fables de Phèdre :

Ego primam (partem) tollo quià nominor Leo, etc.

Il n'est plus possible de réhabiliter un
ordre de choses aussi étrange à l'état actuel de la civilisation, aussi peu compa-
tible avec le développement de nos habitudes, lympha currit vias indociles.

Sire, le monde entier connaît la bonté
de votre cœur. Vos sujets éprouvent, chaque

jour, que vous avez adopté la devise qui ornait les armes de Louis XII : Non utitur aculeo. Vous confondrez dans votre affection et les Français qui ont loyalement servi la France sous les formes diverses de son gouvernement, et les Français qui sont restés purement royalistes. Quand on veut qu'un État soit de longue durée, dit Aristote, il convient d'intéresser toutes ses parties à sa conservation, et de la leur faire désirer.

La franchise me force à dire que, dans les premiers mois de la restauration, les hommes puissans n'étaient environnés que de privilégiés ou d'esprits turbulens qui s'agitaient autour du pivot qui les fixait, et préféraient d'ébranler l'édifice, aux risques d'être écrasés sous ses ruines, plutôt que de demeurer dans un état de tranquillité. Cette nuance de prédilection pour certains privilégiés disparaîtra, cela doit être; car, en y réfléchissant avec soin, on reconnaît que, lors de l'invasion comme dans les développemens de la longue maladie politique de la France, il y a eu des torts réciproques. Les uns ont été entraînés par erreur ou par une direction forcée, les autres par un calcul d'intérêt ou par l'élan d'une ambition d'autant plus vive qu'elle avait été plus long-tems comprimée. Les uns ont péché par excès de zèle, les autres par défaut de zèle, peccavit alter nimiâ charitate, alter defectu charitatis.

On peut le prouver par la citation d'un seul fait : Au commencement de la révolution, le délabrement des finances exigeait l'emploi de moyens promptement réparateurs; les nobles et les prêtres qui, à raison de leurs immunités, avaient acquis des richesses immenses, pouvaient efficacement venir au secours de l'Etat; une irascibilité aveugle leur fit refuser toute assistance, patrum in natos transeunt cum semine morbi. Il ne tint peutêtre pas à eux qu'on ne vît alors se rallumer les guerres féodales et les guerres de religion.

Iliacos intra muros peccatur et extra.

La prudence doit d'ailleurs être la règle de toutes les actions ; c'est elle qui, dans les événemens les plus accablans, fait connaître et pratiquer les moyens curatifs ; et, tel est son effet, que Juvénal prétend qu'elle a pour soi tous les Dieux :

Si sit prudentia nullum numen abest.

Les mêmes raisons de justice et de prudence qui assureront le repos intérieur garantiront aussi le repos de l'Europe. Les Souverains alliés ont l'intention d'être généreux envers VOTRE MAJESTÉ *; ils le doivent aux malheurs des descendans de Saint Louis ; ils le doivent à une grande Nation stupéfaite de sa position ; ils le doivent à eux-mêmes. On n'est véritablement grand que lorsqu'on atteint la hauteur de son office : la magnanimité d'un Souverain est la modération dans la victoire.*

Il est d'ailleurs difficile de le dissimuler : c'est moins à la valeur, quelque belli-

queuse qu'elle soit, des armées alliées
qu'appartient la conquête de la France,
qu'à cet esprit de fluctuation qui, d'une
part, et à ce sentiment d'entraînement qui,
d'autre part, ont divisé l'opinion publique.

Toute puissance est faible à moins que d'être unie.

Deux partis partageaient la France ;
l'un, et sur-tout celui qui réunissait la puissance morale, proclamait Louis XVIII
pour son Roi légitime. Les Souverains
alliés avaient hautement déclaré qu'ils
venaient comme amis, et même comme
protecteurs du maître chéri du plus grand
nombre. Les causes qui pouvaient résister
à l'invasion ont diminué en raison directe
de l'intérêt ou du désir que chacun appor-
tait à ce que l'invasion eût lieu, comme
moyen d'affranchissement.

Ce ne serait peut-être pas trop hasarder
que d'avancer qu'il paraît assez clairement démontré aux yeux de l'observateur,

*que la catastrophe fameuse qui, à Wa-
terloo, rendit la France si vulnérable,
doive, pour beaucoup, être imputée à
l'hésitation, à la désunion, au penchant
secret ou actif des français. On ne combat victorieusement que lorsqu'on est animé des mêmes sentimens,* discordiâ res
maximæ dilabuntur.

*Ce qui le prouve, c'est que le drapeau
blanc a été généralement accueilli; c'est
que la Capitale elle-même, tant pour épargner l'effusion du sang, que pour faciliter l'arrivée de son Roi, a ouvert ses
portes. Les troupes alliées ont dû être
étonnées, pour la seconde fois, de se trouver si facilement au sein de la France,
et de se voir logées au milieu de Paris!!!*

*Ce n'est donc point par droit de con-
quête que les armées étrangères occupent
la majeure partie des départemens français. Cette situation particulière exige une
dérogation au droit ordinaire de la guerre.
Ce serait punir le grand nombre des fran-*

çais (et c'est la saine majorité qui forme
la nation) de son attachement à son Roi
et de sa confiance aux promesses des Souverains alliés, que de ruiner la France
par des réquisitions arbitraires ou exces-
sives qui, quoi qu'on en ait dit, continuent
à être perçues sous des formes diverses;
que d'abuser d'un accueil fraternel pour
prolonger un séjour, désormais sans objet,
et qui pourtant, en résultat, épuise toutes
les ressources de la France. On se souvient
de cet adage immortel de Henri IV : Si
on ruine mon peuple, qui me nourrira?
qui soutiendra les charges de l'Etat?
Vive Dieu! s'en prendre à mon peuple,
c'est s'en prendre à moi.

Ce serait peu respecter les droits que
les Souverains alliés ont proclamés; ce
serait porter atteinte à la bonne amitié
qu'ils ont vouée à la France Bourbonienne,
que de ne laisser aux Bourbons que la
triste expectative d'un règne sur des ruines
et sur des décombres. Ce serait leur avoir
rendu un service d'autant plus funeste;

qu'il est difficile de séparer l'idée de ces maux de la nécessité cruelle où les Bourbons se sont trouvés de consentir à l'invasion de leur patrie, remedia non sint morbo graviora.

Ne peut-on pas dire aussi que c'est la cause des Rois que les Souverains alliés soutiennent en ce moment? Une expérience rapide leur avait appris que le droit public de l'Europe avait besoin d'être retrempé; ils ont senti qu'il leur importait de faire un retour sur la politique qui les avait portés à reconnaître Napoléon Ier., et de répéter la maxime de Joseph II : Mon métier, à moi, c'est d'être royaliste.

Il y a bien des siècles que Solon avait dit qu'il ne faut pas vouloir plier les mœurs au gouvernement, mais former le gouvernement pour les mœurs; ce qui était la réfutation anticipée de cette maxime professée par Fénélon, que le peuple est fait pour le trône, et non le

trône pour le peuple. *Aussi, certains publicistes considéraient la puissance royale
comme une commission conférée par le
peuple lui-même, instituée pour ses propres intérêts, révocable à sa volonté, et
non comme la propriété exclusive d'une
seule famille.*

*Si un tel principe avait pu s'accré-
diter, il eût été à jamais fatal dans ses
conséquences,* residet in eâ re periculum. *Il eût menacé l'Europe d'un bouleversement continuel ; il devait être pros-
crit. Ce ne sera que quand la succession
héréditaire au trône sera généralement
reconnue comme seule légitime, que la
sécurité et l'inviolabilité environneront les
Souverains. Ce point de droit public est
désormais irréfragable ; il est appuyé sur
cette longue prescription que, dans l'énergie de son style, Cicéron appelait* patro-
na generis humani; *il est soutenu par
l'excellence de son utilité ; et il vient
d'être sanctionné par un exemple mémo-
rable. Espérons qu'il assurera une longue*

paix; les pleurs de l'Europe la récla-
ment; l'Europe en a besoin pour guérir
toutes ses plaies.

Mais, il suffit que chaque Souverain
eût un intérêt plus ou moins direct, ou
plus ou moins éloigné, à faire fixer in-
variablement ce point important, pour
que chaque Souverain doive être généreux, et qu'il regarde, comme indigne de
lui, de tarifer les efforts qu'il a faits pour
son établissement, sur la valeur de sacri-
fices, de rétributions qui ne peuvent être
prélevées que sur un de ses alliés, societas jus quodam modo fraternitatis in se
habet.

La France a repris le cours naturel de
ses destinées ; son Roi légitime est assis
sur le trône de ses pères. L'assentiment
de la nation ne peut être douteux ; les cris,
ou, si l'on veut, les signes de contraction
qu'on remarque dans quelques énergu-
mènes, ressemblent aux traits émoussés
du vieux Priam, ils ne produisent aucun

effet dangereux; on peut leur appliquer
ce vers digne d'être plus connu :

Le peuple qui se tait, médite sa vengeance.

L'éloignement désormais inabordable
de l'auteur principal de la calamité publique; la punition des traîtres qui avaient
facilité sa réintrusion comblent la mesure
de l'exigence; la France doit donc être dé-
barrassée de toute influence. Il est de
l'équilibre politique de faire cesser l'idée
que la présence des bayonnettes étrangères soit nécessaire pour le complément
de la restauration française.

SIRE, après plusieurs années d'étude
et de travail assidus, je viens de terminer
un ouvrage que j'ai cru utile. Je l'ai rédigé
d'après l'esprit actuel du siècle, en es-
sayant pourtant à le rattacher aux principes d'équité et de morale que vingt-
cinq années de guerre et de révolution
ont par trop relâchés. J'apporterai successivement, au pied du trône de VOTRE
MAJESTÉ, chacun des quatre volumes

qui le composent, comme ma fleur du
bouquet que les Français renouvellent
chaque jour pour fêter le retour de leur
bon Roi.

J'ai l'honneur d'être avec le plus pro-
fond respect.

SIRE,

DE VOTRE MAJESTÉ,

Le très-humble, très-soumis et
très-dévoué serviteur et sujet,

G. Y. GROUARD.

AVANT-PROPOS.

On a dit de Cicéron que les dieux l'avaient accordé à la terre pour que l'éloquence eût occasion de faire l'essai de toutes ses forces, *dono quodam providentiæ genitus in quo totas vires eloquentia experiretur*; il doit, à juste titre, être considéré comme le législateur des orateurs. Les règles qu'il a établies, la doctrine dont ses œuvres fournissent le précepte et l'exemple, préparent et activent le développement du don de la parole; elles forment le code de tous ceux qui se destinent à parler en public, ou à écrire pour la propagation des sciences.

Parmi les maximes qu'il professe, il en est une dont le succès est infaillible; c'est celle-ci : *Nulla res tantùm ad discendum proficit quàm scriptio.* Elle me frappa dès le commencement de mes

études ; j'avais éprouvé que, semblable
à une glace qui reçoit tous les objets et
les rend vivement sans en conserver
aucun, la mémoire, abandonnée à elle-
même, laissait insensiblement échapper les traces élémentaires de l'instruction. Je résolus de mettre cette maxime
en pratique ; l'expérience en a décou-
vert toute la force. Aussi, dans mes
nombreuses lectures, j'ai annoté et recueilli, avec soin, ces pensées solides qui
agitent l'esprit, ces traits brillans qui
subjuguent l'imagination, ces images
hardies qui portent au fond du cœur les
plus vives émotions. Depuis six ans, li-
vré à l'étude, j'ai voulu qu'il ne se passât
aucun jour, sans ajouter quelques épis à
la gerbe déjà rassemblée, *nulla dies sine
lineâ.*

Je suis parti de ce principe, trivial,
mais vrai, en législation, en morale, et
peut-être même en littérature : *nil sub
sole novum.* Ce qui m'y a déterminé,

c'est qu'il est difficile de croire que la vérité et la sagesse aient attendu notre siècle pour se manifester, puisqu'en général, la première impression de la nature est de nous donner des idées justes que l'on abandonne bientôt par incertitude, ou par amour de la nouveauté, et auxquelles on est pourtant forcé de revenir. Tout est pensé, tout est dit; l'énergie du style, l'élégance de l'expression, les grâces de la diction, le caractère particulier des esprits peuvent rajeûnir; il est même possible qu'il se rencontre des vues profondes, des aperçus fins, des résultats géminés, *non tam meliora quàm nova*, qui n'avaient été ni saisis, ni fixés jusqu'alors. Tout cela ne crée point; le champ de l'invention a ses limites, et depuis le tems que l'on écrit, toutes les idées originelles ont été saisies; on tourne nécessairement dans un cercle, trop resserré, pour ne pas reconnaître que nos devanciers

A la postérité n'ont rien laissé à dire.

D'un autre côté, je remarquai que le
caractère identique des publicistes était
de se méfier des nouvelles opinions morales, politiques et scientifiques ; ils en-
seignent que l'esprit d'innovation est
dangereux ; que l'on a toujours tort de
vouloir être plus sage que ceux qui nous
ont précédés ; et que tout projet d'a-
mélioration doit être rejeté, dès qu'il ne
peut s'exécuter sans injustice. Lorsque
Thémistocle eut annoncé aux Athéniens qu'il avait trouvé un moyen sûr
d'asservir la Grèce entière, ils lui or-
donnèrent de le communiquer à Aristide, dont la sagesse et la vertu étaient
reconnues ; celui-ci leur ayant déclaré
que le projet serait suivi de succès, mais
qu'il était injuste, ils défendirent à Thémistocle de l'employer.

L'Écriture nous apprend aussi que
tout système doit être repoussé, dès
que, pouvant même être utile, il est
susceptible d'amener le trouble ou le

désordre, *ipsa mutatio consuetudinis
etiam quæ adjuvat utilitate, novitate per-
turbat.*

Ce qui m'a affermi dans ma résolution, est l'examen, fait en observateur,
des phases de la révolution. Un esprit
d'innovation s'était accrédité ; on dé-
truisit le gouvernement pour le réformer, comme les filles de Pélias égor-
gèrent leur vieux père pour le rajeûnir ;
on crut qu'en anéantissant le tout, pour
le rebâtir à neuf, on ne serait gêné ni
par les bases antiques, ni par la difficulté du terrain primitivement applani ;
et l'on n'est parvenu qu'à ériger un
édifice défectueusement colossal. On
avait renversé les institutions respectées
par nos pères ; et le cortège des erreurs
et des crimes s'arrêta sur leurs débris.
La porte était ouverte, les excès s'y
portèrent en foule ; un forfait qui réunit la complication de tout ce qui existe
de plus criminel fut commis ; le sang

royal fut répandu ! *uno maleficio scelera omnia complexa.* Cette famille de rois que nos aïeux chérissaient fut proscrite ! . . . . .

Mais la Providence semble n'avoir préparé des malheurs aux descendans de Saint Louis que pour donner au monde, et l'exemple terrible du danger d'attenter à la souveraineté légitime, et le spectacle horrible des maux qui doivent résulter d'un pareil crime. Pendant l'interrègne, la France a été inondée d'un torrent de calamités, dont les ravages, toujours croissans, n'ont pu rencontrer de force répulsive que par la présence de ses Princes tutélaires. Louis s'assied sur le trône de ses ancêtres ; l'effusion du sang cesse, la religion recouvre son empire, les ressorts de la morale se retrempent, la liberté civile est rétablie, le commerce se ravive, les intrigans rentrent dans l'obscurité, et les honnêtes gens respirent. La révolution sera toujours l'antidote des poisons philosophiques ; elle a gravé en caractères de feu les dangers de l'innovation :

Tranquillas etiam naufragus horret aquas.

Nous avons failli périr victimes des effets du système extravagant des mutations ; nous devons repousser, avec effroi, toutes les nouvelles idées de perfectionnement, pour nous attacher à ces documens élaborés par le tems, perfectionnés par l'expérience, sanctionnés par l'approbation successive des anciens, *facilè mutari non debet quod per longa secula custoditur.*

J'ai cru, dès-lors, que dans les matières principales de la législation, du droit et de la morale, la citation des publicistes et des sages qui ont fourni leur carrière en faisant le bien, *pertransierunt benè faciendo*, pourrait propager l'unité de doctrine, rectifier les idées, et opposer une barrière à la sé-

duction des théories, qui ne sont ordinairement que des rêves ou des para-
doxes ; l'usage est un maître dont il
convient, en général, de respecter les
lois. Je me suis attaché, en rédigeant
les deux cents cinquante chapitres que
mon ouvrage renferme, à rassembler,
dans un cadre assez resserré pour éviter
l'ennui, tout ce qui a été dit et pensé
de plus important, *inspice, inspice et
fac secundum exemplar.*

C'est dans ce sens que se trouve l'a-
vantage que Fontenelle attribue aux
modernes d'être montés sur les épaules
des anciens ; en effet, le commun des
hommes ne pense qu'autant qu'il em-
prunte des secours soit des objets qui
lui frappent les sens, soit de ceux dont
l'imagination lui retrace les images. Bal-
zac appelait l'érudition *le bagage de
l'antiquité*; il est plus convenable de
l'appeler le bagage de l'esprit, puisqu'elle est à l'esprit ce qu'une nourri-

ture savoureuse est au corps; la mémoire est l'expérience du passé : il est
impossible que la lecture des textes, et
des livres originaux suffise pour donner
la connaissance des relations que les
modernes ont établies peu à peu, en
s'aidant des travaux les uns des autres,
en recueillant les faits qui ont été cons-
tatés, et en arrêtant les secrets qu'on
a surpris à la nature, le moyen d'acquérir de l'expérience est de ne jamais
séparer le fait de l'observation; comment connaître autrement le point
précis de la fixité? Ne rirait-on pas de
celui qui réitérerait aujourd'hui des
cavillations surannées? Il faut se pénétrer de la vérité de cet aphorisme
de Bacon : *homo naturæ minister et in-*
terpres tantùm facit et intelligit, quantùm
de naturæ ordine, re, vel mente obser-
vaverit, nec plus scit aut potest.

On a dit que l'érudition rendait l'esprit insensible aux grâces de l'imagi-

nation, c'est une erreur ; l'érudition s'identifie avec le caractère de ceux qui la cultivent ; elle n'attiédit que les esprits que la nature avait déjà préparés à la froideur ; ceux que l'érudition appesantit, auraient été pesans avec l'ignorance même ; des richesses légitimement acquises ne peuvent jamais nuire ; si la nature donne le talent, sans l'éducation, il deviendrait stérile, comme ces terres qui, quoique excellentes par elles-mêmes, ne produisent que des ronces, faute de culture, *illaborati fructus acerbi sunt.*

Jeune encore, confiné depuis six ans dans mon cabinet, je suis demeuré étranger aux erreurs de la révolution, et aux excès de la tyrannie ; situation qui m'a donné la liberté de peindre les choses sous leurs véritables couleurs, *neque irâ, neque studio.* Profitant, pour publier le fruit de mes veilles, du retour du bon ordre qui va ramener le retour

aux bons principes ; la vérité , comme
le soleil, finit par sortir des nuages
dont l'erreur et les passions cherchent
à l'envelopper ; m'appuyant du suffrage
de personnes recommandables , j'ai
critiqué certaines dispositions législa-
tives , fruit des circonstances orageuses
qui accompagnèrent leur berceau , *sta-*
tuta quæ manifestè temporis leges fue-
runt; sans pourtant m'écarter du respect ,
dû à la loi ; tant qu'elle conserve son
caractère, il n'appartient ni au justi-
ciable, ni même au magistrat de lui
susciter un procès, qui , parmi les dangers de sa témérité, donnerait ouverture aux excès de l'arbitraire, *ex vete-*
ribus hoc præceptum elicuimus, non esse
permissam judicantibus de conditis le-
gibus censuram.

Mais, dans la reconstruction de l'édifice social, après que l'orage le plus
furieux avait tout bouleversé, il convient , en ramassant les matériaux dis-

persés, de combiner leur utilité actuelle, et de signaler ceux que le sillon enflammé de la foudre a calcinés, pour n'employer, dans la réédification, que des substances de bon aloi propres à en garantir la durée, *non sunt condemnanda, quasi parva, sine quibus constare magna non possunt.*

L'esprit public, comme la force nationale, se composent du concours des moyens de tous. Les uns, adoptant le parti des armes, dévouent leurs bras et leur vie au service du Souverain; les autres, se renfermant dans les temples de la Divinité, réunissent leurs prières pour fixer les bontés du Créateur; les autres, livrés à l'étude, destinent leurs travaux à adoucir les aspérités que l'on rencontre dans le chemin des sciences, *nihil proderit dare præcepta, nisi priùs amoveris obstantia præceptis.*

Moi, aussi, je suis Français; j'ai voulu fournir

fournir ma part du tribut, en rédigeant
un ouvrage que j'ai cru utile ; sans cela,
je ne l'eusse point entrepris. Il est le
seul qui existe en ce genre ; il contient,
dans quatre volumes *in*-8° , ce qui est
épars sur une immensité, et égaré dans
une multitude de volumes ; et ce qui
pourtant doit sans cesse être présent à
la mémoire du Législateur , du Magistrat et du Jurisconsulte. En le parcourant, il produira, pour eux, l'effet d'une
galerie où seraient rassemblés les traits
saillans des tableaux des grands maîtres,
l'analyse des critiques qui leur ont été
adressées, les rapports des controverses
que leurs idées ont fait naître, et les décisions que l'expérience et l'opinion unanime, ou la plus générale , ont adop-
tées. En un mot, j'ai imité cet homme
de goût dans le procédé qu'il employa
pour composer une bibliothèque choisie qui n'occupât que peu de place :
lorsqu'il achetait un ouvrage , s'il n'y
avait que six pages qui méritassent d'être

Tome I. B

conservées, il les séparait, et jetait le
reste au feu ; seul moyen de réaliser,
en cette partie, l'*utile dulci* d'Horace.

Je crois qu'il ne sera pas moins nécessaire au littérateur, et à l'homme du
monde cultivé. L'éducation la plus bril-
lante, et la plus soignée, ne peut tout
graver dans l'esprit ; dans beaucoup de
circonstances, on interroge vainement
sa mémoire, et, cependant, le souvenir
d'une pensée solide, est l'étincelle qui
allume le génie, ou le feu de la con-
versation ; aussi, en composant mon
ouvrage, j'ai eu l'orgueil de penser qu'il
deviendrait le *vade-mecum* du Législateur, du Magistrat, du Jurisconsulte,
du littérateur et de l'homme du monde ;
le tems détruira peut-être mon illusion,
mais mon intention fut pure.

TRAITÉ

ANALYTIQUE

DES MATIÈRES PRINCIPALES

DU DROIT

ET DE LA MORALE.

~~~~~~

ABSENCE.

La jurisprudence sur l'absence et ses effets était versatile avant le code civil; le droit romain n'a sur ce point que des principes particuliers; le *jus postliminii fictioque legis Corneliœ*, n'ont pu s'appliquer à nos mœurs. Les arrêts de Lamoignon contenaient quelques principes généraux sur cette matière; mais chaque province avait un droit différent. Dans le ressort du parlement de Paris, les héritiers d'un absent se faisaient adjuger ses biens, par provision, après dix ans d'absence; dans certaines coutumes, le partage provisionnel avait lieu au bout de sept ans; dans quelques autres, au bout de trois ans.

Montesquieu, en disant que la pensée d'uniformité des lois frappe les grands esprits, et finit par frapper les petits, avait proclamé une de ces fortes idées philosophiques qui, enfin, a été mise en pratique ; le Code civil, écartant cette diversité de lois qui laissait la France à peu près dans le même état où César l'avait vue, *hi omnes linguâ, institutis, legibus inter se differunt*, a fixé l'unité de législation sur ce point important.

Il y a deux sortes d'absens :

1°. Ceux dont l'existence est connue, ou ne peut être raisonnablement contestée ; ceux-là sont dits, en droit, *non présens ;* ils jouissent de la plénitude de leurs droits, les Français ne pouvant être considérés comme des esclaves attachés à la glèbe.

2°. Ceux dont l'existence est inconnue, soit parce qu'on n'en a point de nouvelles depuis long-temps, soit parce qu'ils ont disparu à la suite d'une bataille, ou d'un autre évènement alarmant : c'est ce qu'on entend, proprement en droit, par *absens.*

L'absence se divise en deux périodes.

La première comprend l'intervalle qui s'écoule entre la disparition et la demande en déclaration d'absence ; cette première période est *la présomption d'absence* ; pendant sa durée, tout se borne à des actes provisoires d'administration, tant pour les biens, que par rapport aux enfans de l'absent ; son éloignement peut avoir des causes légitimes ou pressantes ; mais on ne renonce pas facilement à sa famille, on nourrit toujours l'espoir du retour, *patria animo servatur* ; il reviendra, ramené par un sentiment impérieux ; il sentira le besoin d'embrasser la terre natale, et de marquer sa tombe auprès de son berceau ; les droits de propriété sont inviolables ; on ne doit y porter d'autre atteinte que celle que réclame la nécessité, *non est in potestate alterius conditionem meam deteriorem facere, me inscio, invito et ignorante.*

La deuxième est la déclaration d'absence, suivie de l'envoi en possession des biens de l'absent ; lorsqu'il s'est écoulé un long temps depuis les dernières nouvelles, l'espoir du retour s'affaiblit ; l'intérêt public exige l'emploi de précautions prudemment conservatrices ; il serait nuisible à l'absent lui-même de laisser ses biens dans un état de suspension ou d'abandon, *satius est intacta jura servare, quàm post vulneratam causam remedium quærere.*

Les articles 115 et suivans du Code civil contiennent à cet égard des dispositions aussi claires que sages. Quatre ans après la disparition ou les dernières nouvelles, les parties intéressées, ayant un droit présomptif dont l'exercice est subordonné au décès de l'absent, peuvent se pourvoir judiciairement afin que l'absence soit déclarée. Si l'absent a laissé un fondé de procuration, *per quem deffendi possit*, la déclaration d'absence ne peut être provoquée qu'après dix ans révolus depuis la disparition, ou les dernières nouvelles.

La constatation de l'absence, des motifs qui ont pu l'occasionner, et des causes probables du retard des nouvelles, est ordonnée par une enquête faite contradictoirement avec le ministère public, défenseur né de tous ceux qui ne peuvent se défendre par eux-mêmes.

Aussi long-tems que les héritiers présomptifs n'usent pas de la faculté que la loi leur accorde de faire déclarer l'absence, et de demander l'envoi en possession provisoire, les légataires ou donataires de l'absent ne peuvent ni agir, ni prendre l'initiative; il leur faut un légitime contradicteur, qu'ils n'ont pas jusques-là; d'ailleurs, c'est l'intérêt de l'absent que la loi a voulu principalement soigner, intérêt qui reste entier tant que les héritiers présomptifs n'ont point obtenu l'envoi en possession.

Le principe général est que l'absent qui ne reparaît pas, est, relativement au sort et à la transmission des biens qu'ils possédait, présumé mort du jour de sa disparition ; sa succession est dévolue aux héritiers habiles à cette époque. Quant à tous autres droits qui peuvent échoir par suite à l'absent, c'est à celui qui veut exercer un droit subordonné à la condition de l'existence ou du décès d'un individu, à prouver qu'il existe, ou qu'il est décédé; il est présumé mort ou vivant, selon la nature diverse et relative des droits qu'on veut lui faire exercer; ses héritiers doivent prouver sa mort, s'ils veulent lui succéder, *si mors est fundamentum agentis, actor debet eam probare*; et sa vie, lorsqu'ils veulent le rendre habile à succéder. C'est à celui qui veut user d'un droit, à prouver qu'il réunit les qualités identiques, *actori incumbit onus probandi*.

L'inconvénient que les dispositions générales des articles 135 et 136 du Code civil ont voulu éviter, a été sur-tout d'empêcher que les créanciers d'un absent ne s'emparassent de ses droits dans les successions qui s'ouvriraient à son profit ; si on eût pu le regarder comme vivant, à l'égard de ses cohéritiers, et comme mort à l'égard de ses créanciers, il en serait résulté que les créanciers auraient fait emprise de biens, au nom d'un individu dont l'existence était incertaine, et en auraient privé des héritiers légitimes qui ne leur doivent rien, *alteri per alterum non debet iniqua conditio inferri*.

Si l'absent est marié sous le régime de la communauté, l'époux présent, qui a la même faculté que les héritiers présomptifs, de faire déclarer l'absence, peut, lorsqu'elle est déclarée, opter pour la continuation de la communauté ; par là, il arrête l'envoi en possession des héritiers, et l'exercice des droits des donataires et légataires ; la loi le préfère à tous pour l'administration des biens de l'absent ; son intérêt et son affection garantissent une surveillance active, *non amare res inter socios tractandæ sunt*.

Ainsi, si c'est le mari qui soit présent, il continue d'administrer les biens propres de sa femme absente ; quant à ceux de la communauté, il en reste le dispensateur absolu ; il n'est point obligé de les comprendre

dans l'inventaire, parce qu'il peut en disposer aussi long-tems que dure la communauté; en optant pour sa continuation, elle
n'est dissoute qu'après trente ans d'absence;
ce ne sera qu'à cette époque que les droits
des héritiers de la femme absente seront
ouverts, et qu'ils pourront accepter ou renoncer à la communauté, *jus quod dividi
non potest.*

Si c'est la femme qui soit présente, toute
la communauté étant censée *in bonis mariti*, elle devra comprendre tous les objets
qui la composent dans l'inventaire, de même
que les propres de son mari absent, et elle
administrera le tout pendant trente ans.

D'après l'article 124 du Code civil, ce n'est
que lorsque l'époux présent opte pour la
dissolution de la communauté, qu'il y a
lieu à donner caution; en examinant, avec
soin, les hypothèses de sa situation, on reconnaît que le mari ne peut, dans aucun
cas, être assujéti à la prestation d'une caution, puisqu'à son égard les choses ne restent pas même *in statu quo*, elles éprouvent
une restriction, *non valet argumentum a
majori ad minus.*

Quant à la femme, si elle accepte la communauté, elle doit donner caution pour sû-

reté de la réintégration des objets tombés
dans son lot, et de ses prélèvemens; si elle
renonce, elle doit donner caution pour sûreté de la réintégration de ses reprises,
puisque le mariage n'étant point dissous;
le retour du mari aurait l'effet de rétablir
la communauté, qui en est l'accessoire, *ac-
cessorium sequitur sortem rei principalis.*

Les envoyés en possession sont des man-
dataires intéressés; ils répondent de la faute
légère, tel serait le cas de laisser acquérir
une prescription; ils représentent l'absent,
aussi la maxime : *contrà non valentem agere
non currit prescriptio*, n'est plus applicable
aux absens; (il n'y a d'exception qu'en faveur des absens pour service militaire,
contre lesquels aucuns délais ne courent
tant qu'ils sont sous les drapeaux, et six
mois après leur retour. Loi du 6 germinal
an 5). Ils sont comptables de leur administration soit envers l'absent, s'il reparaît,
soit envers les héritiers habiles à succéder
à l'époque de son décès, si elle vient à être
connue, *veritas fictioni semper prævalere
debet.*

Il convenait de compenser la responsabilité des envoyés en possession par un émolument raisonnable, *dignus est operarius*

mercede suâ; de-là, la disposition qui leur accorde les quatre cinquièmes des revenus, si l'absent reparaît dans les quinze ans; les neuf dixièmes, s'il ne reparaît qu'après quinze ans, et la totalité, s'il ne reparaît dans les trente ans d'absence déclarée. Après trente ans, à compter de l'envoi en possession provisoire, ou s'il s'est écoulé cent ans depuis la naissance de l'absent, *quià is finis vitæ longavi hominis est,* l'envoi en possession est définitif; l'intérêt de la circulation, comprimé par un état précaire, exigeait cette mesure, *rerum dominia in pendenti stare nequeunt.*

En morale, il faut se rappeler sans cesse que dire du mal d'un absent, c'est battre un homme par terre et sans défense. Horace dit qu'il faut se méfier de celui qui médit de son ami absent, ou qui ne le défend pas lorsqu'on en dit du mal :

Abscentem qui rodit amicum,
Qui non defendit, alio culpante,
. . . .
Hic niger est, hunc tu Romane caveto.

Les absens ont toujours tort, dit un vieux proverbe, *qui peregrinantur rarò sanctificantur;* l'amour absent fait place à de nouveaux amours, *beatus vir qui non abiit.*

ABUS ET EXCÈS.

En tout, même dans les bonnes choses,
l'excès et l'abus sont nuisibles; il existe un
point qu'on ne doit jamais franchir :

Est modus in rebus, sunt certi denique fines
Quos ultra citràque, nequit consistere rectum.

Dans les mœurs, comme dans les arts, ce
qui est exagéré est faux, pénible ou ridicule; ce qui est extrême est funeste, il fa-
tigue ou engourdit les sens; il détruit les
charmes de la jouissance, il amène la dépravation et la satiété.

L'usage naturel des choses est aussi salutaire qu'attrayant; la société, après avoir
pourvu à ses besoins, s'est occupée de ses
plaisirs ; et le plaisir, une fois senti, est devenu un besoin lui-même; les jouissances
font le prix de la vie; on doit l'embellir en ré-
pandant des fleurs sur son passage. Il convient, sans doute, d'écarter cette philosophie
atrabilaire qui ferait cesser de vivre avant
qu'on soit mort ; pour moi, dit Montaigne,
j'aime la vie, et la cultive telle qu'il a plu à

Dieu nous l'octroyer, on fait injure à ce grand
et tout puissant donneur de refuser son don;
mais il ajoute qu'il ne faut ni l'annuller, ni
le défigurer; l'abus, né de la grossièreté ou
de l'imprévoyance, corrompt tout, *abusus
omnia corrumpit;* il crée des besoins factices; on veut les satisfaire, on se ruine au
moral comme au physique, *usus et abusus
ita differunt, ut utamur salvâ rei substantiâ, abutamur disperdendo rem et fruc-
tum.*

L'homme, adonné aux abus, est nécessairement un mauvais citoyen; la société
civile, qui tend à obtenir une même fin,
par un même concours de moyens, défend
l'abus destructif des choses, *expedit reipublicæ ne suâ re quis malè utatur;* il est
d'ailleurs son propre tyran; pauvre au sein
des richesses, ennuyé au milieu des plaisirs, *saties voluptatibus non deest,* il ressemble à ces enfans, qui, devenus indiffé-
rens à ce qu'on essaye pour leur plaire,
brisent les jouets qu'on leur donne; un caprice fougueux irrite ses désirs, et toujours
il éprouve les langueurs d'un vide qu'il ne
peut remplir; c'est un homme d'un tempé-
rament faible, qui ne relève d'une maladie
que pour tomber dans une autre; on peut

lui appliquer ce que Juvénal disait de la femme de Claude :

Et lassata. . . . : nec dùm satiata recessit.

Le plaisir de la passion n'est pas durable, il est sujet à des retours de dégoût et d'amertume ; les parfums les plus spiritueux ne plaisent point aussi long-tems que ceux qui frappent moins l'odorat; ce qui a été un objet de délices devient souvent un sujet de repentir et même d'horreur; l'imprudent! il a brisé la ruche pour en dévorer tout le miel d'une seule fois; il a méconnu cette maxime de Pline : *Ne plus tertia pars mellis eximatur.*

Usez, n'abusez pas, c'est le conseil du sage, *utere sed non abutere;* l'habitude est le principal modérateur des actions humaines; il faut s'efforcer d'en contracter de bonnes, elles parviennent à captiver la raison, elles portent avec elles leur récompense, on en ressent bientôt les douceurs. Quand on ne renonce pas aux ressources de l'ordre, pour se jeter dans la misère des expédiens, il est aisé de reconnaître qu'on peut, le lendemain, faire avec plaisir, ce qu'on fit la veille avec délices. Cet équilibre flatteur que produit la raison modératrice de l'imagination, peut-il être

comparé à cette manie de ne voir que l'instant présent, de lui sacrifier tout, et de
s'exposer à un mal général pour l'avenir?
La règle de la prudence est que, pour composer avec l'avenir, on ne doit jamais attenter au présent. Ne brisons donc jamais
les justes bornes, *quod ampliùs est à malo
est, aut esse potest ;* ce serait rompre la
branche de l'arbre pour en cueillir le fruit
avant qu'il soit mûr.

Mais hélas ! Molière a eu raison de dire:

Les hommes la plupart sont étrangement faits,
Dans la juste nature on ne les voit jamais.

Un mauvais génie les porte à abuser des
choses les plus sacrées; l'attrait des passions
et la démence de l'orgueil creusent l'abîme
dans lequel les déréglemens les entraînent;
les meilleures institutions deviennent entre
leurs faibles mains, semblables à cette
plante d'Amérique, dont le fruit est un
aliment salutaire, et le suc un poison violent :

Qui ne se plaindrait là-dessus ?
Hélas ! j'ai beau crier et me rendre incommode,
L'ingratitude et les abus
N'en seront pas moins à la mode.

Il n'est que trop vrai qu'il y a dans la

société des maux nécessaires ; le vice de
la corruption est venu augmenter le tribut
des faiblesses humaines. Plaute, en disant
que l'homme est l'ennemi de l'homme, a
proclamé une terrible vérité, *homo homini
lupus ;* les efforts des Bossuet, des Pascal,
des Massillon, pour atteindre un degré per-
manent d'amélioration, n'ont rien produit,
vox clamantis in deserto ; et, comme il
faut souffrir ce qu'on ne peut empêcher,
c'est à la précaution qu'il convient de recourir pour éviter les embûches, et pour
n'agir que *quantùm prudentia suggerit.*

L'usage pernicieux de l'abus s'est introduit jusque dans les règles du droit ; il en
est une dont le mál-entendu et l'exercice
inconsidéré détruisent souvent la hiérar-
chie formulaire des actes ; c'est celle-ci :
*Non solent quæ abundant vitiare scrip-
turas.* Ce qui abonde ne vicie pas.

Elle s'applique au cas où l'on fait plus
qu'on était assujetti à faire ; comme si, par
exemple, un testament par acte public était
reçu par un notaire et cinq témoins, au
lieu de quatre que la loi exige.

Cette règle mène à sa suite une autre
maxime, dont l'usage immodéré n'est pas
moins abusif : *abundans cautela non nocet;*
ce

ce qui a lieu quand on stipule surabondam-
ment une clause qui était de droit commun.

Quoique la précaution soit mère de sûreté, et que son excès soit préférable à une
insouciance trop hardie, *securiùs est super-*
fluum admittere quàm omittere necessa-
rium ; il convient pourtant d'écarter avec
soin l'abus de ces inutilités, de cette exhu-
bérance d'expressions, de ce vice de locution chargé de mots et vide de sens, *non mu-*
tat substantiam rerum, *non necessaria ver-*
borum multiplicatio. Cette verbosité étouffe
la précision si nécessaire dans la rédaction
des actes ; elle nuit à l'intelligence, *obstat*
enim quidquid non adjuvat.

En recueillant avec soin ce qui est utile,
il faut rejeter et l'ivraie qui gâte le bon
grain, et ces plantes parasites qui couvrent inutilement le sol, *utilia non præ-*
termittere, inutilia non admittere. C'est le
seul moyen d'éviter l'application de ce vers
de Piron :

Et malheureusement ce qui vicie abonde.

Tome 1.

C

ABUS DE POUVOIR.

On abuse souvent de ses forces; une expérience funeste, mais générale, atteste que, dans les grandes, comme dans les petites choses, on réunit tous ses efforts pour atteindre la supériorité, et qu'on est avide de domination. On sacrifie tout pour arriver à ce but; on détruit les obstacles qui s'y opposent: tel un lion rugit et dévore ce qui peut retarder son introduction dans la bergerie où il doit assouvir la faim qui le presse.

C'est surtout, sous le rapport politique, que la force a une tendance naturelle vers l'abus; les Souverains sont entraînés à adopter cette maxime qui aboutit à subvertir les principes constitutifs de la société : *omnia sibi in homines licere* ; lorsqu'elle s'accrédite dans leur esprit, le machiavélisme est l'art détestable qu'ils mettent en œuvre; il leur enseigne à fouler aux pieds la religion, les règles de la justice, la sainteté des pactes, et tout ce qu'il y a de sacré, aussitôt que l'intérêt de leur ambition l'exige; ils taillent dans les peuples comme dans le marbre, sans en regretter les débris.

En toute société civile, dit Bacon, c'est la loi qui prévaut ou la violence, *aut lex aut vis valet;* tout contempteur des lois tend nécessairement au despotisme; dès qu'il rend les lois stériles, il est odieux, *servi enim legum sumus ut magis liberi simus;* il devient un objet de terreur, puisque, secouant tout frein moral, il ne prendra désormais conseil que de la fougue de ses caprices, *fidem frangenti, fidem servare necesse non est.*

Les règles du devoir font un lien réciproque,
Qui les rompt le premier, consent qu'on les révoque.

Les lois sont la sauve-garde de l'arbitraire et de l'injustice; elles sont indivisibles; les Souverains eux-mêmes sont soumis à leur empire, *majestatem armis decoratam, legibus oportet esse armatam.* Lorsqu'on dit que le Prince est au-dessus de la loi, cela ne doit s'entendre que du pouvoir qu'il a d'en dispenser, ou de la changer quand il le trouve utile pour l'intérêt public; un Souverain n'est pas soumis à la loi, quant à sa force coactive, en ce sens qu'il n'a point de supérieur qui puisse le punir; mais il y est soumis quant à sa force directrice; les bons Princes ont toujours religieusement observé les lois ; le besoin de l'exemple les **y** inviterait, s'ils ne s'y croyaient d'ailleurs obligés, *decet enim tantæ majestati eas servare leges quibus esse solutus videtur.*

Zaleuque, roi des Locriens, avait porté une loi qui condamnait les coupables d'adultère à perdre les deux yeux ; il eut la douleur de voir que son fils fût le premier convaincu de ce crime; position cruelle d'un père et d'un roi! il voulut pourtant assurer l'exécution de la loi; il se fit crever un œil, et en fit crever un à son fils.

L'abus de pouvoir conduit à la tyrannie; de tous ceux qui ont désolé les peuples, il n'en est aucun, à l'en croire, qui ne cherchât leur bonheur; c'est la chimère des usurpateurs et le prétexte des tyrans, que de vouloir rendre les hommes plus heureux qu'ils ne veulent l'être. De quel droit un mortel quelconque prétend-il sacrifier à lui seul le repos et le bonheur des hommes? Quoique, dans l'état actuel de la civilisation, il ne soit plus possible d'admettre, dans leur entier, les principes de la liberté naturelle, on ne peut s'empêcher d'admirer la réponse que les Scythes firent à Alexandre : Qu'avons-nous à démêler avec toi, jamais nous n'avons mis le pied dans ton pays,

n'est-il pas permis à ceux qui vivent dans
les bois d'ignorer qui tu es et d'où tu viens?
nous ne voulons ni obéir, ni commander.

Il est cependant vrai de dire, même
dans l'état actuel de la civilisation, qu'il ne
peut exister de souveraineté légitime et durable que celle que les peuples adoptent
par amour et par devoir; ce n'est que lorsque la justice préside sur le trône que
l'amour de la patrie se fait sentir; ce n'est
que là que se trouve le bonheur du peuple,
parce que l'obéissance est glorieuse dès que
le commandement est auguste. La puissance
qui ne s'acquiert que par la violence n'est
qu'une usurpation; cet état de choses est peu
durable, *violeta nemo imperia continuit
diù*; il fait naître dans les cœurs la haine
qu'inspirent les vices; il enhardit jusqu'à la
faiblesse. On sait que Caton d'Utique, étant
encore enfant, indigné des excès de Sylla,
dit à son précepteur: Donnez-moi un poignard, je le cacherai sous ma robe; j'entre
souvent dans la chambre de ce tyran avant
qu'il se lève, je le plongerai dans son sein,
et je délivrerai ma patrie de ce monstre
exécrable. Thalès, interrogé sur la chose
qui lui paraissait la plus surprenante: C'est,
répondit-il, un vieux tyran, parce que

les tyrans ont autant d'ennemis qu'ils ont
d'hommes sous leur domination.

L'arbitraire appelle l'iniquité, *abyssus*,
abyssum vocat; les tyrans s'emparent du
précepte de Domitien : *oderint dùm me-*
tuant; mais, la mésintelligence est la suite
naturelle de l'injustice; un nouvel excès, venant à ajouter à un autre excès, les murmures grossissent; les prosélytes eux-mêmes,
d'abord infatués de l'éclat de dignités, trop
facilement obtenues, se consolaient en disant, comme le héros dont Apulée a fait
l'éloge : *pungant dùm saturent;* bientôt,
trop fortement blessés par le joug, ils s'efforcent à le secouer; l'arc trop tendu se
brise avec éclat; et le tyran furieux est
désespéré de voir ses propres troupes tirer
sur lui.

Tu frémis, tu le dois, crains ta rigueur extrême,
Crains tes propres arrêts, ils t'ont jugé toi-même.

Dès que le bandeau de l'illusion tombe,
dès que les entraves de la crainte sont bri-
sés, cet homme prodigieux, devant qui tout
tremblait, n'est plus qu'un objet de pitié
ou de mépris. Tamerlan, l'effroi de l'Asie,
en devint la fable; quatre hommes suffirent

pour l'enchaîner comme un frénétique, et
pour le châtier comme un enfant.

Des faits récens sont venus confirmer
l'expérience des siècles ; ceux qui bravent
le danger y trouvent leur perte ; ceux qui
méprisent les lois sont retranchés de la société des hommes ; on leur ravit l'exercice
du pouvoir dont ils ont abusé, de même
qu'on refuse à un furieux l'arme qui lui
appartient, pour prévenir l'usage pernicieux
qu'il pourrait en faire, *et cùm furiosus en-
sem deponit et repetit ; nec redditur ne
lœdatur.* La Providence divine, indignée
des excès de ceux qui la représentent sur la
terre, se détermine elle-même à les frapper:

> J'ai vu l'impie adoré sur la terre ;
> Pareil au cèdre, il cachait dans les cieux
> Son front audacieux ;
> Il semblait à son gré gouverner le tonnerre,
> Il foulait aux pieds ses ennemis vaincus :
> Je n'ai fait que passer, il n'était déjà plus,

Ainsi, les Néron et les Tibère, après avoir
inondé leur patrie du sang des citoyens les
plus vertueux, accablés de remords et du
désespoir d'être haïs, devinrent odieux à
eux-mêmes ; ils furent en proie à d'éternel-
les horreurs ; leurs transes furent jusqu'à
l'aliénation de l'esprit; ils apercevaient le

Ténare entr'ouvert; ils se croyaient poursuivis par les Furies. Le plus sage des hommes avait raison de dire que si l'on ouvrait
l'âme des tyrans, on la trouverait percée
de blessures profondes, et déchirée par la
noirceur et la cruauté, comme autant de
plaies mortelles :

Haï, craint, envié, souvent plus misérable
Que tous les malheureux que mon pouvoir accable.

Mais, quel contraste touchant lorsqu'on
considère les vertus des Trajan, des Marc-
Aurèle ! les bénédictions des peuples les accompagnèrent partout; chacun de leurs sujets leur élevait un autel dans son cœur,
tous étaient disposés à sacrifier leur vie
pour ces patriarches chéris :

Le conquérant est craint, le sage est estimé ;
Mais le bienfaiteur charme, et lui seul est aimé ;
Lui seul est vraiment roi, sa gloire est toujours pure ;
Son nom parvient sans tache à la race future ;
A qui se fait aimer, faut-il d'autres exploits ?

Je m'abstiens de faire aucun rapproche-
ment ; c'est dans ses actions qu'un bon roi
trouve une louange digne de lui :

. . . . ut is optimè laudasse
Videatur qui narraverit fidelissimè.

et, sous ce rapport, il n'est aucun Français qui n'établisse une juste comparaison :

> Est-on héros pour avoir mis aux chaînes
> Un peuple ou deux ? Tibère eut cet honneur.
> Est-on héros en signalant ses haines
> par la vengeance ? Octave eut cet honneur.
> Est-on héros en régnant par la peur ?
> Séjan fit tout trembler, jusqu'à son maître.
> Mais de son ire éteindre le salpêtre,
> Savoir se vaincre, et réprimer les flots
> De son orgueil, c'est ce que j'appelle être
> Grand par soi-même, et voilà mon héros.

Le prince qui occupe le trône de France est trop magnanime, et trop instruit pour aimer les flatteurs :

> . . . . Présent le plus funeste
> Que puisse faire aux rois la vengeance céleste.

Elle est bien juste cette remarque de Pline : que les Souverains les plus haïs ont toujours été les plus flattés ; parce que la dissimulation est plus ingénieuse, et plus artificieuse que la sincérité. Tout le monde sait que les flatteurs prennent pour règle de louer également toutes les actions des princes, qu'elles soient bonnes ou mauvaisses, *quibus principum honesta atque inhonesta laudare mos est;* il n'y a peut-être qu'un

Sully dans le monde, qui ait osé dire toute
la vérité à son maître, lorsqu'il importait à
Henri IV de la connaître.

Les flatteurs sont tellement dangereux,
leurs productions sont tellement méprisables, que les princes doivent les repousser,
comme Dieu rejetait les offrandes de Caïn ;
la peste trouverait des prôneurs parmi eux ;
ils rompent tous les accords faits dans la
société , en pervertissant les signes exté-
rieurs des sentimens ; ils ourdissent la trame
de leurs perfidies , avec ce que les hommes
respectent le plus ; ils remplacent le dévouement de la conscience, par celui de la bassesse, *ignominiis omnibus appetitus.*

Rien ne favorise tant l'abus du pouvoir,
et le despotisme qui en est la suite nécessaire, que la basse adulation qui environne
les Souverains. Pour établir cette vérité par
un fait qui est présent à la mémoire de tous :
n'a-t-on pas vu que, dans le moment le plus
critique , les ministres de Buonaparte le
trompaient et sur la disposition de l'esprit
public, et sur l'étendue de ses ressources ?
La publication de sa correspondance inter-
ceptée, n'a-t-elle pas révélé le danger de se
fier au rapport des courtisans, qui endor-
ment leur maître dans une sécurité fatale.

qui n'est que trop souvent l'avant-coureur de sa perte ?

Un Monarque, dont la mémoire est justement respectée, a proclamé une maxime qui devrait être gravée, en lettres de feu, dans chacun des appartemens des rois : J'estime plus l'écrivain qui publie une vérité utile, que celui qui me prodigue des éloges, car ce dernier est guidé par la soif de l'or, ou par l'ambition ; *dès que je n'existerai plus, il dénigrera mon règne, s'il croit plaire à mon successeur ;* la dernière partie de cette maxime est en même-tems prophétique ; combien de caméléons ne voit-on pas encore porter les couleurs qui ne sont dues qu'aux gens de bien ?

> A voir la splendeur peu commune
> Dont un faquin est revêtu,
> Dirait-on pas que la Fortune
> Veut faire enrager la Vertu.

L'homme de mérite ne peut s'asservir à capter bassement la bienveillance des protecteurs ; il ne va point ramper dans leur antichambre ; quelques grands d'aujourd'hui savent d'ailleurs qu'il les humilierait, s'ils en étaient approchés ; il est méconnu, et l'intrigant obtient ce qui devait apparte-

nir à l'honnête homme; cet abus, qui semble indestructible, puisque le remède réside
dans le mal, devient de plus en plus scandaleux; les hommes puissans sont environnés d'aigrefins; c'est un spectacle, tristement
curieux, que de voir, en observateur, la foule
qui se presse pour arriver à leur audience;
elle n'est composée, en majorité, que de
deux espèces d'individus : ou d'êtres remar-
quables par leur air grotesquement suran-
né, et par leur ton ridiculement fat :

Non tali auxilio, nec defensoribus istis
Tempus eget. . . . . .

ou d'esprits turbulens qui s'agitent autour
du pivot qui les fixe, et préfèrent d'ébranler l'édifice, aux risques d'être écrasés sous
ses ruines, plutôt que de demeurer dans
un état de tranquillité.

Heureusement, Louis XVIII, qui réunit
aux qualités brillantes que la nature lui a
départies, l'acquisition des lumières que la
culture de l'esprit, et les révélations de l'expérience peuvent seules produire, a donné
à son peuple un monument qui établira
toujours une digue puissante contre les effets de l'erreur, et des passions. Dans les
tems de révolution, et sous l'état despotique,

il faut se taire sur les injustices, parce que les factieux, et l'usurpateur ne règnent qu'en trompant le peuple, et qu'ils ne pardonnent point à ceux qui veulent l'éclairer; mais, dans un gouvernement monarchique et représentatif, le Roi qui gouverne les hommes selon les lois de l'état, comme Dieu gouverne le monde selon les lois de la nature, déteste lui-même toute dérogation à une sage politique.

L'Empereur Julien disait que pour compter sur les louanges qu'on adresse aux Rois, il faudrait que ceux qui les donnent, eussent le droit de blâmer impunément ; un prince qui veut tout connaître, se plaît à pardonner bien des choses.

La charte constitutionnelle, fruit des méditations d'un homme digne de commander à des hommes, est un port de salut pour tous; si les courtisans trompent le monarque, les citoyens par le droit de pétition, et les représentans du peuple, par leurs délibérations, feront parvenir la vérité jusqu'à lui.

Ceux qui, par leurs écrits, par l'audace de leurs discours, ou par la témérité de leurs actions, cherchent à porter une main impie sur cette arche sacrée, devraient être

lapidés sans miséricorde ; ce sont des factieux, et les seuls à qui, en ce moment,
peut appartenir le nom de révolutionnaires,
puisqu'ils outragent le Souverain, et répandent l'alarme dans toutes les classes des citoyens ; chacun a appris à raisonner à ses
dépens, l'esprit humain ne peut rétrogra-
der ; chacun reconnaît qu'il a besoin d'une
garantie contre l'oppression des hommes
puissans , les connaissances qu'on a acquises par l'expérience ne peuvent se désapprendre.

Le savoir, les talens, la liberté publique,
Tout est mort sous le joug du pouvoir despotique.

chacun sait qu'un ministre lui-même doit
être le premier sujet de la constitution, et
qu'il ne peut remplacer l'impassibilité de la
loi par la morgue de son élévation.

Il est nécessaire, sans doute, que les grands
usent de l'ascendant de leurs dignités ; mais
sans la droiture d'intention, l'obéissance serait refusée, parce qu'elle serait injuste ; sans
la douceur des formes, elle serait paralysée,
parce qu'elle serait humiliante. On ne fait volontiers que ce qu'on fait de cœur et d'affection, *fertur leviter quod fert quisque libenter.*

Il est bien, sans doute, que celui qui est

comblé de richesses, jouisse de tous les avantages que donne la fortune; mais, si au lieu d'en user pour se rendre plus estimable, il donne lieu à le comparer au mauvais riche qui se gorgeait avec excès, en refusant tout secours au pauvre Lazare, en sera-t-il moins considéré comme un singe sous la pourpre? et, comme il est destiné *à redevenir poussière*, ne doit-il pas s'attendre à quitter bientôt ce monde de délices, pour paraître devant l'Éternel, *esurientes implevit bonis et divites dimisit inanes.*

Il est juste, sans doute, que celui qui est élevé par sa naissance, au-dessus des autres, profite de toutes ses prérogatives; mais ne doit-il pas savoir que lorsqu'on se vante de ses aïeux, on fait parade d'un avantage concédé par le hasard, *qui genus jactat suum, aliena laudat;* un homme, privé de bonnes qualités, en est-il moins dangereux ou moins ridicule, parce que ses aïeux se sont illustrés? La gloire des ancêtres se communique comme la flamme; mais, comme la flamme, elle s'éteint, si elle manque de nourriture, et le mérite en est l'aliment. On se rappelle, malgré soi, la réponse que fit un homme du *tiers-état* à un gentilhomme qui disait: Songez à tout le sang que la noblesse a versé dans les combats. — *Et le sang du peuple, versé en même-tems, était-il de l'eau?*

Espérons que les malheurs publics, dont le terme est enfin échu, auront, par une expérience chèrement payée, mais pourtant utile, assez retrempé le caractère des hommes, pour être désormais invulnérable aux traits d'un orgueil exagéré, aux illusions des préjugés, et au système d'une suprématie offensante; et que les Français, blessés par le châtiment du tems présent, se souvenant d'ailleurs que Rome, montée au faîte de la grandeur, se perdit par la corruption, par le luxe, et par des excès qui n'avaient plus de bornes, seront assez généreux, ou assez forts pour que ni les abus de pouvoir, ni les abus des richesses ni les abus de la naissance ne désolent leur patrie: *Domine, exaudi orationem meam, et clamor meus ad te veniat!*

ACCROISSEMENT.

ACCROISSEMENT (Droit d').

Le droit d'accroissement est la dévolution qui se fait de la portion d'un légataire qui vient à manquer, au co-légataire à qui la même chose avait été léguée, au lieu de retourner à l'héritier, *jus accrescendi est jus acquirendi portionem collegatarii conjuncti ab ipso non acquisitam. Henecc. inst. §. 580, edit. hœph.*

On ne sait pas précisément comment, ni à quelle époque le droit d'accroissement a été établi; il n'y a aucune loi spécialement constitutive dans le droit romain; il paraît qu'il s'est introduit, comme beaucoup d'autres droits, par l'interprétation et les réponses des Jurisconsultes, *disputatio fori et responsa prudentum.*

Dans le droit romain, comme dans l'ancien droit français, on distinguait trois manières d'appeler plusieurs personnes, par testament, à recueillir la même chose : *conjunctione re et verbis; conjunctione re; conjunctione verbis tantùm. L. 142, ff. de verb. sign.*

Tome I.   D

Le Code civil, par ses articles 1044 et 1045, maintient le droit d'accroissement avec les modifications dont l'expérience démontrait l'utilité. Il résulte de la combinaison des dispositions de ces deux articles, qu'il n'a plus lieu que dans deux cas :

1°. Quand une chose est léguée à plusieurs conjointement, c'est-à-dire par une seule et même disposition, *partibus non assignatis* : Paul lègue sa maison à Pierre et à Jean ; c'est-là la conjonction *re et verbis* ; *re* , puisque c'est la même chose qui est donnée ; *verbis*, puisque c'est la même locution qui embrasse Pierre et Jean ; en ce cas, il y a lieu au droit d'accroissement dans sa plénitude ; c'est le *jus non decrescendi*, parce que la chose entière, ayant été léguée à chacun, *partibus non assignatis*, l'intention présumée du testateur a été de préférer, pour le total, chacun des co-légataires à ses héritiers légitimes.

2°. Lorsqu'une chose est léguée à plusieurs personnes par le même acte, mais séparément, c'est-à-dire *diverso orationis contextu* : Paul lègue sa maison à Jean ; ensuite, dans un autre article du même acte, il lègue la même maison à Pierre ; c'est-là la conjonction *re tantùm* , puisqu'elle n'a lieu que par la chose, et non par les paroles de la disposition ; en ce cas, pour qu'il y ait lieu au droit d'accroissement, il faut que la chose léguée ne soit pas susceptible d'être divisée sans détérioration.

L'exigence de cette impartabilité est une disposition nouvelle ; elle était absolument inconnue dans l'ancien droit ; mais elle est juste : la conjonction n'existant que *re tantùm*, si la chose est susceptible d'une division facile, le testateur n'ayant joint les légataires que par la chose, c'est se rapprocher de son intention, en ne donnant, à chacun d'eux, que la part que ce concours devait lui assigner, *concursu partes faciunt ;* l'effet de ce concours a dû entrer dans l'intention du testateur qui est censé avoir voulu se conformer aux convenances et à l'état naturel des choses, *quisque præsumitur sese accommodare voluisse legibus.* Si l'on doit suivre exactement la volonté du testateur, ce n'est que lorsque les circonstances la font suffisamment connaître, *semper vestigia voluntatis sequimur testatorum.* L. 5, *c. de necess. servor.*

Le droit d'accroissement n'a jamais lieu lorsqu'une chose est léguée à plusieurs personnes, *partibus assignatis :* Paul lègue son champ à Pierre, à Jean et à Jacques par portions égales; c'est-là la conjonction *verbis tantùm* ; en ce cas, il est impossible de résister à croire que l'intention du testateur n'ait été de ne donner à chaque légataire que la part désignée.

Le principe général est que le droit d'accroissement se fait à la chose et non à la personne, *portio fundi, velut alluvio, portionem accrescit* ; ainsi, il passe à l'héritier du légataire et au substitué.

Le droit d'accroissement a aussi lieu dans les legs d'usufruit, mais avec ces différences:

1°. Que même après que le legs est recueilli, si l'un des co-légataires vient à mourir, sa portion passe aux autres colégataires, au lieu de se consolider à la propriété ; la raison en est que *usufructus quotidiè constituitur et legatur.* L. 1, §. 3, ff. *de usufr. accresc.* Il en est autrement dans le legs de la propriété, parce qu'une fois recueilli, la propriété est irrévocablement fixée, *non ut proprietas eo solo tempore quo vindicatur* :

2°. que l'accroissement se fait à la personne, et non à la chose, *sed in legato usufructus, portio deficiens personæ crescit non portioni.* L. 10, ff. *de usufr. accresc.*

ACTE.

LE mot *acte*, pris *lato sensu*, signifie tout ce qui se fait par écrit ; mais dans sa plus naturelle acception, il est opposé au mot *contrat*, et se réfère aux actes qui peuvent être faits unilatéralement, sans le concours des tiers : tels sont les testamens.

L'acte, pris en général, doit être apprécié dans le sens qu'il a en droit, *in acceptione juris*, c'est-à-dire un écrit passé avec intention de s'obliger, et non une simple note, ou une simple lettre, *scriptura in quâ nulla suscriptio, nullam facit fidem ; nec majoris est momenti quàm mea cogitatio quæ nullam pœnam meretur apud homines ;* pour qu'on soit obligé, il faut que l'intention ne soit pas équivoque, *animum potiusquàm factum inspicimus.*

L'écriture est indispensable pour constater la vérité des actes, *fiunt enim de his scripturæ ut quod actum sit per eas faciliùs probari possit. L. 4, ff. de fid. instrum. ;* elle ne le serait pas si la bonne-foi régnait parmi les hommes, et si la maudite cupidité leur permettait toujours de consulter leur conscience et l'équité, *sed multi hodie inveniun-*

*tur vani et mendaces quibuscum non est
contrahendum in tenebris, ut de peractis
rebus constari possit.* L'homme d'honneur
doit pourtant regarder sa parole comme un
engagement aussi sacré que s'il fût lié par
un acte public ; il est des devoirs écrits au
fond de tous les cœurs, *quid enim tam con-
gruum fidei humanæ quàm ea quæ inter eos
placuerunt servare.* L. 1, ff. *de pact.*

L'acte authentique est celui qui est revêtu
des formalités prescrites, et qui a été reçu
par un officier public ; il fait foi en justice
jusqu'à inscription de faux, *standum instru-
mento, donec contrarium probetur.* Quoiqu'un acte authentique soit exécutoire, *ipso
jure*, il est néanmoins utile, en deux cas,
d'obtenir un jugement de condamnation ;
1°. pour acquérir le droit d'hypothèque,
quand l'acte n'en porte point constitution ;
2°. pour faire courir les intérêts, lorsqu'ils
n'ont pas été stipulés dans l'acte.

L'acte qui n'est point authentique par
l'incapacité de l'officier public, ou par défaut de formes, vaut comme acte sous-seing
privé, s'il a été signé des parties, *si non
valet in vim contractûs, valet in vim con-
sensûs ;* mais il existe des actes assujettis à
des formalités spéciales, qui, nuls comme

actes authentiques, ne peuvent valoir comme actes sous-seing privé, *ubi certa forma desideratur ad rei substantiam, eâ prætermissâ, nihil agitur ;* tels sont les donations, les contrats de mariage, les actes constitutifs ou portant radiation d'hypothèque ; l'écriture authentique est de l'essence de ces actes ; elle est requise *solemnitatis causâ.*

L'acte sous seing-privé est celui qui n'est revêtu que de la signature des parties. Une personne illétrée qui ne sait que signer son nom, sans pouvoir lire l'écriture, ne peut valablement traiter par acte sous seing-privé ; incapable de vérifier l'écriture étrangère qu'on lui présente, quelle facilité n'aurait-on pas de la tromper ? Un tel acte est dépourvu de consentement, partie essentielle de toute obligation, *animo potiusquàm facto.*

Un acte sous seing-privé, au bas duquel une partie n'a apposé qu'une croix ou tout autre signe hiéroglyphe, est dépourvu du *vinculum juris,* il ne peut même servir de commencement de preuve par écrit, encore bien qu'il ait été rédigé en présence de témoins qui l'aient soussigné ; il est nul ; il n'oblige même pas celle des parties qui l'aurait signé, *par debet esse ratio commodi et incommodi.*

La règle : *locus regit actum,* ne s'applique

point aux actes sous seing-privé; ainsi, un testament olographe, quoique fait en pays étranger, n'a besoin d'autre formalité que d'être écrit et signé de la main du testateur; il vaudrait en France, lors même que cette sorte de testament serait interdite dans le pays étranger où il a été fait; il est exempt de tout asservissement aux statuts de localité, comme il est dégagé de toute forme probatoire, autre que celle résultante des caractères tracés par la propre main de son auteur, *credenda est scriptura*.

Il y a quatre différences de résultat entre les actes authentiques et les actes sous seing-privé.

La première : l'acte authentique, quoiqu'attaqué, est présumé vrai tant que le faux n'est point prouvé, *acta publica probant se ipsa;* l'acte sous seing-privé, lorsqu'il y a dénégation, est présumé faux jusqu'à preuve contraire: la raison est que, dans l'acte authentique, il y a une tierce personne publique et neutre à laquelle foi est due; au lieu que, dans l'acte sous seing-privé, les parties, méritant une foi égale, c'est à celle qui veut s'en servir à en prouver la légitimité, *in re communi potior est conditio prohibentis.*

La deuxième : l'acte authentique jouit de l'exécution parée, et il fait preuve du *nego- tium quod geritur*, même à l'égard des tiers; l'acte sous seing privé est dépourvu du premier effet; il ne jouit du second que lorsqu'il a acquis date certaine, *scriptura pri- vata fidem non facit adversùs tertium.*

La troisième : l'acte authentique est valable, quoique les parties ne l'aient point signé, lorsqu'elles ont déclaré ne savoir où ne pouvoir le faire; l'acte sous seing-privé doit absolument être signé des parties : la raison est que l'acte authentique tire sa force du caractère de l'officier public; l'acte sous seing-privé n'en a d'autre que celle qui résulte de la signature des parties. La signature des parties est une formalité intrinsèque de l'acte sous seing-privé, *forma substantialis actûs dat esse actui in tantùm quod, illâ deficiente, actus non dicitur, nec actûs nomen assumit.*

La quatrième : l'acte authentique, quoique fait en un seul original, fait foi entre toutes les parties; l'acte sous seing-privé, contenant des conventions syllanagmatiques, doit être fait en autant de doubles originaux qu'il y a de parties intéressées: la raison est que l'acte authentique réside

dans un dépôt public, d'où il est libre à
chaque intéressé de tirer des expéditions;
au lieu que les parties sont les seuls ministres de l'acte sous seing-privé. Le caractère
des conventions est d'être réciproque; il ne
peut dépendre de l'un des contractans de
rendre, par une dénégation, ou par une sup-
pression artificieuses , la preuve de la convention impossible , *non debet alterius
cullusione alterius jus corrumpi. Jure naturæ æquum est neminem cum alterius
detrimento fieri locupletiorem.* L. 206 , *de
reg. jur.* (Vide *Contrats*).

ACTIONS.

ON n'a jamais admis, dans le droit français, la distinction des actions du droit romain; on ne reconnaît que deux actions principales : 1º. celle en exécution des contrats, qui est l'action personnelle, *actio personalis* ; elle résulte des contrats, des quasi contrats, ou des délits et quasi délits; elle s'attache exclusivement à la personne de l'obligé, *ossibus adhæret et personam non egreditur* ; 2º. celle en revendication, qui est l'action réelle, *actio realis* ; elle s'attache à la chose; elle la suit en quelques mains qu'elle passe, *cum re ambulat*.

Quoiqu'il ne soit pas, dès-lors, aussi nécessaire que dans le droit romain de caractériser chaque action, il importe pourtant de déterminer si une action est mobilière, ou immobilière; 1º. relativement à la procédure, pour connaître devant quel tribunal l'action doit être portée; 2º. relativement aux tuteurs; si telle action est mobilière, ils pourront l'intenter sans autorisation du conseil de famille ; 3º. relativement aux dispositions à titre universel ; ainsi, un testateur lègue tous ses biens meubles; si l'action est mobilière, elle en fera partie; 4°. relativement à la communauté légale; si l'action est mobilière, elle tombera dans la communauté.

L'action en rescision, pour cause de lésion, l'action en réméré, et toutes autres actions résolutoires qui tendent à revendiquer un immeuble, sont réelles et immobilières; les actions participent de la nature des objets auxquels elles s'attachent, *is qui actionem habet ad rem recuperandam, ipsam rem habere videtur. L.* 52, ff. *de acquir. rer. domm.*

Une action est mixte, quand elle tient de l'action personnelle et de l'action réelle; ainsi, l'action de bornage, *actio finium regundorum*, est mixte, parce qu'elle participe de l'action réelle, en ce qu'elle tend à recouvrer ce qui aurait été envahi; et de l'action personnelle, en ce que, par le seul fait du voisinage, tout propriétaire est personnellement obligé au bornage.

Le principe général est que l'intérêt est la mesure des actions judiciaires, *emolumentum vel utilitas est fons actionum. Emolumento cessante non oritur actio.*

On entend, en droit, *par intérêt*, un intérêt pécuniaire résultant d'un gain licite, *quantùmque lucrari potuit*, ou fondé sur un préjudice effectif, *omne quod ei abest;* un motif d'affection ou de convenance serait insuffisant; il faut de plus que l'intérêt soit actuel, et qu'il résulte d'un droit ouvert, *actio eatenùs competit quatenùs interest, nec competit antequàm cœperit interesse.* (Vide *Qualité*).

Quoiqu'il soit difficile de faire coopérer les différens anneaux de la chaîne, dans un ouvrage rédigé par ordre alphabétique, je me suis appliqué à éviter ce que Cicéron appelle *de rectâ regione deflectere;* et, comme je sais que la concision n'est pas moins nécessaire que la précision :

Est brevitate opus ut currat sententia, neu se
Impediat verbis lassas onerantibus aures.

J'ai cru, pour éviter les redites, devoir, dans plusieurs chapitres, renvoyer à d'autres chapitres où des questions analogues sont traitées. (*Vide* Exceptions).

ADOPTION.

L'ADOPTION est un contrat civil qui produit, entre les contractans, des rapports de paternité et de filiation qui n'existaient pas naturellement ; *adoptio est actus civilis, naturam imitans, quo quis alterius filius fit, quasi ab eo genitus fuisset.*

L'effet de l'adoption est de constituer une parenté civile ; elle a été imaginée, comme l'enseigne Théophile, pour consoler l'homme de la privation des enfans que la nature lui a refusés, ou ravis, *adoptio inventa ad moliendum naturæ defectum, vel infortunium.*

Dans le droit romain, on tenait que, pour pouvoir adopter, il fallait être *à naturâ potens ad generandum : illi adoptare tantùm possunt qui possunt parentes esse et liberos in potestatem habere, adeòque et spadones non autem castrati. Inst. §. 9, de adopt.* Le Code civil ne reproduit pas cette distinction ; il s'est borné à prendre des précautions sages pour que l'adoption ne nuisît point au mariage ; l'adoptant, sauf les cas d'exception, doit avoir au moins cinquante ans, âge auquel on est censé renoncer à vivre dans les liens de l'hyménée, *homines pòst eam ætatem paulatim residere solent.*

Les articles 343 et suivans du Code civil établissent des règles, tellement précises, qu'elles donneront rarement naissance aux contestations sérieuses.

Une seule question paraît importante : peut-on adopter son enfant naturel ?

On doit répondre affirmativement ; le législateur a cru ne pas devoir défendre cette adoption, quoiqu'elle soit un moyen indirect d'élever les enfans naturels au rang des enfans légitimes, en les rendant habiles à succéder, *omnibus bonis quæ morte relinquuntur ;* et d'éluder, par là, la fixation de quotité dont la loi permet de disposer à leur profit, parce qu'il a considéré que cet inconvénient était moindre que le scandale de la recherche de paternité dont il a voulu absolument tarir la source.

S'il eût décidé, en effet, qu'on ne pouvait adopter ses enfans naturels, il en serait résulté une foule de procès, qui, par voie d'exception, auraient tendu à prouver que l'adoptant était le père de l'adopté, que dès lors il y avait incapacité ; ce qui aurait renouvelé, ou plutôt perpétué le mal dont on voulait se débarrasser. Il a fallu, en ce cas, de deux maux choisir le moindre, *eligere è duobus malis quod minus est.* (Vide *Parenté*).

ADULTÈRE.

Suivant le droit romain, l'adultère est le viol d'une femme mariée, ou fiancée à un autre, *adulterium est mulieris alii nuptæ vel desponsatæ vitiatio. L. 6, §. ff. ad leg. Jul. de adult.* Mais, suivant le droit canonique, toute violation de la foi conjugale est un adultère, *ex principiis juris canonici violatio fidei conjugalis adulterium habetur. Con. 15, caus. 32, qœst. 5.*

L'adultère se commet par le mari, quand il a communication avec une femme, autre que son épouse. Il se commet par la femme, quand, au mépris des sermens qu'elle a faits au pied des autels, de la pudeur qui caractérise son sexe, de l'estime d'elle-même, et des égards qu'elle doit à sa qualité d'épouse et de mère de famille, elle ose se livrer à un homme, autre que celui à qui elle jura d'être fidèle, et se prostituer aux passions d'un vil suborneur qui secrètement la méprise, *mulier sui corporis potestatem non habet, sed vir; similiter autem et vir sui corporis potestatem non habet, sed mulier.*

Dans les beaux jours de la Grèce et de Rome,

Rome, l'adultère fut très-rare, et pourtant on y adorait Jupiter et Vénus; les hommes reconnaissaient le besoin des vertus par la seule impression de la morale; ce ne fut que lorsque cette religion impure commença à faiblir, que les Romains se corrompirent; ils s'avisèrent d'imiter les dieux auxquels ils ne croyaient plus. Tout est bien en sortant des mains de la nature, tout dégénère entre les mains de l'homme; le tems, dans sa course funeste, altère tout, dit Horace; nos pères valaient moins que leurs aïeux, nous sommes loin des vertus de nos pères, et bientôt nos enfans seront pires que nous:

Damnosa quid non imminuit dies,
Ætas majorum pejor avis tulit
Nos nequiores, mox daturos
Progeniem vitiosiorem.

Celui qui débauche la femme d'autrui devrait être séquestré de la société des hommes; il porte atteinte à l'honnêteté publique; il viole les principes de la morale; il outrage la religion: l'adultère, en effet, est, après l'homicide, le plus détestable des crimes, puisqu'il est de tous les vols le plus cruel, et qu'il infère une injure capable d'occasionner les meurtres et les excès les plus déplorables.

Tome I.   E.

L'infidélité du mari est une tromperie dont la découverte peut nuire au bonheur de son épouse; mais l'infidélité d'une femme est un faux accompagné des circonstances les plus graves; ses effets sont funestes; ils tendent à introduire des étrangers dans la famille; l'honneur des maisons et la naissance des citoyens sont compromis, *inquinant et genus et domum.* Les lois et l'opinion blâment le premier cas; elles n'admettent aucune excuse pour le second.

Le mari peut tuer le corrupteur de sa femme qu'il saisit, *in rebus venereis : privatim vindicta permittitur marito occidere adulterum.* L. 20, ff. ad leg. Jul. de adult. Ce serait une infamie que de souffrir complaisamment un tel outrage, *qui tenet uxorem adulteram stultus est et impius.*

Le père qui surprend sa fille en adultère, *in ipso flagitio*, soit dans sa maison, soit dans celle de son gendre, a le droit de la tuer, ainsi que son suborneur, *privatim vindicta permittitur patri adulteræ et filiam familias domi suæ generive in adulterio deprehensam, unà cùm adultero occidere.* L. 20, ff. ad leg. Jul. de adult.

Sous l'ancien droit, la femme, convaincue d'adultère, était battue de verges, ren-

fermée dans un monastère; et si, après deux
ans, le mari ne la reprenait, elle était ra-
sée, et renfermée pour toute sa vie; aujour-
d'hui, elle est condamnée à une peine qui
ne peut excéder deux années d'emprison-
nement.

L'honneur du mariage a voulu que, quoique l'adultère soit un délit qui entraîne une
peine publique, il fût considéré comme délit privé, en ce sens que le mari a, seul, le
droit d'en porter plainte, et d'en provoquer
la poursuite; le ministère public ne peut
agir d'office, *maritus solus coercitionem
morum in uxorem habet. Solus est vindex
tori sui.*

Le premier des biens est la vertu; on ne
peut goûter de plaisirs purs, si on ne con-
tracte avec elle une étroite alliance; le témoignage de la conscience est aussi nécessaire qu'il est perpétuel, *amplissimum sibi
ipsi præmium virtus.* Lorsqu'on a su préserver son âme des atteintes de la corruption, toutes les bonnes qualités s'y réunissent comme dans un centre commun, *virtu-
tes sibi invicèm adhærent;* mais aussi, quand
on a rompu les liens du devoir, quand on a
franchi le cercle tutélaire de la pudeur, le
regret se fait entendre; il n'est plus tems:

une seule faute détruit le bonheur pour
toujours; le remords s'attache à sa proie;
tel l'hôte des forêts, blessé par le chasseur,
fuit à travers l'épaisseur des sombres retraites ; il emporte dans ses flancs le plomb
meurtrier ; il devra succomber , *hæret la-
teri lethalis arundo.* O vous qui jurâtes au
pied des autels une fidélité réciproque, songez que votre serment est écrit dans les
cieux ! et que l'œil de la Providence per-
cera l'ombre mystérieuse dans laquelle vous
chercheriez à envelopper votre parjure,
*si peccare vis, quære ubi non te videat
Deus !* (Vide *Divorce*).

AGRESSEUR.

L'ÉTAT de l'homme, par rapport aux autres hommes, exige un échange généreux de sentimens de bienveillance; l'intimité doit unir les membres de la société civile; la ligne de leurs droits, parallèle à celle de leurs obligations, constitue le rapport moral qui les maintient dans un juste équilibre, *alteri ne feceris quod tibi fieri non vis*; il faut que chacun ait la certitude que les autres ne le troubleront point dans l'exercice de ses droits naturels, *salvo jure alieno*; delà résulte le droit d'égalité qui consiste en ce que quelqu'avantage qu'un homme, par ses forces ou par sa position, ait au-dessus d'un autre, il ne puisse porter atteinte ni aux bénéfices, ni aux faveurs que la nature et l'état de société accordent à chaque citoyen, *quæ rerum naturâ prohibentur, nullâ lege confirmata sunt;* autrement, il n'y aurait que troubles et dissensions; c'est ainsi que l'épervier qui déchire la colombe, est, à son tour, dévoré par l'aigle.

L'agresseur a toujours tort; la défense légitime de soi-même et de ses propriétés

est de droit naturel; ceux qui, usant de ce
droit, causent du dommage à celui qui les
avait provoqués; lors même qu'il en serait
résulté des blessures ou la mort de l'agresseur, ne sont passibles d'aucune peine, *ex
lege aquiliâ non tenetur qui, jure suo usus,
alteri damnum dedit, veluti qui, moderamine inculpatæ tutelæ adhibito, agressorem
vel latronem occidit.* L. 45, §. 1, ff. *de leg.
aquil.,* on peut repousser l'agresseur par tous
les moyens convenables, pourvu que ce soit
pour sa propre conservation, et non dans
l'intention de le tuer, ou de se venger, *cum
moderamine inculpatæ tutelæ et non ad su-
mendam vindictam, sed ad injuriam pro-
pulsandam.*

Il en est de même dans une rixe, quand
on blesse celui qui a frappé le premier,
*qui immediatè percutit percusorem suum,
videtur facere ad defensionem;* par cette
levée de bouclier, l'agresseur rompt l'équilibre; le calme de la raison disparaît; les
sens s'agitent; on se trouve nécessairement
entraîné vers une résistance vigoureuse :
ainsi, des semences de feu, recélées dans le
caillou, attendent, pour en sortir, le choc
de l'acier provocateur, *vim vi repellere omnes leges, omniaque jura permittunt. Nam*

jure hoc evenit ut quod quisque ob tutelam corporis sui fecerit, jure fecisse existimetur. L. 3, ff. *de just.*

Mais il ne faut jamais franchir les bornes d'une légitime défense ; elles auraient plus d'étendue dans l'état de nature, qu'elles n'en ont dans la société civile ; le Souverain, étant chargé de protéger les citoyens contre tout attentat, on doit recourir à son autorité chaque fois que les circonstances le permettent, *neque tamen sufficit alterum causam rixæ dedisse; nam quodam modo defensionis modus excedatur; semper injuriâ damnum fit.* L. 52, ff. *ad leg. aquil.*; il faut, en outre, éviter toute idée de vengeance, et de violence personnelle ; l'injustice de l'agression ne pourrait justifier la témérité, ou les excès de la répulsion ; il convient de se rappeler constamment ces belles paroles d'Aristide : *ne serait-il pas absurde d'imiter ce qu'on condamne en autrui comme une mauvaise action ?*

On est censé ne pas avoir excédé les justes bornes, lorsqu'attaqué de violence, et mis en péril pour sa vie, son corps, ou ses propriétés ; à l'instant même, et pour parer un danger imminent, on blesse ou tue l'agresseur, *is verò id moderamen adhibuisse intelligitur qui agressorem injustâ vi irruentem, imminente vitæ, corporis, vel rerum periculo, in continenti, tuendi sui causâ, occidit. L.* 45, §. 4. *ff. de leg. aquil.*

Lorsque, dans une rixe, il y a eu des blessures respectivement inférées, *ex utráque parte,* s'il est impossible de reconnaître l'agresseur, on admet une sorte de compensation de délit, *cùm plures in rixâ se mutuò vulnerant et nec constet uter provocaverit, delicta solere mutuâ pensatione tolli.* L. 4, ff. *ad leg. aquil.* (Vide *Complices*).

AGRICULTURE.

L'AGRICULTURE est l'art le plus utile, et le plus propre à rendre un état florissant, *æquè pauperibus prodest, æquè locupletibus.* Socrate appelait l'agriculture la mère et la nourrice de tous les arts ; c'est la base de la prospérité nationale ; un sol stérile n'inspirerait aucun intérêt à ceux qui l'habiteraient, et les champs ne deviennent fertiles que par la main du laboureur, *omnium rerum ex quibus aliquid exquiritur, nihil est agriculturâ melius, nihil homine libero dignius.*

Plusieurs peuples, et sur-tout les Romains, ont honoré l'agriculture ; ils savaient que le meilleur moyen d'activer les progrès d'un art utile, était de l'investir d'une grande considération ; aussi, on vit les premiers personnages de l'Etat labourer eux-mêmes leur champ ; on les vit, après une victoire éclatante, retourner à la charrue où le Sénat les avait trouvés. Le peuple se livra avec transport à des travaux que ne dédaignaient pas des mains victorieuses ; l'exemple est fortement émulateur, *alio-*

rum exemplum calcar nobis est; il l'est, sur-tout, quand ce sont les chefs qui le donnent :

Regis ad exemplar totus componitur orbis.

En France, il existe beaucoup de sociétés d'agriculture, qui font, chaque année, des livres excellens, dont l'effet pourtant est à-peu-près nul; ces livres arrivent rarement à leur destination; ou s'ils parviennent jusqu'à l'habitation du cultivateur, son intelligence est trop étroite pour qu'il puisse les comprendre: Quel est le laboureur qui connaisse les premiers élémens de la physiologie végétale? On néglige ce principe élémentaire de toute instruction, *ad intellectum audientium descendere.*

Avant d'établir des académies d'agriculture, il convenait de préparer le peuple des campagnes à recevoir leurs leçons, en ouvrant des maisons d'éducation rurale où les fils du cultivateur, déposant les préjugés de leur enfance, et l'attrait d'une habitude routinière, se seraient instruits de toutes les parties de l'art important qu'ils doivent exercer: Jusques-là, on aura, trop souvent, occasion de répéter :

Desuntque manus poscentibus arvis.

C'est sur-tout en agriculture que l'on ne doit jamais se proposer de vaincre la nature, mais se borner à la connaître et à la seconder. Les progrès se font lentement, parce qu'il est rare que le génie se trouve réuni au goût de l'observation; tel système paraissait si séduisant en théorie, que déjà son auteur s'écriait comme Archimède : *Je le tiens*, qui bientôt a été frappé de stérilité par la mise en pratique. Les découvertes doivent, dans cette partie, être sévèrement éprouvées avant leur propagation; et toujours on ressentira la nécessité de se renfermer dans cette règle de Caton : *In arando maximè id observandum est Catonis oraculum, primùm benè colere, secundùm benè arare, tertiùm stercorare.*

On fait, assez généralement, alterner les terres, c'est-à-dire leur faire produire, successivement, du fourrage, de la luzerne, du trèfle, etc., et ensuite des blés ; ce mode est excellent : en effet, la luzerne et le trèfle ont des racines pivotantes qui se prolongent assez avant dans les terres, et qui, dès-lors, n'épuisent les sucs qu'à une certaine profondeur; les blés, au contraire, ont une racine chevelue qui ne pénètre qu'à deux ou trois pouces; ils n'ont besoin que des sucs

de la superficie que les grains à racines pivotantes n'ont point épuisée; par ce moyen,
on parvient à trouver un équilibre de fertilité au milieu de deux causes diverses d'ab-
sorption.

Les cadavres des insectes servent mer-
veilleusement à la nature pour féconder les
terres ; ce sont eux qui fournissent la partie
graisseuse et huileuse, qui, à l'aide des sels
répandus dans la terre, forment la substance
savonneuse d'où les plantes tirent leur sève.
Ainsi, les insectes sont moins nuisibles dans
le régime végétal, que la foule indolente des
oisifs ne l'est dans l'ordre social ; ceux-ci,
accablés du fardeau de n'avoir rien à faire,
n'existant que pour dévorer la nourriture
de l'homme laborieux, pour troubler l'harmonie de l'organisation civile par le poids de
leur inutilité, et par l'influence pernicieuse
de leur exemple.

L'invention de la charrue et des moulins à
vent a produit une révolution générale en
Europe ; depuis ce tems, le dixième de la
population suffit, par ses travaux, pour
nourrir tous les autres. On peut regarder
cette invention comme funeste à l'humanité, tant parce qu'elle fournit le moyen de
recruter ces armées nombreuses qui, trop

souvent, ont dévasté le monde, que parce
qu'elle maintient cette tourbe d'individus,
inutilement occupés, qui peuplent les villes,
et auxquels on peut si justement appliquer
ces vers d'Horace :

. . . . *Pondus iners*,
Frugesque terræ consumere nati.

On connaît depuis long-tems en Angleterre l'opération du cadastre, qui est la ré-
capitulation géodésique de la quantité et de
la valeur des biens-fonds d'un royaume ; il
produit le double avantage de servir de règle
pour la répartition exacte des contributions,
et d'être une source publique où les particuliers peuvent tirer tous les renseignemens
relatifs à leurs propriétés, dans le cas où
leurs titres seraient perdus ou détruits. Il est
à désirer que cette opération ait lieu en
France, où l'imposition des tailles se fait
avec si peu de précision.

Tout le monde sait ce beau vers de Virgile :

O fortunatos nimiùm sua si bona norint
Agricolas ! . . . . . .

La vue de la campagne a un attrait que
tout le monde ressent ; c'est là que la nature
épanche ses trésors :

Et l'astre lumineux, s'élançant des montagnes,
Jetait ses réseaux d'or sur les vastes campagnes.

tout y est simple ; loin du faste et du tu-
multe des villes; on est meilleur; les idées
sont plus calmes et plus généreuses :

Sous ses rustiques toîts, mon père vertueux,
Fait le bien, suit les lois, et ne craint que les dieux.

l'air qu'on y respire est pur, c'est le *pabu-
lum vitæ*; il aggrandit l'âme, comme il ac-
croît les forces du corps ; heureux celui qui
peut s'écrier : *Et ego in Arcadiâ!*

O peuples des hameaux, que votre sort est doux,
Peut-être un seul mortel est plus heureux que vous!

ALIMENS.

C'EST la nature elle-même qui commande aux pères et aux mères de nourrir leurs enfans, *necare videtur non tantùm is qui prœfocat, sed is qui liberis alimenta denegat.*

On a retenu cette belle réponse de M. Angrand d'Alleray, ancien lieutenant-civil du Châtelet : traduit au tribunal révolutionnaire, on lui montra une lettre qu'il avait écrite à ses fils émigrés, en leur envoyant des secours pécuniaires. Ne connais-tu pas, lui dit-on, la loi qui défend de faire passer de l'argent aux émigrés ? J'en connais une, répondit-il, plus ancienne et plus sacrée que les vôtres, c'est celle de Dieu et de la nature qui ordonne à un père de nourrir ses enfans. Ce trait seul suffirait pour honorer à jamais sa mémoire.

La jeunesse, dit Mentor, est la fleur de la nation, et, c'est dans la fleur que se préparent les fruits. Dans l'état de civilisation, il ne suffit pas aux parens d'élever leurs enfans sous le seul rapport physique, ils doivent les alimenter au moral ; l'éducation est

la plus sûre opulence; c'est un héritage précieux qu'un père doit laisser à ses enfans.

L'instruction fait tout; c'est la source féconde
De l'ordre, du repos, et du bonheur du monde.

Thémistocle préférait, avec raison, pour
époux de sa fille, un citoyen pauvre, mais
instruit, à un riche ignorant; aussi, d'après
une loi de Solon, un fils était dispensé de
nourrir son père, s'il ne lui avait fait apprendre aucun métier.

C'est encore la nature qui crie aux enfans:
*honora patrem tuum, et gemitus matris tuæ
ne obliviscaris; memento quoniàm per illos
genitus non fuisses.* Lorsque la vie n'était
qu'ébauchée, ce sont leurs parens qui ont
développé leur existence et leurs forces, par
des secours vigilans, par des soins assidus,
prodigués avec une inquiétude de tous les
instans; un fils ingrat, un nouveau Cham,
est une erreur de la nature. En nourrissant
leurs parens, arrivés à l'extrémité de la vie,
en veillant à leur bien-être, les enfans ne
font que s'acquitter d'une dette sacrée; ils
ne leur rendent que ce qu'ils firent pour
eux, lorsqu'ils étaient au berceau, *pàren-
tibus verò non præstatis alimenta, sed red-
ditis.*

En

En Droit, le principe général est que, pour qu'il y ait lieu à la prestation d'alimens, il faut, outre le lien d'où cette obligation dérive, la réunion de deux circonstances : 1°. que celui qui réclame des alimens soit dans le besoin, *nisi qui alimenta petit suis se operis ac industriâ adhibitâ alere possit ; l. 5, ff. de alim. leg.* 2°. Que celui à qui ils sont demandés puisse les fournir, *pro more facultatum alimenta constituuntur.* L. 5, §. 11, ff. *de agnos et alend. lib.* On entend par alimens toutes les choses nécessaires à l'existence, *alimentorum autem nomine, non modo victus sed cætera quoque onera, omnesque vitæ necessitates comprehenduntur.* L. 5, ff. *de alim. leg.*

La nature, inspirant à tous les êtres le sentiment d'élever leurs enfans, l'enfant naturel, légalement reconnu, a droit d'exiger des alimens de ses père et mère encore vivans; l'homme est long-tems enfant ; il est quelquefois vieux, souvent caduc et infirme avant de succéder aux biens de ses auteurs; il devrait donc périr comme les sauvages impotens, qui, ne pouvant plus chasser, implorent la pitié pour terminer leurs jours! Cette idée outragerait la morale; elle ne peut se placer dans le cœur des Français.

F

ALLIANCE.

L'ALLIANCE ou l'affinité est une institution du droit civil qui imite la parenté, mais ce n'est pas la parenté elle-même ; il n'y a, entre alliés, ni génération, ni souche commune; il ne peut, dès-lors, et à proprement parler, exister ni lignes, ni degrés, *affinitatis nulli sunt gradus, quià nullæ generationes.* L. 4, §. 3, ff. *de grad. et adfin.*

L'alliance est fondée sur cette fiction qui fait considérer le mari et la femme comme étant *una et eadem persona. Caro una,* dit l'écriture : or, d'après l'intimité de cette fiction, le mari est considéré comme le frère de la sœur de sa femme, comme le neveu de la tante de sa femme, et ainsi de suite, *tamen recepta regula : quoto gradu mihi aliquis cognatus est, eodem gradu ejusdem conjux mihi affinitate juncta censetur.*

Mais l'alliance s'arrête à la personne du parent de l'époux, *affinitas est necessitudo inter conjugem unum et alteriûs familiam.* L. 4, §. 3, ff. *de grad. et adfin.;* elle ne va pas jusqu'à l'allié, pas même jusqu'au conjoint du parent de l'époux :

ainsi, on est l'allié du frère de sa femme,
mais on n'est pas l'allié de l'épouse de ce
frère; on est l'allié de la nièce de sa femme,
mais on n'est pas l'allié du mari de cette
nièce , *affinitas non parit affinitatem*,
affinis mei affinis, non est meus affinis ;
aussi, le frère de l'époux peut épouser la
sœur de l'épouse ; aussi, les enfans d'un
homme veuf , convolant avec une veuve
qui a des enfans, peuvent épouser les enfans de leur belle-mère.

Le mariage est, à raison de l'alliance,
prohibé en ligne directe à l'infini ; il répu-
gnerait aux mœurs qu'on épousât la des-
cendante ou l'ascendante de sa femme, à
quelque dégré que ce fût; *in contrahendis
matrimoniis naturale jus et pudor inspiciendus est.* L. 14, §. 1, ff. *de rit. nupt.* En
ligne collatérale, il n'est prohibé qu'au deuxième dégré ; on ne peut épouser ni la sœur
naturelle, ni la sœur légitime de sa femme ;
toutes dispenses, à cet égard, sont prohibées ; lors même que le premier mariage
serait nul, on ne pourrait épouser la sœur
de sa première femme; l'affinité subsiste ; il
en était de même en Droit romain ; il admettait une *quasi-affinité*, née des fiançail-
les, et qui se perpétuait après le divorce :

F 2

quasi affinitas ex sponsalibus nata vel ex divortio superstes.

Si l'alliance provient d'une parenté civile, le mariage n'est défendu qu'en ligne directe, et au premier degré seulement; on ne pourrait épouser ni la fille adoptive de sa femme, ni la veuve de son fils adoptif; mais on pourrait épouser la fille de l'un ou de l'autre, l'adoption étant un fait particulier qui se passe uniquement entre l'adoptant et l'adopté, *nam si sit jus, non potest facto tolli.*

Quand l'alliance a été stérile, la mort de l'époux qui la produisait termine l'affinité; la fiction *caro una* ne peut plus avoir lieu; *secùs,* quand il existe des enfans; ils sont la représentation de nous-mêmes; un père revit dans eux; les rapports d'affinité se perpétuent, parce qu'ils élèvent et joignent une nouvelle branche aux familles alliées.

ALLUVION.

L'ALLUVION est un accroissement ajouté, peu-à-peu et imperceptiblement, aux fonds riverains d'un fleuve ou d'une rivière, *est autem alluvio incrementum latens, quo quid ita paulatim prædio adjicitur, ut intelligi non possit quantum quoque temporis momento adjiciatur. Inst. §. 20, de rer. divis.*

Le Droit romain met l'alluvion au nombre des moyens d'acquérir par le droit des gens; c'est une espèce d'accession; celui à qui l'accroissement profite, est présumé ne pas faire une nouvelle acquisition, mais en avoir toujours été propriétaire, *sic quod, per alluvionem, agro nostro flumen adjicit, id jure gentium nobis acquiritur. L. 7, §. 1, ff. de acq. rer. domin.*

L'alluvion est considéré comme aléatoire, puisque le gain et la perte dépendent d'un évènement incertain, *cujus effectus quoad lucrum vel damnum ab eventu incerto pendet;* le propriétaire riverain doit pouvoir gagner, dès qu'il pouvait perdre; la rivière ôte et donne, dit Loisel, *secundùm naturam est commoda cujusque rei eum sequi quem sequuntur incommoda.*

Mais il faut que l'alluvion se forme, *pe-detentim et latenter ;* si une partie considé-rable d'un champ, enlevée par la violence ou la crue subite d'une rivière, est portée sur l'autre rive, ou vers un champ infé-rieur, le propriétaire de la partie, ainsi dé-tachée, peut la revendiquer dans l'année; c'est le *vis fluminis* des Romains : *Quod si vis fluminis de tuo prædio partem aliquam detraxerit et vicini prædio attulerit, palàm est eam tuam permanere. Inst.* §. 21. *de rer. divis.* (Vide *Propriété*).

AMITIÉ.

L'AMITIÉ est un sentiment tendre de l'âme
qui constitue un rapport d'intimité, et qui
nous porte à entretenir, avec quelqu'un,
un commerce honnête et agréable :

> Le hasard fait les frères,
> Le sentiment fait les amis.

C'est le seul, peut-être, où l'excès soit
permis ; on a dit, avec raison, de cette affection cordiale :

> Et tu serais la volupté,
> Si l'homme avait son innocence.

Un ancien philosophe prétend que les
amitiés les plus vives, et les plus durables,
naissent moins de la conformité des goûts et
du caractère que du contraste des goûts et
du caractère ; il assure qu'il est vrai de dire,
en morale, que le mobile des affections humaines résulte de l'opposition des formes ;
de même, qu'en physique, l'action de la répulsion combinée produit l'attraction. Quoi
qu'il en soit, la cause impulsive de l'amitié
est l'opinion que l'on a des vertus de la

personne qu'on aime, *conciliatrix amici-tiæ virtutis opinio*, dit Cicéron :

Pour les cœurs corrompus l'amitié n'est pas faite.

Quoique cette idée d'un poëte célèbre qui compare deux amis à deux ruisseaux qu'un même penchant rassemble et qui mêlent et confondent leurs eaux, soit plus énergique qu'appropriée à la nature de l'homme, on peut dire que les relations qui s'établissent entre de vrais amis sont si désintéressées, et présentent un charme si doux, qu'elles fixent l'inclination, et déterminent une perception continuelle de préférence. Horace aima mieux demeurer à la table de son ami Mécène que de passer à celle de l'Empereur Auguste.

Il existe de nombreux exemples du noble dévoûment de l'amitié; Bélite, voyant Basté terrassé par un lion, et sur le point d'être dévoré, plonge sa main dans la gueule de l'animal furieux pour arracher son ami de ses dents meurtrières. Martian, voulant sauver la vie à Héraclius, soutient qu'il est Héraclius ; Phocas hésite entre son ennemi et son fils ; de-là ce beau vers :

Devine, si tu peux, et choisis, si tu l'oses.

Patrocle ne balance pas, il se revêt des
armes d'Achille, court au combat où la
mort l'attendait, pour couvrir l'honneur
de son ami. On se rappelle que Pélisson se
rangea parmi les accusateurs de Fouquet,
pour, par cette feinte pénible, s'efforcer
à sauver le malheureux surintendant. L'a-
mitié présenta toujours à l'homme le secours le plus actif dans le pénible voyage
de la vie.

J'ai trois sortes d'amis, disait ironique-
ment Voltaire : les amis qui m'aiment, les
amis à qui je suis indifférent, et les amis
qui me détestent. Cette saillie présente la
classification la plus exacte sous laquelle on
puisse ranger les amitiés d'aujourd'hui. *Nimium ne crede colori*, cet antique adage
s'applique aux fausses démonstrations d'a-
mitié, comme aux feux expirans de l'au-
tomne.

Je vous vois accabler un homme de carresses,
Et témoigner pour lui les dernières tendresses,
De protestations, d'offres et de sermens ;
Vous chargez la fureur de vos embrassemens ;
Et quand je vous demande après, quel est cet homme ?
A peine pouvez-vous me dire comme il se nomme :
Votre chaleur pour lui tombe en vous séparant,
Et vous me le traitez, à moi, d'indifférent.

C'est dans le malheur, et lorsqu'on est
prêt à succomber, que l'on reconnaît l'amitié, *amicos res opimæ parant; adversæ
probant;* le véritable ami prodigue ses secours, il redouble ses soins, il épuise tous
les moyens de consolation. Les profanes,
au contraire, disparaissent; ils abandon-
nent celui qui, la veille, recevait encore
leurs protestations de dévoûment : dans la
prospérité, l'adulation volait sur ses pas; on
s'empressait, on multipliait les complai-
sances les plus recherchées : l'infortune arrive, on le laisse, seul, sans secours, se dé-
battre sous le poids de l'adversité, *semel
fortuna dilapsa, devolant omnes.* O tems!
ô mœurs! Il convient d'abandonner au mépris public la bande de ces parjures.

L'amitié, comme un vin généreux, gagne
en vieillissant; la douceur de ses habitudes
offre le moyen d'éteindre, ou de calmer les
sentimens trop fougueux du cœur; elle croît
en raison inverse de la force des passions.

Des livres, des amis, les meilleurs sont les vieux.

La franchise est le caractère de l'amitié;
on doit se souvenir de cette maxime qui
exige que l'égalité, sous le rapport de la
confiance, existe entre amis, *amicitia aut*

pares invenit, aut facit; et sur-tout éviter
d'imiter cet homme, qui, par système, ne
convenait jamais du tort de ses amis. Un ami
sévère, mais sûr, est un bienfait des Dieux,
est mihi instar omnium. Il faut se méfier
d'un ami trop complaisant:

Rien n'est si dangereux qu'un ignorant ami ;
Mieux vaudrait un sage ennemi.

On assure qu'on doit cette peinture si
vraie et si éloquente qui embellit les ouvrages de Racine, et cette perfection qui
se manifeste dans ceux de Boileau, aux effets de l'étroite amitié qui les unit pendant
trente-cinq ans : ils se communiquaient tout,
la loyauté de leurs conseils réciproques était
précieuse ; l'homme de génie, grand comme
la nature, est par fois inégal comme elle ;
au milieu de la foule de ses idées, il peut
se tromper ; l'auteur est rarement assez
de sang-froid pour apercevoir ses écarts ;
mais, l'ami n'éprouve aucune répugnance
à être corrigé par son ami ; aussi, leurs productions, exemptes de taches, ne laissent
voir que des beautés, et ils ont partagé la
palme de la littérature française, comme
autrefois Etéocle et Polynice partagèrent le
trône de Thèbes. Combien il serait à désirer

pour les auteurs de nos jours, c'est-à-dire
pour ceux qui ont réellement le génie de
l'invention, qu'ils eussent pour amis un
Chatéaubriant, pour châtier leur prose, et
un Raynouard pour réprimer leurs vers!
Que de chutes ils éviteraient!

> C'est un sage qui nous conduit,
> C'est un ami qui nous conseille.

Phèdre a dit :

> *Nunquàm est fidelis cum potente societas.*

De ce vers qu'on a voulu généraliser, en
l'isolant, on inférait que l'amitié des grands
était rare et peu durable, qu'elle disparais-
sait lorsque l'égalité n'existait plus ; on a
même ajouté :

> L'amitié que les Rois, ces illustres ingrats,
> Sont assez malheureux pour ne connaître pas.

Cette fiction poétique était exagérée :
des faits récens et sublimes la démentent.
N'avons-nous pas vu cette famille de Rois,
qui fut méconnue dans la frénésie de la
longue maladie politique qui a accablé la
France de douleur, suivie, dans sa retraite,
par un concours nombreux de sujets, on
peut dire d'amis dévoués? N'a-t-on pas vu
des sujets, des amis plus nombreux, non
moins dévoués, nourrir, au sein de la pa-

tric en deuil, le foyer du feu sacré qui, bientôt, devait éclairer l'esprit de tous? Disposition consolatrice qui, seule, a pu calmer les chagrins des fils de Saint-Louis, en leur permettant de dire, comme Sertorius :

Je n'appelle plus Rome un enclos de murailles
Que ses proscriptions couvrent de funérailles,
Et, comme autour de moi, je vois ses vrais appuis,
Rome n'est plus dans Rome, elle est toute où je suis.

Ne sait-on pas que cette famille tutélaire prodigue, à son tour, les preuves de l'amitié la plus franche aux Français dignes de ce titre? L'amitié est la plus belle des affections ; elle ne se séparera jamais du cortége des vertus qui ornent le cœur des descendans de Henri IV.

AMOUR.

Le véritable amour, cette impression céleste qui répand la vie, ne naît et ne s'exhalte que dans une âme honnête et forte; aucun sentiment n'est aussi chaste; lorsqu'on aime véritablement, il ne fera jamais commettre de fautes que désapprouvent la conscience et l'honneur; il repousse toute idée d'excès qui blesseraient la délicatesse ou la pudeur de l'objet aimé; aucun plaisir n'est plus décent que la vraie volupté :

De tous les sentimens qu'inspire la nature,
L'amour est le plus beau, quand la vertu l'épure.

Dans le trajet si court qu'on appelle la vie,
S'il existe un seul jour, vraiment digne d'envie,
C'est le jour où l'on rêve aux pieds de la beauté,
Un avenir d'amour et de fidélité.

Cette passion sublime, cette union des âmes est, pour les mortels, le souverain bien; rien ne lui coûte : Léandre passait, toutes les nuits l'Hellespont à la nage pour se rendre auprès de Héro; rien ne lui est impossible, *omnia vincit amor*, dit Virgile. Que cette exclamation d'Iphigénie, lorsqu'Agamemnon lui ordonne d'oublier Achille, est éloquente :

Dieux plus doux ! vous n'aviez demandé que ma vie !

Ce transport amoureux et guerrier du Cid, lorsque, sûr enfin des vœux de Chimène, il s'écrie :

Paraissez, Navarrois, Maures et Castillans,
Et tout ce que l'Espagne a produit de vaillans ;

ce fameux monologue de Camille, dans les Horaces :

Oui, je lui ferai voir, par d'infaillibles marques,
Qu'un véritable amour brave la main des parques !

peignent admirablement l'énergie de ce sentiment impétueux.

L'amour est inventif et créateur; c'est à lui qu'on doit l'origine de la peinture. On sait que Dibutade, inspirée par l'amour, fixa, sur une muraille, les contours de l'ombre de son amant.

On a beaucoup écrit sur l'amour; on a exagéré ses dangers et ses tourmens, *esca malorum voluptas*, dit Cicéron; N'ayons point d'amour, il est trop dangereux, dit Fontenelle. Oui, l'amour a été souvent la source d'égaremens et de dissensions; oui,

ce fut l'amour qui perdit Troye, et, cependant, tout le monde reconnaît le besoin de
se soumettre à ses lois :

Qui que tu sois, voici ton maître ;
Il l'est, le fut, ou le doit être.

Hypomène fuyait les femmes dans les
bois, Vénus lui fit voir Athalante, et il en
fut épris. Daphnis, ayant insulté Vénus, la
déesse, pour s'en venger, rendit ce berger
amoureux d'une beauté insensible ; cette
vengeance causa la mort de Daphnis. L'oiseau, surpris par l'oiseleur, peut, dans les
tems ordinaires, s'accoutumer à la capti-
vité ; il meurt, si c'est dans le tems des
amours :

Et séparé du cœur qu'il aime,
Le cœur ne vit plus qu'à demi.

C'est la nature elle-même qui fait éclore
ce sentiment ; c'est elle qui révèle les premières et les plus douces sensations du cœur ;
ainsi, Daphnis et Chloé interrogèrent un
vieux chévrier pour savoir ce que c'était que
l'amour ; ainsi, un poète célèbre nous peint
l'émotion touchante d'une jeune beauté :

Isabelle inquiète, en secret agitée,
Et de ses dix-sept ans doucement tourmentée.

Bientôt

Bientôt l'impression se développe, elle se fortifie, elle cherche à se fixer :

Un timide embarras, interprète muet,
De ce cœur ingénu révèle le secret.

On voit la personne qu'on aime d'un autre œil que toutes les autres; sa présence fait naître ce trouble intérieur, cette agitation des sens qu'il est impossible de vaincre. Erasistrate découvrit l'amour d'Antiochus pour la belle Stratonice, en tenant sa main sur le cœur d'Antiochus; et le sentant battre, avec force, lorsque Stratonice entra dans sa chambre.

Tout aime dans la nature; Hercule amoureux filait aux pieds d'Omphale; le jeune lierre presse amoureusement les souches des habitans des forêts; plantez des filles dans un désert, dit un vieux proverbe, il y viendra des garçons. Ce serait, en effet, languir tous les jours, que de vivre sans aimer; ce serait détruire la plus belle partie de l'œuvre du créateur : c'est avec raison qu'on a dit que l'amour était à l'âme de celui qui aime, ce que l'âme est au corps de celui qu'elle anime.

L'amour a ses douleurs et ses alarmes; les plus beaux jours ont quelques nuages; c'est

Tome I. G

dans la cause elle-même qu'on retrouve le calme; du malheur d'aimer, c'est le bonheur d'aimer qui toujours console :

Cras amet qui nunquàm amavit,
Quisque amavit cras amet.

Mais cette affection si tendre, pour être parfaite, doit être mutuelle, *mutuis animis amare et amari;* l'amour ne dispense de retour aucun objet aimé. L'air prévenant, les manières engageantes sont d'un plus grand secours pour réussir, en amour, que le mérite du cœur et de l'esprit; le grand secret est de plaire :

A la cour, à la ville, en amour, en affaire,
L'art d'avoir du succès est l'art de plaire.

Tibulle dit qu'on captive les belles par des vers, comme les avares par de l'or, *carmine famosœ, pretio capiuntur avaræ.* La vapeur du sommeil ne coule pas plus doucement dans les yeux appesantis, que les paroles flatteuses s'insinuent pour enchanter l'âme des femmes :

L'amant qui loue, est l'amant couronné.

Malheureusement, la milice galante est un peu niaise; s'il suffit d'aimer pour être amoureux, il faut témoigner qu'on aime pour être amant ; combien ne voit-on pas d'amans transis, qui, au lieu de cet heureux badinage qui gagne l'esprit et le cœur des personnes même les plus raisonnables, sont froids dans leurs propos, raisonneurs dans leurs discours, gauches dans leurs attentions, ou téméraires dans leurs caresses ; combien n'y en a-t-il pas à qui on pourrait dire avec Célimène :

Faut-il de vos chagrins, sans cesse à moi vous prendre ;
Vous avez le champ libre, et je n'empêche pas,
Que pour les attirer vous n'ayez des appas.

Les femmes sont comme les fleurs, on en voit mille, on en cueille une ; le choix fixé, il faut de la persévérance ; ce n'est que de la constance que naissent et cette tendre confiance, et ce doux abandon qui produisent l'union intime qui réunit la masse de bonheur dont la condition humaine soit susceptible :

Oh ! serrez bien, serrez ces nœuds de fleurs ;
Bonheur d'amour n'est que dans la constance !

Heureux l'amant qui peut sincèrement répéter ces vers si beaux et si naturels :

Depuis cinq ans entiers, chaque jour je la vois,
Et crois toujours la voir pour la première fois.

Il faut, dit-on, un peu d'audace en amour,

G 2

audaces fortuna Venusque juvant. Les femmes n'aiment pas un amant langoureux; la
femme est faible, et la force lui plaît. Ce
conseil de Daphné à Tircis frappe et éclaire:

Mon cher Tircis, je connais mieux que toi,
L'humeur d'un sexe à qui tout rend hommage;
C'est au larcin que son refus engage.
S'il prend la fuite, il veut être arrêté;
    Il ne combat que pour être dompté,
Et sa défaite est le prix du courage.

Ainsi, la bergère Galatée se cachait mal
sous les branches de saules; elle n'était pas
fâchée d'être découverte et reconnue à travers ce voile léger, *et fugit ad salices et se
cupit antè videri.* Toutes les femmes connaissent, et savent mettre à profit ces vers de
Clément Marot:

Mais je voudrais qu'en me le laissant prendre,
Vous me disiez, non, vous ne l'aurez pas.

La femme qui a *horreur* des hommes, est
plus près d'en aimer un, que celle qui se plaît
à leur société; les résolutions extrêmes sont
peu durables; l'indifférence serait une erreur de la nature.

Properce a dit que, pour cesser d'être
libre, il suffisait d'aimer, *nullus liber erit,
si quis amare volet.* On assure que la fa-

meuse Ninon qui trouvait un péché à se refuser une fantaisie, voulant éprouver jusqu'où l'amour pouvait conduire un de ses
adorateurs, lui demanda une promesse de
mariage, avec un dédit de 500,000 fr. Quoique cet amant fût un très-grand personnage,
il la souscrivit : le lendemain, Ninon se servit de cette promesse pour rouler ses cheveux; l'amant là reconnut en voyant son
nom sur une de ses papillotes ; il en témoi-
gna sa surprise; Ninon lui répondit : j'ai voulu avoir une preuve de votre amour, mais
c'est une folie que vous avez faite ; vous pou-
vez épouser madame la duchesse..... je vous
rends votre liberté.

  Amour, amour, quand tu nous tiens,
  On peut bien dire adieu prudence!

Et, néanmoins, un attrait irrésistible, parce qu'il est naturel, écartera toujours l'effet
de ces réflexions. Le philosophe qui croit
contempler, n'est bientôt qu'un homme qui
désire, ou qu'un amant qui rêve; le plus
sage sera entraîné vers l'autel de l'amour, et
forcé d'y sacrifier.

L'amour a un ennemi dangereux; c'est la
triste jalousie qui vient, trop souvent, se placer à ses côtés; elle est causée par ce sentiment actif d'inquiétude, qui, si on peut s'ex

primer ainsi, rend l'homme jaloux de son
ombre; elle est alimentée par les propos indiscrets de ces libertins qui calomnient une
femme honnête pour se venger de sa vertu :
tel ce personnage fameux d'une tragédie
de Shakespear, qui s'était flatté d'obtenir
les faveurs de Desdemona; désespéré de ne
pouvoir y réussir, il s'introduit chez elle
durant la nuit, se blotit dans un coffre, et
en sort lorsqu'elle était endormie; il s'empara d'un bracelet précieux qu'elle avait au
bras; il remarqua, en outre, une légère tache naturelle qu'elle avait au sein; et se re-
tirant, après cette découverte, il osa se vanter devant Posthumus, son mari, d'avoir
reçu de Desdemona le prix de son amour.

Lorsque la jalousie a trouvé accès, elle détruit cette ivresse de bonheur et de confiance
où l'âme, sur un seul point, rassemble tous
les tems; elle dessèche le cœur; le charme
disparaît, sans qu'on puisse trouver le repos : mais, tel est encore l'effet de l'amour,
que, dans ce trouble des sens où l'avenir et
le passé s'oublient, les doutes et les pleurs
ont des attraits; si le soupçon avait effarou-
ché le sentiment, le plaisir le rappelle, et on
passe des alarmes à la joie, *in amore hæc
insunt omnia.*

AMOUR PATERNEL.

Le bonheur de ses enfans est l'objet de toutes les sollicitudes d'un père; c'est dans eux qu'il vit plus que dans lui-même, *quis enim talis affectus extraneus inveniatur ut vincat paternum?* Aussi, on s'accorde à regarder, comme sublime, ce trait d'une des pièces de Shakespear: Macbeth, après avoir ravagé le château et massacré la femme de Macduff, tombe au pouvoir de ce dernier; dans sa morne douleur, Macduff médite sur les moyens d'assouvir sa vengeance sur le meurtrier de sa famille, et il s'écrie avec dépit : *Il n'a point d'enfans!*

Un père est un ami et un guide que la nature nous donne pour éclairer nos pas, pour former notre raison, et pour qu'il supplée, par ses lumières et son expérience, à ce qui nous manque de sagesse et de prévoyance; après nous avoir donné la vie, c'est du produit de son travail et du fruit de ses sueurs qu'il prépare les alimens et les soins nécessaires pour maintenir cette vie, qui n'est encore qu'ébauchée. Plus tard, il s'efforce à former notre existence morale; il déve-

loppe, dans nos cœurs, le germe des qualités
sociales; rien ne lui coûte pour le féconder;
le malheur le plus horrible pour lui, serait
de voir que son fils ne fût pas homme
de bien.

> On remplace un amant, un époux, une amie,
> Mais un vertueux père est un bien précieux
> Qu'on ne tient qu'une fois de la bonté des dieux.

On assure que l'affection maternelle a encore plus d'intensité, *semper certa est ma-*
ter etiamsi vulgò conceperit; pater verò is
est quem nuptiæ demonstrant, est indè
major matris affectio. La nature ayant
destiné les femmes à porter les enfans dans
leur sein; la maternité n'étant acquise qu'au
prix de longues douleurs; les mères, étant les
nourrices et les premières institutrices de
leurs enfans, reçoivent leurs premières caresses :

> *Incipe, parve puer, risu cognoscere matrem.*

elles essuyent leurs premières larmes; ce
concours de rapports peut augmenter la
force de leurs sentimens; les exemples d'Hé-
cube, de Rachel, de Clytemnestre sont propres à justifier la supériorité de leur affection. Tout le monde connaît le jugement de
Salomon sur la prétention de deux femmes

qui revendiquaient un enfant comme leur
appartenant; rien au monde ne pourra déterminer une mère à sacrifier l'être auquel
elle donna le jour, *nunquam oblivisci potest mulier infantem suum.*

L'amour paternel, et sur-tout l'amour
maternel, exercent un empire si absolu,
qu'ils absorbent tout autre sentiment: Doria
fut saisie d'effroi, lorsque, venant pour
cultiver l'arbre qu'elle avait planté à la naissance de son premier né, elle le trouva
brisé. Le Lion de Florence, arrêté, touché
peut-être par les cris déchirans d'une mère
éperdue, remit son enfant à terre sans lui
faire aucun mal, et s'éloigna tristement. On
a vu un grand nombre de parens suivre de
près, dans le tombeau, l'enfant de leur affection; c'était une partie d'eux-mêmes nécessaire à leur existence.

N'est-il plus. ... Puis-je encore.... Rêve délicieux!
Ma main craint de détruire une erreur qui m'est chère;
Mon fils près de mon cœur redescends-tu des cieux;
Avec toi dans les cieux enlèves-tu ta mère ?

Cet intérêt qu'on porte à l'enfant, formé
de son sang, est tel, que la joie subite, causée par la nouvelle de son bonheur, peut
produire un bouleversement si violent,
qu'il anéantit l'existence : Diagoras de Rho-

des mourut de joie en embrassant ses fils, qui sortaient vainqueurs des jeux olympiques : après la déroute au lac de Trasimène, deux dames romaines moururent subitement, en voyant revenir leurs fils, dont on avait faussement annoncé la mort.

S'il s'est trouvé un Brutus qui voulut être juge de ses enfans, et voir couler leur sang; un Manlius, qui fit tomber sous la hache d'un licteur la tête de son fils victorieux, ce sont de ces vertus féroces dont les rares exemples ne semblent placés que pour indiquer une possibilité, et pour la combler par l'horreur qu'elle inspire. Virgile, en parlant d'eux, dit :

Vincet amor patriæ, laudumque immensa cupido.

Mais il n'hésite pas à les regarder comme malheureux, quelle que soit, sur leur compte, l'opinion de la postérité :

Infelix ut cùmque ferent ea facta minores.
Et je rends grâces au ciel de n'être pas romain,
Pour conserver encore quelque chose d'humain.

Suivant l'opinion des stoïciens, l'affection du créateur pour la créature est bien plus forte que celle de la créature pour le créateur, *rectè observaverunt philosophi ma-*

gis adduci causam gignentem ergà genitum,
quàm genitum ergà gignentem, nam quod
ex aliquo ortum est, id ei quasi proprium
esse. Moïse lui-même, cet envoyé de Dieu,
ne crut pas devoir s'en rapporter au seul
sentiment de la nature; il fit une loi portant
que les enfans qui mépriseraient leurs père
et mère, ou qui ne leur rendraient pas l'hommage qui leur était dû, seraient lapidés en
présence du peuple.

De nos jours, on rencontre trop souvent
des fils ingrats, de nouveaux Cham, qui se
complaisent à tourmenter les auteurs de
leur existence; les crimes de parricide sont
même fréquens; vingt années de révolution
et de guerre ont amorti la force des lois et
de la morale; le repos est rendu au monde,
il sera durable; chacun en a besoin pour réparer ses pertes; les bases antiques vont se
raffermir; les enfans égarés sentiront, comme
l'infortuné Azaël, le besoin de rejoindre la
terre de Gessen pour implorer le pardon paternel; ils l'obtiendront; la tendresse, jointe
au sentiment d'intérêt que le repentir inspire, leur assure que les bras de leurs auteurs seront ouverts; celui qui, troublé par
son repentir, s'écrie : Mon père! j'ai péché
contre le Ciel et contre vous, je ne suis plus

digne d'être appelé votre fils, fixe l'indulgence; un fils ne se jette point, en vain, aux
genoux de son père ; ce fut dans cette position qu'Œdipe, outragé, n'écouta que sa
clémence envers Polynice, et oublia son
courroux.

Malheur à qui pourrait être sourd au cri
de la nature qui est le plus fort de tous ;
il serait bientôt insensible aux sentimens
d'honneur ; il deviendrait un objet de scandale; il serait repoussé par tous les gens de
bien, qui savent que l'enfant, indiscipliné
dans la famille, ne sera qu'un perturbateur
dans la société.

On ne doit jamais écouter d'impulsion
haineuse contre ses parens ; ils sont respectables jusque dans leurs erreurs ; la loi,
selon l'expression des jurisconsultes romains, aurait rougi de soumettre les pères à
la censure de leurs enfans, *erubescit..... lex
castigatores filios genitoribus dare.*

Un fils ne s'arme point contre un coupable père,
Il détourne les yeux, le plaint et le révère.

Le bouillant Achille se calme et s'appaise,
lorsque le vieux Priam l'aborde pour lui
redemander le corps de son fils; il crut reconnaître les traits de Pelée, son père. Heu-

reux le fils qui peut s'approprier cette belle idée :

Illis divitiæ solæ materque, paterque.

Ainsi, Cimon, ayant été condamné à mourir de faim, fut nourri, dans sa prison, par sa fille qui venait lui donner à téter ; les juges, instruits de cette belle action, firent grâce au père en faveur de la fille ; dans le lieu où était la prison, on éleva un temple consacré à la Piété.

Quant à la filiation et à la légitimité des Enfans, (*vide* Mariage).

AMOUR DE LA PATRIE.

L'amour de la patrie doit l'emporter sur
toute autre considération; le vrai citoyen
ne peut balancer à sacrifier sa vie pour la
défendre; celui qui périrait sous ses décombres serait moins malheureux que s'il
fût condamné à vivre sur ses ruines : ainsi,
lorsqu'après la funeste journée d'Allia, Brennus, à la tête des Gaulois, s'empara de Rome,
quatre-vingt vieillards, anciens consuls, sé-
nateurs et pontifes, assis sur leurs chaises
curules, se dévouèrent à la mort ; convaincus, par les principes de leur religion, que
le sacrifice volontaire que les chefs faisaient
de leur vie, jetait le désordre et la confusion dans le parti ennemi : ainsi, Régulus,
fait prisonnier par les Carthaginois, envoyé sous serment à Rome pour y apporter
les conditions d'une paix honteuse, loin de
l'y exciter, persuada au sénat de les rejeter, et fut, dégageant sa parole, se soumettre aux tortures que les Carthaginois
lui préparaient : ainsi, après le siège mé-
morable de Calais, Eustache de Saint-Pierre
se dévoua, volontairement, avec cinq des

plus notables citoyens de la ville, au sup-
plice qu'ils devaient subir dans le camp
d'Edouard III, *hi enim qui pro republicâ
ceciderunt, in perpetuum per gloriam vivere
intelliguntur.*

La sécurité publique se compose de sa-
crifices individuels; si chacun, par un calcul mal entendu, considérant isolément son
intérêt particulier, refusait de coopérer à
la masse commune, il n'y aurait ni patrie,
ni liberté civile; les nations seraient la proie
du premier conquérant ambitieux; il les
asservirait à son gré; tous deviendraient
esclaves, parce que chacun aurait voulu,
trop activement, pourvoir à sa sûreté privée. L'union fait la force; la tendance unanime vers le bien prépare le bonheur commun; le concours de tous assure le triomphe; il est rare qu'une nation courageuse
soit asservie; elle peut éprouver des revers,
mais elle tend, par son propre poids, à se
maintenir au centre de son assiette.

La France, blessée douloureusement par
une de ces maladies politiques qui frappent,
par fois, les nations les plus fortement constituées, a ressenti, pendant vingt-cinq ans,
les douleurs de la frénésie, et pourtant, au
milieu de ses convulsions, elle a trouvé as-

sez de forces pour agiter, pour combattre et pour vaincre l'Europe; pourquoi? Parce que ceux qui l'ont successivement gouvernée ont eu assez d'adresse pour rendre, leur cause, la cause du plus grand nombre, en lui imprimant une sorte de caractère national.

Dès le début, ils détruisirent le pouvoir légitime; un crime affreux fut commis; le sang royal fut répandu. O jours de deuil!

. . . . *Mihi frigidus horror*
Membra quatit, gelidusque coit formidine sanguis.

Toutes les nations, par un mouvement d'indignation et de douleur, s'armèrent contre la France; les factieux profitèrent de ce moment de danger pour en appeler à cet amour de la patrie qui fait tout braver, *valentior omni ratione amor patriæ.* La France est perdue, criaient-ils, si elle est vaincue; ravagée, mise à feu et à sang, elle disparaîtra du nombre des nations : chacun est animé du principe sacré de l'honneur national ; on appréhende l'évènement; on court aux armes, et la France est victorieuse, *conciliat nos primùm natura diis, parentibus et patriæ.* On put lui appliquer ce qu'on avait dit de l'ancienne Rome : *C'est dans les revers qu'on apprend à la connaître et à la craindre.*

Depuis

Depuis ce tems, le soin le plus assidu a
été d'alimenter le même esprit public. La
vente des biens nationaux a fixé beaucoup
de partisans; la distribution des charges et
des fonctions publiques aux plébéiens, sur-
tout à ceux dont les principes offraient une
garantie, *conjungit amicitiam morum si-
militudo;* la création de dignités et de décorations nouvelles, élevées sur les débris
des anciennes, augmentèrent le nombre des
prosélytes; ayant à craindre pour leur propre compte le retour de l'ordre légitime, ils
étaient aveuglément dévoués au chef, qui,
de son côté, pour le *compelle intrare,* leur
avait prouvé son attachement à la cause
commune, en trempant, autant qu'il dépendait de lui, ses mains dans le sang des
Bourbons. Son despotisme n'éprouva plus
désormais de résistance, parce que toutes
les ramifications étaient occupées par des
coryphées, ou par des créatures qui lui
devaient tout.

Hæc volo, sic jubeo, sit pro ratione voluntas.

Une tyrannie cruelle accabla les Français, et pourtant ils aimaient la France; au
seul mot d'envahissement, ils frémissaient;
ils oubliaient leurs malheurs pour songer

Tome I. H

au salut de la patrie, *hostis hostem occidere volui.*

La saine partie de la nation savait qu'il n'était possible d'espérer de tranquillité que du retour du pouvoir légitime ; elle était détournée de cette disposition votive par l'idée que des flots de sang couleraient pour venger celui du roi martyr.

Les Nations, frappées du fléau de destruction que la guerre promenait tour-à-tour chez elles, résolurent de couper le mal dans sa racine ; elles s'allièrent pour activer la réussite ; leurs armées se présentèrent aux frontières, mais, en même-tems, elles éclairèrent les Français : ce n'est plus leur asservissement, ce n'est plus la destruction de leur patrie, destruction qu'elles eussent d'ailleurs vainement tentée ; la France *pro patriâ, laribus et religione pugnans* sera toujours invincible : c'est leur délivrance, c'est le don de leurs Rois légitimes, c'est l'oubli du passé qu'on leur assure ; l'amour de la patrie se trouve alors d'accord avec le vœu du cœur ; la plupart des villes ouvrent leurs portes, les Citoyens posent les armes, et la France est délivrée sans être vaincue.

Un Roi légitime est assis sur le trône de

ses pères ; par une magnanimité qui n'appartient qu'aux Princes de sa Maison, il dédaigne le soin d'un pardon individuel, pour tirer un voile épais sur le passé ; toute réaction est proscrite : Ange de paix, il vient pour guérir des maux auxquels il est étranger, dont quelques-uns ont même été faits en haine de sa personne ; mais ils affligent ses enfans ; il ne songe qu'à les calmer ; il emploie ses veilles à préparer les moyens curatifs ; il perpétue ce qu'on a dit d'un de ses aïeux :

Il pardonna souvent, il régna sur les cœurs,
Et des yeux de son peuple il essuya les pleurs.

C'est en ce moment que l'amour de la patrie est dans toute sa force. Le bonheur n'est apprécié que lorsque l'on a éprouvé l'adversité : le règne des Bourbons, que nos pères chérissaient par rapport à lui-même, doit être environné d'une vénération bien plus absolue par nous, qui, sans son retour, périssions victimes des excès de la tyrannie.

Dulcior est fructus post multa pericula ductus.

La France, mue par l'action naturelle des choses, est replacée sur le point fixe de ses destinées ; une constitution libérale, et la bonté, par excellence, du Monarque qui nous

H 2

rappelle ce nom d'*optimus* qui fut, généralement, déféré au Souverain de Rome dont
l'histoire s'est complue à nous retracer la
perfection, assurent la plénitude de la liberté civile.

> *Nunquàm libertas grátior exstat*
> *Quàm sub rege pio.*

Quels vœux restent à faire? Quel est le
Français qui pourrait refuser, non son approbation, mais son affection à un tel ordre
de choses?

Le terme posé aux rechutes, qui, depuis
vingt-cinq ans, succédaient aux chutes, a
pu froisser l'intérêt de quelques-uns; s'ils
sont de bonne-foi, désabusés aujourd'hui
des prestiges dont l'erreur avait embelli
leur orgueil, prestiges, qui, amassés par la
tempête, se trouvent détruits, dès que l'orage
a cessé; pourront-ils ne pas faire un juste
retour sur eux-mêmes, et résister à joindre
leurs prières aux prières générales, pour la
conservation du Monarque qui les couvre
de sa garantie, *spes omnis, et fortuna nostri*
nominis.

Il se peut que l'illusion produite par l'ascendant des fonctions qu'ils ont occupées,
ou par l'enthousiasme des dignités et des richesses qu'ils ont trop facilement obtenues,

les ait éblouis; et que, privés alors de la liberté de leur jugement, ils aient cru que le
gouvernement auquel ils s'étaient attachés,
tout usurpateur qu'il était, pût ou dût se
maintenir; mais, *ab actu ad posse valet
consecutio*, il est anéanti, moins par une
force directement opposée, que par le vice
de son organisation, et sur-tout par la volonté contraire des Citoyens; il est impossible qu'ils ne voyent pas ce que tout le
monde aperçoit, *non intelligere quod omnes
intelligunt*, que ce pouvoir gigantesque,
dont ils furent partisans, était dépourvu de
force réelle et morale; parce que, comme
on l'a déjà dit, la puissance qui s'acquiert
par la violence, n'est qu'une usurpation
qui ne se maintient qu'autant que la force
de celui qui commande l'emporte sur celle
de ceux qui obéissent; aussi, ne se soute-
nait-il que par le despotisme, dont la tension
devait incessamment briser tous les ressorts:

Rumpitur dum nimium tenditur funiculus.

Que vingt années de guerre avaient dévoré toutes les ressources; que chaque famille déplorait la perte de la plus belle partie
de ses membres; que chaque père pleurait
la mort de ses enfans; que les épouses

voyaient leurs jeunes époux arrachés d'entre
leurs bras ; que les filles étaient condamnées
à vivre dans un célibat de stérilité ; que les
braves armées ; transportées brusquement
du nord au midi, et du midi au nord, étaient
harassées ; que le plus grand nombre était
péri sur le sol étranger, n'éprouvant d'autre
soulagement que de tourner ses derniers
regards vers la patrie :

Et dulces moriens reminiscitur Argos.

Qu'absolument épuisées, elles éprou-
vaient le besoin du repos ; qu'il devenait
impossible de les réorganiser sur-le-champ ;
plus d'instruction dans les exercices, plus
de subsistances assurées : de-là, le décou-
ragement et le pillage ; plus d'hôpitaux : de-
là, ce spectacle douloureux d'hommes expirans sur les routes, dans les rues et au
milieu des places publiques ; que les finances, malgré les spoliations d'une guerre longuement victorieuse, étaient dans un délabrement absolu ; que l'anéantissement total
du commerce et l'épuisement général des
propriétaires, rendaient le recouvrement
des impôts aussi difficile que peu productif.

Et, comme la mort de plusieurs millions
de Français, et la ruine publique n'avaient

pour cause que l'ambition d'un homme, *eversor juris humani*, qui, pour rendre son nom fameux, se sacrifiait, à lui seul, le repos et le bonheur du monde, et auquel on peut si justement appliquer ce mot de Tacite, sur les dévastateurs, *cùm solitudinem fecerunt, pacem appellant*; et, pour résultat, que d'asservir la France sous un joug honteux, l'exécration publique était portée à son comble; si la tyrannie peut produire le malheureux effet d'énerver par l'habitude, elle ne peut ni commander l'affection, ni effacer le souvenir des pertes de ce qu'on a de plus précieux; aussi chacun gémissait dans son intérieur, et formait secrètement les vœux que le Ciel a enfin exaucés, *hoc factum est à Domino.*

Ils doivent donc se dépouiller de regrets importuns, et se réunir franchement sous l'égide de la monarchie légitime qui ferme l'abîme de nos longues calamités, en répétant, avec ferveur, le *Domine salvum fac regem*; cette prière nationale, instituée pour Louis XII, père de son peuple, devient un dogme sacré pour les Français de 1814, puisque, pour eux, Louis XVIII est le sauveur de la Patrie; sans lui, la France, après avoir été ou saccagée, ou démembrée, ou la proie des dissensions civiles, ne présenterait plus qu'un amas de ruines; les partisans de la révolution et les amis de Buonaparte, s'il en existe encore, ne peuvent nier cette vérité.

Il en est une autre qu'ils ne peuvent pas plus contester, c'est que l'art de conserver surpasse celui de conquérir : la seule force de la constitution physique suffit pour faire naître la témérité; ce n'est que l'intelligence qui amène la prudence; une conception, savamment terminée, imprime dans les cœurs un sentiment durable d'admiration et de reconnaissance; tandis que vingt expéditions formidables, fussent-elles suivies de succès, ne laissent qu'un souvenir douloureux, si on aperçoit que le résultat, chèrement payé, doive être éphémère.

On avait adopté un système de domination continentale, et la population et les richesses de la France ont été sacrifiées en pure perte; les extrêmes sont toujours funestes. Il n'est personne qui ne reconnaisse aujourd'hui le vice de ces entreprises hasardeuses; on se rappelle ce mot de Pyrrhus, qui, après avoir battu deux fois les Romains, voyant que ses meilleurs capitaines et l'élite de ses troupes y étaient péris, ne put s'empêcher de s'écrier : *Si nous* gagnons encore une bataille, nous sommes perdus. C'est avec raison que le plus sage des publicistes a dit que le Souverain qui fait une guerre injuste, est responsable à Dieu de tous les dégâts que souffrent ses sujets, et même ses ennemis, *quidquid delirant Reges plectuntur Achivi.* La France, pour conserver, ou, si l'on veut, pour reprendre la suprématie que sa position topographique et son étendue lui assurent en Europe, doit songer d'abord à réparer ses pertes; ce qu'elle obtiendra bientôt de la fertilité de son sol et de l'industrie de ses habitans.

Les bons princes sont ceux qui, avares des fatigues et du sang de leurs sujets, savent, par la magnanimité de leur caractère, inspirer une noble confiance à tous; ils sont d'autant plus respectés, que ceux qui seraient tentés de devenir leurs ennemis, en sont détournés, parce qu'ils savent que chaque membre de la grande famille, heureux de vivre sous un chef qui a pour elle l'affection d'un père tendre, sacrifierait tout, si ce Patriarche chéri se voyait forcé de faire un appel au courage de ses enfans.

Espérons donc que Louis XVIII, par la seule force de son caractère que tous les Souverains respectent et admirent, obtiendra,

pour la France, le haut dégré d'élévation et
de prospérité que la nature semble lui avoir
départi, en la plaçant sous le plus beau ciel,
et en distribuant à ses habitans le double apanage d'une aimable urbanité et d'une valeur
savamment raisonnée; dans le cas contraire,
il n'est aucun de ses sujets qui ne se porte,
tout entier, à le seconder dans cette entre-
prise nationale. Espérons enfin que ce roi
vertueux qui, en saisissant les rênes de l'état,
regardait le type de la souveraineté comme
une couronne d'épines, sera bientôt détrom-
pé, en voyant que tous les Français réunissent leurs efforts pour environner sa tête sacrée d'*une couronne de roses.*

AMOUR-PROPRE.

SCARRON comparait l'amour-propre à un petit animal d'une délicatesse excessive qu'on ne peut toucher sans blesser, mais qu'on ne tue jamais :

L'amour-propre, inquiet, souffre de peu de chose;
C'est un voluptueux que blesse un pli de rose.

Il n'y a point de plus perfide ami que l'amour - propre , *pensiüs nihil quïcquàm nobis est quàm nosmetipsi*, parce qu'il subordonne tout à ses commodités et à son bien-être, et qu'il est à lui-même son objet et sa fin; les hommes, dans la société, se comparent continuellement les uns aux autres; ils entreprennent tout pour établir dans leur opinion, et ensuite dans celle des autres, l'idée de leur supériorité; ainsi, *le maître à danser* de Molière se préférait *au maître de philosophie*; de là, l'ambition dont l'effet est beaucoup plus vif entre ceux qui ont un mérite du même genre; il y a long-tems qu'Hésiode a dit que le potier est jaloux du potier, *ægris oculis aspicere*.

L'amour - propre s'occupe continuellement à effacer cette belle maxime jugée

digne d'orner le frontispice du temple de
Delphes : *Nosce te ipsum* ; il est le tyran
de tous les âges ; il donne cette suscepti-
bilité qui laisse croire que tout le monde
vous porte envie ; il rend ses victimes semblables aux gens suspects qui se persuadent,
sans cesse, qu'on les montre au doigt ; il
amène, en outre, cette confiance, aussi
aveugle que comique, qui entraîne chacun
à croire qu'il a influé sur les évènemens
dont il n'a été que le témoin, et qui le détermine à se vanter d'y avoir pris une
grande part :

Quæque ipse vidi. . . . .
Et quorum pars magna fui. . . . .

Il conseille de ne fermer jamais entièrement la porte aux flatteurs, de ne la pous-
ser que doucement sur eux, en la laissant
toujours entr'ouverte :

. . . . Une maxime certaine,
C'est que l'amour-propre, parmi la race humaine,
Se montre encore plus fort que l'intérêt.

Pourtant, combien d'occasions de s'écrier
avec madame Deshoulières :

L'amour-propre est hélas ! le plus sot des amours.

Combien d'occasions de se rappeler cette
fable de Phèdre :

O! qui tuarum, corve, pennarum est nitor;
Si vocem haberes, nulla prior ales foret,
. . . . Decepta aviditas, quem tenebat
Corvus emisit ore caseum. . . . .

Quoique chacun soit convaincu que la
vanité soit un défaut, ses amorces sont si
actives, que le plus grand nombre s'y laisse
surprendre; elle est une des maladies les
plus opiniâtres de l'esprit humain:

Tout bourgeois veut bâtir comme les grands seigneurs;
Tout petit prince a des ambassadeurs,
Tout marquis veut avoir des pages.

Les plus grands hommes ont été esclaves
de l'amour-propre : on prétend que le célèbre Dumoulin osa mettre en tête de plusieurs de ses consultations, *ego qui nemini*
cedo, et qui à nemine doceri possum : on
assure même qu'à mesure qu'on croît en
dignité, l'amour-propre vient prendre la
place des sentimens généreux, *honores mu-*
tant mores; on aime à respirer la vapeur
enivrante d'un encens flatteur; on ressemble, malgré soi, à M. Jourdain, qui, ayant
beaucoup donné à des ouvriers qui l'avaient
successivement appelé mon Gentilhomme,
Monseigneur et votre Grandeur, n'aurait su
quoi leur offrir s'ils avaient été jusqu'à l'Al-
tesse.

Il est rare que l'amour-propre offensé
pardonne ; le trait qui l'a blessé reste pro-
fondément gravé ; *manet altâ mente repos-
tum :* aussi, l'histoire nous rappelle cette
anecdote d'un archevêque de Grenade, qui
demanda un censeur sévère pour ses homé-
lies ; il lui ordonna d'être inexorable, sous
peine d'être renvoyé, et il le chassa à la première critique.

L'or se peut partager, mais non pas la louange ;
Le plus grand orateur, quand ce serait un ange,
Ne contenterait pas, en semblables desseins,
Deux belles, deux héros, deux auteurs, ni deux saints.

ANIMAUX.

Les animaux ne doivent pas être mis au rang des machines; le système des Cartésiens, qui enseigne qu'ils n'agissent que par les lois du mécanisme, est une erreur; ce sont des êtres organisés, doués d'intelligence et de sensibilité. Qui peut, en effet, examiner la structure d'une ruche d'abeilles, sans être convaincu du sentiment ingénieux de leur organisation? Les chevaux ont horreur de l'inceste; les éléphans manifestent un esprit religieux pour la Lune, et sont pudiques dans leurs amours; lorsque deux loups veulent entamer un troupeau, l'un fait une attaque simulée, qui, attirant sur lui l'emploi des moyens de précaution, facilite l'action de l'assaillant; lorsque deux renards veulent chasser un lièvre, l'un se met en embuscade, et l'autre fait le chien; lorsque les canards et les oies voyagent, ils vont sur deux colonnes disposées en triangles dont l'un est en avant; l'oiseau, mis en pointe, est là pour ouvrir le fluide de l'air; cette position est fatigante, aussi changent-ils tour-à-tour: c'est de-là,

peut-être, qu'est venue l'idée de la proue
des navires, à l'aide de laquelle le vaisseau
trouve un sillon ouvert sur les flots.

Mais l'homme, possédant cette particule,
cette étincelle de la Divinité qui le distingue
et le caractérise, en le rendant susceptible
de raisonnement, s'est trouvé placé au
milieu d'êtres inanimés, ou privés de l'usage
méditatif de la raison; il a pu les dompter
et les assujétir; aussi, ces êtres ne subsis-
tent plus que pour ses besoins; parce que
l'homme, pouvant comparer et discerner
les résultats, ne se porte à ses actions que
par le mouvement d'une volonté réfléchie;
tandis que les animaux, toujours guidés par
le besoin ou par la seule force de leur constitution, ne s'y portent que par un mouvement, qui, quoiqu'il n'appartienne pas
nécessairement aux règles de l'automatisme,
n'en est pas moins indélibéré, sous le rapport des conséquences ultérieures. Il faut
donc écarter cette idée du matérialisme que
l'homme diffère peu des animaux; quand
il serait vrai que la Divinité, en plaçant
l'ame dans une enveloppe matérielle, l'eût
soumise, sous quelques rapports, à l'action de
cette enveloppe, l'organisation de l'homme,
faite à l'image du Créateur, est tellement
supérieure

supérieure à celle des autres espèces d'êtres animés, qu'il n'existe ni coïncidence ni homogénéité. On regarde, comme une folie, ce système de Pythagore et de ses disciples qui imputait à crime de se nourrir de ce qui avait vie, *omnia hominum causâ comparavit natura.*

Les quadrupèdes se multiplient par la gestation; ils s'arrachent des entrailles qui les conçurent et semblent partager les douleurs de cette action violente. Les oiseaux se multiplient par incubation; ils sont redevables de leur existence à l'assiduité d'une inaction constante qui paraît peu coûter à l'instinct. La très-grande partie des insectes se reproduit par l'effet de la chaleur de l'atmosphère qui féconde les germes déposés dans les airs, ou dans la terre. La vie qui, alors, n'est qu'ébauchée, a besoin des secours plus ou moins favorables que lui fournit la nature; les uns les trouvent dans cette substance savoureuse que produit le sein de leur mère; les autres dans les plantes et les graines qui leur sont appropriés; quant aux insectes qui éclosent spontanément, la nature a fait coordonner leur naissance à l'époque où croissent les végétaux qui leur conviennent.

Tome I. I

Ce qui distingue encore l'homme des autres espèces d'êtres animés, c'est que les soins
de la paternité ne sont produits, dans les animaux, que par une impulsion physique et
momentanée dont bientôt il ne reste plus de
traces ; tandis que les mêmes soins sont,
dans l'homme, le résultat d'un sentiment
profond, et qu'ils établissent un devoir durable.

La théorie du vol des oiseaux s'explique
naturellement; tous les corps solides, plongés dans un fluide quelconque, soit dans
un fluide élastique comme l'air, soit dans
un fluide de densité comme l'eau, perdent
de leur poids une quantité égale au volume
du fluide déplacé, par la raison de la pression que les solides éprouvent, lorsqu'ils
sont plongés dans un fluide ; l'envergure
des oiseaux, dans son développement, leur
fait perdre une quantité de poids considé-
rable : cette théorie est la même que celle
des globes aérostatiques, quel que soit, d'ailleurs, le moyen employé pour donner, au
système de corps dont ils sont composés,
une pesanteur spécifique moindre que celle
de l'air environnant.

Les poissons n'ont pas de poumon; la
nature a remplacé ce viscère par des ouies

qui agissent dans l'eau comme les poumons
dans l'air; aussi, l'opinion vulgaire est que
les poissons ne sont pas sujets aux maladies. Si cette opinion est fondée, les habitans des mers l'emportent, à leur tour, sur
l'homme qui, lui, se trouvant en état de
guerre continuelle avec la nature, ne peut
entretenir sa vie que par une résistance de
tous les instans; les moindres négligences,
les plus faibles excès rompent l'équilibre et
altèrent sa santé, ce frêle édifice sur lequel
s'appuie la base de son bonheur. C'est, sur-
tout à la frugalité que les animaux doivent
l'état prospère de leur santé; tandis que
l'homme, quoique pourvu de la raison,
oublie toujours que l'intempérance est funeste, et que le raffinement, ce *gulæ irri-
tamentum*, est, comme le dit Adisson, un
ennemi en embuscade, et un poison dé-
guisé, *erubescatque videndo!*

ANTIQUITÉ.

L'ANCIENNETÉ la plus reculée, relativement aux sciences, ne passe pas les Grecs : ils ont tout emprunté des Égyptiens, dit-on; c'est une de ces versions qui circule, qui se répand et qui s'accrédite, sans pourtant en avoir une preuve matérielle. Les Égyptiens n'avaient point de marche fixe, ils étaient privés de principes d'expérience ou d'imitation.; tout, chez eux, était gigantesque, témoins ces fameuses pyramides qui ont fatigué le tems; les Grecs ont tout perfectionné; pour nous, ils ont tout fait; il ne faut point remonter au-delà; on peut dire qu'ils ont créé leur poésie, leur éloquence, leur architecture; on ne voit ailleurs aucun peuple qui puisse les égaler,

. . . . . Vos exemplaria Græca
Nocturnâ versate manu, versate diurnâ.

Dans les arts d'agrément, le noùveau est, parfois, le meilleur ; dans les sciences, au contraire, le meilleur est le vieux ; les vieux sculpteurs, tels que Phidias et Praxitèle; les vieux peintres, tels que Raphaël et le Titien; les vieux poëtes, tels qu'Homère,

Virgile et Horace; les vieux auteurs dra-
matiques, tels que Sophocle, Euripide,
ainsi que Corneille, Racine et Molière, qui
peuvent, sous tant de rapports, être mis
au rang des anciens; tous ces savans sont
les créateurs par excellence. Il est vrai de
dire que les anciens sont nos maîtres en
tout; aucune espèce de science ne leur était
inconnue ou tout-à-fait étrangère. Les modernes n'ont inventé, ou plutôt n'ont perfectionné, qu'en ce sens qu'ils ont fixé et
développé les anciennes découvertes, *ó! ve-
teres quot et quanti sapuisti!*

Il est indispensable de remonter aux
siècles passés, *ad fastos redire*, dit Horace :
ignorer ce qui s'est passé avant nous, ce
serait languir dans une perpétuelle enfance;
jamais la raison ne parviendrait à sa ma-
turité, *nescire quod anteà natus sis acci-
derit, id est semper esse puerum*, dit Cicéron :

> C'est par l'étude que nous sommes.
> Contemporains de tous les hommes,
> Et citoyens de tous les lieux.

Les principes, formés depuis plusieurs
siècles, doivent être regardés comme immuables ; ils ne vieillissent pas plus que

le diamant; ce serait témérité que de provoquer la révision des règles accréditées
par le tems, et justifiées par une tradition
de vénération, *opinio quidem hominibus
magnum malum, experientia verò optima;*
et puis, les opinions, en général, sont respectables par cela seul qu'elles sont anciennes; elles deviennent souvent irrévocables,
parce que leur origine se perd dans la nuit
du tems, *vetustas vicem legis obtinet.* Telle
est la nature de l'homme, il respecte ce
qui est loin de lui, il révère ce que ses aïeux
ont révéré, *modestè tamen et circumspecto
judicio de tantis viris pronunciandum est,
nè, quod plerique accidit, damnent quæ
non intelligunt.*

Cependant, il faut écarter toute obstina-
tion superstitieuse; en cela, comme en toutes
autres choses, l'excès serait nuisible; l'expérience est le grand livre ouvert à tous
les hommes pour leur apprendre ce qu'ils
doivent penser et ce qu'ils doivent faire.
Les idées des anciens n'acquièrent de poids
qu'autant qu'elles sont justes; la raison
doit être modératrice de l'engouement. Il
convient de dire de bonne-foi :

> . . . . . . *Si quid novisti restius istis
> Candidus imperti, si non, his utere mecum.*

~~~~~~~~~~~~~~~~~~~~~~~~~~~~~~~~~~~~

APPARENCE.

Il faut se méfier des apparences; souvent elles cachent un précipice, ou voilent une perfidie. Tout était calme; mais, pour l'œil exercé, ce calme était le précurseur de l'orage; les apparences qui semblent les plus imposantes, ne sont par fois que des illusions, de même que les préjugés les plus accrédités ne sont que des chimères, *nimiùm ne crede colori;* on est presque toujours dupe quand on se confie à la foi des indices. Les Pirates arborent de faux pavillons; cette vérité existe au moral comme au physique, en affaires comme en plaisirs, *decipitur specie pulchri.*

Les dehors les plus séduisans ressemblent, fréquemment, à ces belles enseignes qui trompent le voyageur pour l'attirer dans une chétive hôtellerie, où bientôt :

L'illusion s'écarte, et la vérité brille.

On a, plus que jamais, la manie de sacrifier tout à la décoration; les idées générales sont tournées vers l'éclat et la dissipation; le vice commun est de briller au sein de la misère : ainsi, le débiteur insol-

vable, pour donner un air de prospérité à
ses affaires, monte élégamment sa maison,
et dépense, non son propre argent, mais
celui de ses créanciers. Le venin de la contagion a tout gangrené, *vicini pecoris contagia lædunt;* cette manie de briller a atteint
les poëtes comme les orateurs; à peine se
sont-ils fait le plus mince capital scienti-
fique, que, sans songer à le grossir en silence,
ils risquent le tout à l'aventure ; ils savent
que Voltaire a dit que pour être applaudi
de la multitude, il valait mieux frapper
fort que frapper juste ; chacun est pénétré
de l'idée que :

Quand on prend du galon, on n'en saurait trop prendre.

Les hommes sont incorrigibles ; l'apparence éblouit toujours la multitude, comme
du tems de Sénèque, *homines ampliùs oculis quàm auribus credunt;* idée qui a été si
bien peinte par Lafontaine :

Pour un que l'on prend par l'oreille,
On en prend mille par les yeux.

Et, pourtant, l'apparence extérieure dé-
guise presque toujours une pauvreté réelle ;
Juvénal répéterait encore ce qu'il disait aux
Romains de son siècle :

Hic ultrà vires habitùs nitor. . . . .

Commune id vitium est, hic vivimus ambitiosâ,
Paupertate omnes. . . . .

Il ne serait pas prudent de juger les
hommes à la mine, *fronti nulla fides*, dit
Perse ; ce serait imiter ces barbares qui ju-
geaient du mérite et des qualités du cœur
par les avantages du corps, *magnitudine
corporis animum existimans;* le vice prend
les couleurs de la vertu, *virtus et vitium
facie spectantur eâdem.* S'il convient de ne
point imiter Hobbes qui pensait qu'il fallait
présumer la méchanceté des hommes jusqu'à ce qu'ils eussent prouvé le contraire,
on ne peut disconvenir qu'il serait imprudent d'admettre leur valeur, comme celle
d'un tableau, sur une première vue; il
existe en eux un intérieur qu'il faut approfondir ; le voile de la modestie couvre le
mérite, et le masque de l'hypocrisie cache
la malignité; ces beaux vers de Racine peignent cette idée avec énergie :

Faut-il que sur le front d'un profane adultère,
Brille de la vertu le sacré caractère !
Et ne devrait-on pas, à des signes certains,
Reconnaître le cœur des perfides humains ?

C'est en se rendant observateur que l'on
peut évaluer les choses à leur juste prix;

c'est par la méditation que le discernement
se forme, de même que l'or s'épure par le
creuset; l'homme instruit saisit l'ensemble
et les principes, l'homme borné ne sent
que les effets: la multitude apprécie les choses, en général, comme cette bonne femme
qui regardait deux tableaux du martyre de
Saint-Barthélemy dont l'un excellait par
l'exécution, et l'autre par l'idée; elle dit du
premier: celui-là me fait grand plaisir; et
du second : mais celui-là me fait grande
peine. Il faut donc établir des rapports de
comparaison qui permettent de saisir les détails et l'ensemble; pour juger sainement des
hommes et des choses, on doit les évaluer,
comme dit Montaigne, par eux-mêmes, et
non par leurs atours. Il existe une maxime
qui, sous le rapport moral, est la boussole
de toute exploration, c'est celle-ci : *à fruc-*
tibus eorum cognoscetis eos.

APPEL EN MATIÈRES CIVILES.

Le principe des deux dégrés de juridiction ne doit pas s'entendre en ce sens qu'on ne puisse porter, en appel, des chefs de demande qui n'auraient pas été décidés par les premiers juges; ceux-ci peuvent, par oubli, par erreur, peut-être même par mauvaise volonté, ne pas prononcer; il ne doit s'entendre qu'en ce sens, qu'on ne peut, *de plano*, porter une cause en appel; dès qu'elle a été présentée en première instance, le principe est satisfait; la partie a fait ce qu'elle a dû; *fecit quod debuit. Impossibilium nulla est conditio.*

On peut, en cause d'appel, énoncer de nouveaux chefs de demande quand ils servent d'appui, ou lorsqu'ils sont une conséquence de l'action principale; de même que l'on a la faculté d'employer tous les moyens d'instruction qui auraient été négligés en première instance, *non deducta deducam, non probata probabo ; mutata opinio petitoris non facit petitionem novam.* L. 11, ff. *de re judic.*

Tout acte duquel il serait possible d'inférer un acquiescement volontaire, rendrait l'appel non-recevable, *dilationem solvendi qui petit, tacitè sortem deberi fatetur et sententiæ assentitur.* Il impliquerait contradiction qu'on pût se plaindre d'une chose qu'on aurait approuvée, *serò accusas quod probasti.*

Mais le principe général est, qu'il y a autant de jugemens que de chefs de demande distincts et séparés, *tot capita, tot sententiæ.* On peut appeler d'un chef, quoiqu'on ait acquiescé à d'autres chefs indépendans, *tantùm devolutum quantùm appellatum.* Il faut écarter ce système d'indivisibilité, professé par quelques auteurs, qui enseigne que l'appel arrête l'exécution pour le tout, et que l'appel, sur un chef, rend nécessaire une discussion nouvelle et entière, *appellatur à tanto et discutitur de toto ;* ce système est rejeté même pour le pourvoi en cassation, *separatorum enim separata est ratio.* L. 18, ff. *de negot. gest.*

La déclaration faite par une partie, *qu'elle s'en rapporte à justice,* ne lui ravit pas la faculté d'appeler du jugement qui intervient ; une telle déclaration n'est que la manifestaion de l'espérance que le jugement sera con-

forme aux principes, *residet spes in virtute
tuá;* elle ne comporte pas une renonciation
expresse aux moyens de droit, propres à
faire obtenir la réparation des griefs, *ini-
quum est perimi pacto id de quo cogitatum
non est.*

Il n'est pas nécessaire que l'acte d'appel contienne l'énonciation des griefs, la
partie n'appelle que parce qu'elle est lésée,
si gravaris appella; un pareil acte porte
sa cause avec lui-même. A Rome, on pouvait appeler de vive voix; il suffisait de dire
*appello : si apud acta quis appellaverit, sa-
tis erit si dicat appello.* L. 2, ff. *de appel.*

L'appel est dévolutif, *appellatio est ab
inferiore ad superiorem judicem provo-
catio. — An benè, an malè judicatum sit.*
L'appel est, en outre, suspensif; tous actes
d'exécution, faits postérieurement, doivent
être sévèrement réprimés, ils seraient vexa-
toires et despectueux, *appellatione interpo-
sitâ, sive ea res recepta sit, sive non, medio
tempore nihil novari opportet.* L. 1, ff. *nih.
inn. app.*

Il suffit de réussir sur un chef pour sauver la condamnation à l'amende et aux frais,
*sufficit in parte obtinere ut malè censeatur
judicatum. Rebuff. de litt. civil.* Quand le ju-

gement est confirmé, on agit, pour l'exécution, en vertu du jugement confirmé, et
non en vertu de l'arrêt confirmatif, *ex con-
firmato, non ex confirmante.*

Relativement à l'appel, en matières criminelles, le principe général est, que le
condamné, *pendente appellatione*, jouit de
l'intégrité de ses droits ; s'il meurt dans cet
intervalle, il meurt *integri statûs ;* le crime
et l'infamie sont éteints, *quià morte crimen
extinguitur et appellatione extinguitur judicatum.* L. 3, ff. *si pend. appell.;* sauf l'action civile des parties lésées : encore bien
que la mort éteigne le crime, les héritiers
de celui qui l'avait commis ne peuvent profiter de l'action blâmable de leur auteur,
*turpia lucra hæredibus extorquenda sunt,
licet crimen extinguatur.* L. 5, ff. *de ca-
lumn.*

APPROBATION.

En principe général, celui qui, présent à un acte, garde le silence sur les clauses qu'il renferme et le signe, est censé y avoir donné un consentement parfait ; la présomption est contre lui ; il faudrait, pour neutraliser le lien de droit, qu'il donnât des preuves bien positives de son erreur, ou des causes légitimes de son silence, *si tacuit palam est eum voluisse.* --- *Qui contradicere potest consentire videtur.*

On ne trouve guère, dans les lois, qu'une exception à ce principe général ; elle est en faveur de la femme qui, quoique signataire du contrat de mariage, n'est point tenue personnellement de la dot, quoique le mari ait déclaré qu'elle était constituée sur les biens paternels et maternels ; cette exception confirme la règle, *nihil interest an voluntatem suam verbis aliquis declaret, aut rebus ipsis et factis.*

Cependant, il faut admettre une distinction : si on a eu connaissance de la disposition d'un acte quelconque, et que, loin de se plaindre, on agisse ultérieurement

pour son exécution, on est censé l'avoir
entièrement approuvé, les vices qu'il con-
tiendrait seraient couverts ; mais, cela n'a
lieu que lorsqu'il s'agit d'élever une fin de
non-recevoir, et de soutenir qu'on ne peut
plus se plaindre de ce qui a été fait, *in
commodis autem tacens pro consentiente
habetur*. L. 18, ff. *mandat.*

Il en serait autrement, s'il s'agissait de
décider que tel est obligé par cela seul qu'il
a gardé le silence, après qu'il a eu connaissance du fait ; dans ce dernier cas, le
principe *alteri nemo stipulari potest* reçoit
son application ; car, on peut opposer à
la règle : *qui tacet consentire videtur*, cette
autre règle : *is qui tacet non fatetur, sed
non utiquè negare videtur ;* le silence qu'on
a gardé pouvait avoir un motif honnête et
secret, *sed ubi de obligatione agitur quæ
potest esse detrimentosa, tacens nunquàm
habetur pro consentiente.* L. 18, ff. *de pro-
cur.*

Si, pourtant, on fût, par le devoir de sa
charge, obligé d'empêcher ce qui a été fait,
il y aurait alors approbation constitutive
d'obligation, *is qui potest ac debet malum
impedire ; censetur illius mali causa, si,
ipso non impediente, evenerit ;* chaque fois
que,

que, par devoir, on est tenu d'empêcher une chose, on devient responsable de ne l'avoir pas fait; c'est le cas du *non obstans* auquel la règle : *consentire videtur nisi evidenter dissentiat*, s'applique naturellement ; parce que ce ne peut-être que par connivence que l'on permet ce que l'on devait empêcher, *conniventia quâ quis patitur delictum fieri quod et poterat et debebat prohibere*. L. 45, *pr*. ff. *ad leg. aquil*.

La maxime : *qui non potest donare, non potest confiteri*, a lieu lorsque des mineurs, et autres incapables, font des aveux, déclarations ou reconnaissances qui peuvent préjudicier à leurs droits; or, incapables de donner, ils ne peuvent faire de reconnaissances, qui, en définitif, produiraient le même résultat ; cependant, cette maxime ne frappe pas de nullité absolue les déclarations de ceux qui ne sont point *sui juris ;* elle n'établit que la présomption que ces reconnaissances sont dues à l'erreur, ou n'ont pour cause qu'une libéralité prohibée, *non est nulla, sed rescindenda. Quod ab initio impediuntur ex post facto resolvuntur.*

En général, les approbations et reconnaissances doivent être faites *ex certâ scientiâ, in formâ speciali , inspectis, lectis et*

Tome I. K

cognitis ejus verbis. L. 6, ff. *de transac*. Une approbation, ou une ratification, en termes généraux, né pourraient valider un acte nul dans son principe, *quod nullum est ipso jure, perperàm et inutiliter confirmatur*. --- *Qui declarat nihil novi dat*.

Quand une approbation ou confirmation est expresse et parfaite, on ne peut plus la rétracter, *quod semel placuit ampliùs displicere non potest*. Il ne s'agit plus alors de ce qu'on aurait dû faire, mais de ce qui est fait, *ampliùs improbare non licet id quod semel quis approbavit*.

ARBITRES.

La juridiction des arbitres est volontaire et très-favorable ; elle tend à éviter les frais et les lenteurs des procès ; elle est propre à neutraliser le levain des dissensions ; et à rétablir la bonne intelligence parmi ceux qui sont divisés par des motifs d'intérêt. Son utilité est inappréciable, relativement aux contestations qui s'élèvent dans les familles ; une discussion publique serait scandaleuse ; elle envenimerait la disposition des esprits ; elle justifierait cette idée de Quintillien, *non habent proximorum odia regressum ;* et les haînes seraient sans retour.

On distingue, en Droit, les arbitres des arbitrateurs ou amiables compositeurs ; ou doit, avec soin, s'expliquer, à cet égard, dans le compromis : les arbitres sont assujettis à observer, dans leurs jugemens, les dispositions et les formalités prescrites par les lois, *ubi vel in arbitros compromitti solet qui secundùm juris ordinem procedunt.* L. 1, *C. de jud.* Les arbitrateurs ou amiables compositeurs, décident les contestations des parties, *ex æquo et bono,* sans s'arrêter aux

K 2

règles ou formalités ordinaires, *vel in ar-*
bitratores qui tanquàm compositores et
transactores nullo juris ordine, non ex jure
sed de facto disceptant, sine aliquâ judicii
figurâ, vel similitudine. L. 1, C. de jud.

Dans le doute, les parties sont censées
avoir voulu nommer des arbitres et non des
amiables compositeurs, *in dubio tamen po-*
tiùs in arbitrorum quàm in arbitratorum
intelligitur compromitti, quià contrahentes
se juri magis voluisse confirmari censentur.

Le pouvoir des arbitres est joint et ne
peut être séparé; il faut que tous participent au jugement, *atque adeò requiritur*
ut omnes judicent, aut nullus. — Si in tres
fuerit compromissum, sufficit consensus
duorum, modò tamen præsens fuerit et
tertius; alioquin abscente eo, licet duo
consentiant, arbitrium non valet, quià po-
tuit præsentia ejus trahere eos in ejus sen-
tentiam. L. 17, §. 7, ff. de recept.

La juridiction des arbitres, étant volontaire, ils ne peuvent outre-passer le pouvoir
qui leur est conféré par le compromis, *arbi-*
trorum enim potestas ipso compromisso coer-
cetur ità ut ejus fines egredi non liceat. L. 7,
§. 1, de recept. Il convient dès-lors de distinguer, dans les décisions arbitrales, l'outre-

passé du *mal jugé ;* au cas de *mal jugé,* on ne peut faire réformer la sentence que par l'appel, ou par le pourvoi en cassation, lorsqu'on s'est réservé ces moyens de recours ; si on y avait renoncé, la décision arbitrale serait obligatoire, quelqu'injuste qu'elle fût, *sibi imputet qui compromisit.* L. 27, §. 2, ff. *de recept.*

Au cas d'*outre-passé*, on peut poursuivre, même devant les tribunaux civils, quoique placés sur la même ligne, parce qu'alors ce ne sont pas des arbitres, mais des gens sans qualité qui ont prononcé, *extrà sui fines officii nihil aliud est quàm persona privata.*

Dès que les arbitres ont accepté le compromis, ils sont tenus de juger, *ab initio nemo cogitur arbitrium suscipere, sed post susceptum cogitur explicare.*

Excepté dans l'arbitrage forcé, tel que celui des sociétés de commerce, les arbitres ne peuvent infliger de peine, *arbiter pœnam infligere non potest ;* ils n'ont pas, dès-lors, le droit de prononcer la contrainte par corps, encore bien que la matière en soit susceptible, *non valet argumentum à minori ad majus.*

ARGUMENTATION.

LE raisonnement est l'assemblage et la distribution méthodique des idées ; les argumens sont les moyens du raisonnement ; l'argumentation, *argumenti ratio*, est la preuve des argumens, et, dès-lors, l'établissement du raisonnement. L'argument est le nerf du discours ; il est le levier de l'opinion ; car, être éloquent, c'est savoir prouver. Il faut, dit Quintillien, non-seulement qu'on puisse nous entendre, mais qu'on ne puisse pas ne point nous entendre ; la lumière dans un écrit, comme dans un discours, doit être, comme celle du soleil dans l'univers, qui ne demande aucune attention pour être vue.

Il n'y a que ceux qui ont reçu de la nature cette justesse de jugement qui leur représente les idées et leur permet de les distinguer les unes des autres, lorsqu'il existe entr'elles quelque différence, qui soient susceptibles d'en apprécier immédiatement l'utilité ; les fameuses Provinciales de Pascal, prouvent la force de l'effet qu'il produit ; tel un fleuve impétueux renverse tout ce qui lui résiste.

C'est à l'argument qu'il faut s'attacher, sans pourtant dédaigner absolument les lieux communs, puisque, pour convaincre, il faut plaire; mais il convient de discerner entre ce que Cicéron appelle *argumentum grave et firmum*, et ce qu'il nomme *argumentum vanum et frigidum*; et cela est difficile, *hoc opus, hic labor est.* Dans la discussion, on remplace, trop souvent l'argument par l'argutie, *flaccida argumentatio*; on prend des points vagues de comparaison, et on fait des parallèles fautifs; on se jette dans une métaphysique pointilleuse que toujours :

> On voit tourner, sans boussole et sans guide,
> Autour du rien, tout autour du vide.

Il n'existe qu'un seul moyen d'éviter ces circuits fastidieux, c'est de s'appliquer à l'analyse, qui, en logique, est une méthode de résolution qui remonte des conséquences aux principes; les conséquences sont les échelons du raisonnement; les règles de l'art n'ont qu'un petit nombre de données fixes; si on les franchit, on erre à l'aventure et dans l'arbitraire; si on les néglige, on tombe dans la bizarrerie :

> *Ultrà citràque, nequit consistere rectum.*

Il y a, dans l'analyse, trois circonstances principales à considérer : 1°. l'argument fondamental, au-delà duquel on ne peut aller, et d'où il faut partir; 2°. l'importance de l'induction qui est le plus bel attribut de l'analyse; 3°. les effets consécutifs ou résultats apparens. On obtient, par cette décomposition, la connaissance de toutes les parties de son objet; on peut dire que l'esprit humain est tout entier dans l'analyse, puisque c'est le seul moyen de développer, et de mettre en harmonie, les différentes ramifications de la tige, *verè scire est per causas scire;* la méditation des topiques de Cicéron apprendra, d'ailleurs, à éviter l'inconvénient de l'argutie.

On doit répondre à un argument, ou en le concédant, *per concessionem;* ou en prouvant le contraire, *per instantiam;* ou en le rétorquant, *per inversionem.* Il faut se garder de recourir à de vains subterfuges, ce serait affaiblir l'objection et affermir le mal qu'on veut éviter ; c'est en combattant franchement la proposition, qu'on peut espérer de détruire l'effet qu'elle a produit; cependant, il existe une adresse qui est licite. Il est souvent à propos d'imiter la belle méthode de Cicéron, en glissant légèrement sur des vérités principales qu'on ne pourrait détruire en les abordant de front et directement, pour s'attacher à des vérités accessoires, qui, faibles dans leur principe, empruntent leur puissance de cette faiblesse même; la raison ne se défie pas d'un ennemi qui paraît d'abord peu dangereux, mais une fois qu'elles sont établies, elles portent autant d'atteintes aux vérités principales qu'on peut alors renverser. Elles sont, s'il est permis de s'exprimer ainsi, comme le bois de la flèche destiné à porter le fer, à lui donner le vol, la direction, et la force de pénétrer.

L'argument *à contrario sensu* est souvent employé dans l'interprétation des actes et surtout des lois; en effet, dès qu'une loi permet ou défend nommément telle chose, on peut en conclure, *à contrario*, que telle autre chose qui lui est opposée, n'est permise ou défendue; mais les jurisconsultes, comme les dialecticiens, y apportent plusieurs restrictions.

1°. L'argument *à contrario*, ne peut être employé pour inférer soit l'abrogation, soit la modification d'une loi ou d'un point de droit antérieur, *quandò fieret ex tali argumento correctio juris communis;* un point de droit précis ne peut être détruit que par une disposition expresse, *non expressa non nocent*; 2°. l'argument *à contrario* ne peut se tirer que *ex verbis dispositivis legis*; *secùs, si verba sunt narrativa*; 3°. on ne peut se servir de l'argument *à contrario*, pour faire dire à une loi ce qu'elle n'exprime pas clairement; la seule conséquence de cet argument, est que le contraire de la chose défendue ou permise, n'est point compris dans la disposition qui permet ou défend.

L'argument *à fortiori* est péremptoire, *si vinco vincentem te, à fortiori te vincam.*

L'argument *à simili* est d'un grand poids, *ubi est eadem ratio, ibi idem jus.* (Vide MÉTHODE et ÉLOQUENCE).

ARMES.

Le pistolet a remplacé l'épée; les salles
d'armes sont désertes, mais les tirs ne dé-
semplissent point. On a maintenant une
boîte de combat, comme, jadis, on avait une
épée; cette innovation est dangereuse; elle
multiplie les duels : tel courtaud propose,
aujourd'hui, de se battre au pistolet, qui
eût rougi, autrefois, au seul mot d'épée;
elle détruit, d'ailleurs, cet aiguillon qui
portait les jeunes gens à se livrer à l'es-
crime, exercice salutaire pour la santé et
pour le développement des forces.

Il y a sept à huit siècles que l'usage du
duel s'est introduit en Europe; plusieurs
ordonnances le défendent sous des peines,
d'autant plus sévères, qu'on y a ajouté
l'infamie perpétuelle et la privation de la
sépulture ecclésiastique; il est toléré entre
les militaires; *vir equestris ad duellum pro-
vocatus potest illud acceptare, ne timidi-
tatis notam apud alios incurrat.*

Pourtant, le duel était inconnu aux Grecs,
et ils n'en étaient pas moins braves; leur
valeur et leur honneur consistaient à vaincre

ou à mourir pour la patrie; ils auraient eu
honte de combattre un de leurs concitoyens; ils frémissaient à l'idée d'un ami
arrachant la vie à son ami. Homère, qui
fait essuyer tant d'injures à ses héros, n'a
jamais présenté un grec suppliant dans le
combat, ou pris vivant par l'ennemi; cette
disposition faisait l'éloge de la civilisation;
ce n'est que l'abus d'un faux point d'honneur qui porterait, aujourd'hui, un soldat
à se croire déshonoré par l'action qui fut
tant admirée dans Thémistocle.

On dit, proverbialement, d'un homme qui
refuse de se battre, qu'il a toujours, dans
sa poche, l'ordonnance contre les duels.

Morbleu ! si les duels n'étaient pas défendus !

Les personnes domiciliées n'ont pas besoin de permis pour porter, en voyage,
des armes propres à leur défense personnelle. Il n'y a que les gens non domiciliés,
vagabonds, ou sans aveu qui doivent être
examinés et poursuivis par les gendarmes,
lorsqu'ils sont trouvés porteurs d'armes.
(Avis du Conseil d'État, du 17 mai 1811.)

Mais cette disposition n'a aucun rapport avec la chasse; le seul fait de porter
ostensiblement un fusil de chasse, sans

s'être conformé aux règlemens *super portu armorum*, constitue un double délit : l'infraction des ordonnances de haute police, et la violation des lois sur la chasse ; cette double contravention est punie de peines différentes ; elle varie d'ailleurs dans ses résultats, puisque le délit de chasse, comme tous les délits ruraux, se prescrit par un mois, tandis que le port d'armes, sans permis, ne se prescrit que par un an, *separatorum enim separata est ratio.* L. 18, ff. *de neg. gest.* (Vide *Chasse*).

AUBERGISTES.

LES aubergistes et hôteliers sont responsables du vol et de la perte des effets des voyageurs qui logent chez eux, *nautæ, caupones, stabularii quod cujusque salvum fore receperint, nisi restituant, in eos judicium dabo, etiamsi sine ejus culpâ res perierint.*

L'aubergiste qui n'a point de cour pour remiser les voitures, est responsable de celles laissées, de son consentement, à l'extérieur de sa maison; il est garant des faits de ses domestiques et de tous les gens de travail qu'il emploie pour l'exercice de sa profession, *non immeritò factum eorum præstat, cùm ipse eos periculo suo adhibuerit.* L. *penult.*, §. 2, ff. *de his qui effun. vel dejec.*

Mais le principe général, sur le dépôt, est que le dépositaire ne répond que des choses dont il a connaissance, ou qui ont été déposées en sa présence, *res ostentæ sint et sic depositæ;* c'est le seul moyen de stimuler sa surveillance; dès-lors, l'aubergiste ne serait point responsable d'un prétendu

vol de bijoux ou d'autres objets précieux,
si, en arrivant, le voyageur n'avait déclaré
qu'il fût nanti de ces objets : ainsi, une
malle est volée dans une auberge, quand
le voyageur n'a fait aucune déclaration,
elle est censée ne contenir que des effets
à son usage ordinaire ; il ne serait point
écouté à dire qu'elle renfermait cinq cents
louis d'or, ou tous autres objets d'un prix
considérable. Au reste, dans ces sortes de
contestations, ce sont les circonstances et
la qualité des parties que les juges doivent
prendre en considération, pour apprécier
la réalité des faits, et pour arbitrer la hauteur de l'indemnité, *non creditur, nisi reddat
rationem dicti sui.*

La responsabilité des aubergistes, comme
dépositaires nécessaires, n'a lieu que relativement aux effets que les voyageurs apportent dans les auberges en y venant loger ;
elle ne s'étend point à ceux des autres personnes, tels que pensionnaires et autres
qui y résident habituellement, *qui dicit de
uno negat de altero.*

AUTEURS.

La propriété littéraire est garantie aux auteurs, ainsi qu'à leurs veuves, pendant leur vie, et à leurs enfans pendant vingt ans ; en cas de contrefaçon, il y a amende et confiscation à leur profit. (Décret du 5 février 1810.)

Les auteurs, dit Boileau, sont les esclaves nés de ceux qui les achètent; le public est le juge en dernier ressort de leurs productions. Quoi qu'on en ait dit, le *profanum vulgus* est l'idole qu'il faut encenser ; on est obligé de lui plaire : les Princes eux-mêmes dirigent leurs efforts vers ce but. Que de soins, dès-lors, les auteurs doivent apporter pour donner à leurs ouvrages la perfection dont ils sont susceptibles !

Vingt fois sur le métier remettez votre ouvrage,
Polissez-le sans cesse, et le repolissez,
Ajoutez quelquefois, et souvent effacez.

Un bon traité, dans une science quelconque, est la chose la plus utile aux hommes; il est impossible d'éclaircir ce qui est confus, ou obscur, que par ces traités méthodiques

thodique où tout est exactement lié; ce ne
sont point des pièces de rapport, mais l'ouvrage est jeté en fonte; il ne se compose
pas comme un roman; il n'est pas, comme
lui, le fruit d'une imagination impétueuse:
c'est, au contraire, l'œuvre de la méditation et du jugement, *secessum scribentis
et otia quærit;* il est le fruit de la patience
et du tems, *fecit cito qui bene fecit.* Il en est
de même de ces poëmes où l'on peint le
caractère qui a illustré une nation, ou les
actions d'un personnage fameux:

> Un poëme excellent, où tout marche et se suit,
> N'est pas de ces travaux qu'un caprice produit;
> Il veut du tems, des soins, et ce pénible ouvrage,
> Jamais d'un écolier ne fut l'apprentissage.

Ce n'est pas assez qu'un ouvrage de littérature offre des beautés, il faut encore que,
par une aimable variété, il écarte l'assou-
pissement que répandrait un style trop uniforme:

> Voulez-vous du public mériter les amours?
> Sans cesse, en écrivant, variez vos discours;
> Un style trop égal et toujours uniforme,
> En vain brille à nos yeux, il faut qu'il nous endorme;
> On lit peu les auteurs nés pour nous ennuyer,
> Qui toujours sur un ton semblent psalmodier.

Tome I.   L

Aussi, Voltaire, pour justifier sa comé-
die larmoyante de Nanine, a dit que :

Tous les genres sont bons, hors le genre ennuyeux.

Le grand secret, en effet, est de toucher
l'ame des lecteurs; elle n'est satisfaite que
lorsqu'elle est remuée; elle pardonne tout,
quand l'élévation de l'esprit masque les
écarts de l'imagination. Les Essais de Montaigne ont été, long-tems, le seul livre qui
attirât l'attention des étrangers, on les lit
encore aujourd'hui avec délices :

Non satis pulchra esse poemata, dulcia sunto,
Et quocumque volent, animum auditoris agunto.

Les ouvrages, même ceux que le bon
goût approuve et dans lesquels l'esprit brille,
ont leur destinée; la gloire n'est pas moins
capricieuse que la fortune :

Et habent sua fata libelli.

Ce sont moins les défauts que le manque
de beautés qui rendent un ouvrage mé-
diocre, *magis extra vitia quàm inter vir-*
tutes. En littérature, comme en éloquence,
on doit moins compter les fautes, qu'examiner la force des aperçus et la grandeur
du résultat. Un trait sublime a, lui seul,

plus de poids dans la balance qu'une foule
d'idées communes ; il couvre tout de sa
lumière. Quelques incorrections, dans une
grande conception, sont comme quelques
feuilles fanées dans la touffe d'un arbre
majestueux :

Verùm ubi plura nitent in carmine, non ego paucis
Offendar maculis. . . . . .

Heureux les auteurs qui produisent de
ces ouvrages dont Horace a dit :

. . . . . *Decies repetita placebunt ;*

Ils n'obtiendront cet avantage que par
l'alliage, si difficile à préparer, de l'utile et
de l'agréable :

Omne tulit punctum qui miscuit utile dulci.

Duplex libelli dos est quòd risum movet,
Et quòd prudenti vitam concilio monet.

Mais ce bonheur est rare ; il a deux ennemis perfides : l'amour-propre et la prévention.

L'amour-propre excite la précocité ; il
conseille cette précipitation qu'ont les jeunes gens à se faire imprimer ; tout alors est
prématuré, tout périt ; ce sont les fruits
des études qu'il faut offrir au public, et
non les études elles-mêmes, *studiorum os-*

L 2

tendite fructus non studia ; les jeunes gens
répètent trop souvent ce vers :

> Il n'est qu'un seul malheur, c'est de vivre ignoré.

mais, il y a manière de se faire connaître,
il faut se souvenir que l'impression est à
un livre, ce qu'est, à une coquette, une
glace trop fidèle ; elle désenchante l'imagination par l'expérience, *plùs minùs-ve ar-
rogat annùs chartis prœtium.*

La prévention jette un voile sur les défauts, elle donne cette audacieuse indubi-
tabilité, ivraie qui étouffe le bon grain ;
aussi, l'auteur voit ses ouvrages avec l'affection d'un père qui est toujours attaché
à ses enfans, quelque contrefaits qu'ils
soient, *indè mali labes ;* de-là, cette foule
d'ouvrages mauvais ou médiocres, qu'en-
fantent, sans effort, ces hâtifs versifica-
teurs, et tous ces fabricans de livres qui
rappelent ces deux vers de Laharpe :

> Mon commis, sur sa table, écrivant de travers,
> Ne sait pas l'orthographe, et sait faire des vers.

> Maudit soit l'auteur dont l'âpre et rude verve,
> Son cerveau tenaillant, rima malgré Minerve ;
> Et de son lourd marteau, martelant le bon sens,
> A fait de méchans vers douze fois douze cents.

On a beau dire à ces auteurs : faites de

l'esprit, c'est bien, cela vous amuse, et c'est beaucoup; mais, de grâce, n'imprimez pas si souvent; jouissez en silence, c'est le conseil de la prudence. On a beau leur crier ce que Juvénal disait à un mauvais écrivain de son tems, *frange miser cala-mos !* ils n'en impriment pas moins, et, comme le hibou de la tour de Monthléri, ils nous attristent de leur joie, sans s'imaginer que, par là, ils fournissent la preuve qu'ils préfèrent la honte du scandale à la tristesse de l'oubli.

Si on les critique, et il le faut bien, soit par devoir, soit par charité; par devoir, parce que le bon goût n'est que le sentiment éclairé du beau qui s'alarme des excès, il ne peut subsister que par la vérité, qu'en conscience, les hommes droits et justes sont obligés de protéger; par charité, parce que le seul moyen de convertir un pécheur obstiné, est de lui faire, avec des couleurs vigoureuses, le tableau de ses écarts; aussitôt, ils récriminent; à les entendre, ils sont outragés comme Racine, méconnus comme le Tasse, persécutés comme Fénélon, *véritas odium parit..*

> S'il faut, pour être bon, louer tes méchans vers,
> Tu vas, de bonnes gens, dépeupler l'univers.

C'est chez les auteurs que la vanité place
le siége principal de son empire; l'un se
met, *proprio motu*, à côté de Labruyère
et de Larochefoucault, parce qu'il a ras-
semblé quelques pensées qui couraient, depuis longtems, dans le monde; l'autre bri-
gue une place à l'académie, parce qu'il a
publié des chansons et des charades; l'autre,
parce qu'arrachant à leurs auteurs des sujets tout inventés, il les a habillés à la moderne pour masquer son larcin sous cette
friperie, *vanitas vanitatum, omnia vanitas*.

Une providence invisible veille cependant
à notre sûreté, en écartant de nous les ravages de ce déluge d'encre et de ce torrent
de papier; il semble que ces auteurs, si facilement féconds, donnent à leurs productions une épigraphe sous-entendue, *noli me
tangere*; elles dorment tranquilles dans les
bibliothèques, ou plutôt dans les magasins
où elles sont aussi sacrées que les psaumes
de Pompignan dont Voltaire a dit :

_ Sacrés ils sont, car personne n'y touche.

On a remarqué que le plus grand nombre
des littérateurs et des poëtes, soit qu'il en-
trât dans leur caractère de négliger les richesses, croyant assez acquérir en cultivant

leur esprit, *divitias mentis conficit omnis
amor;* soit fatalité, avaient vécu dans la
misère; Homère, dont les ouvrages ont civilisé le monde, mourut pauvre; Corneille,
en allant voir jouer ses pièces, était, quelquefois, obligé de s'arrêter chez un cordon-
nier pour faire racommoder ses souliers;
Jean Jacques Rousseau est mort dans l'humble asile que lui avait donné l'amitié; sa
veuve dut réclamer une pension de 1,200 fr.
de l'Assemblée constituante; Milton, en Angleterre; le Tasse, en Italie; le Camoëns, en
Portugal, ont vécu dans le besoin.

Hélas! sur le Parnasse on fait bien maigre chère.

> La pauvre chose que la gloire,
> Pour un pauvre auteur sans argent;
> Afin de vivre en la mémoire,
> Il ne vit pas de son vivant.

Mais, dans le siècle éclairé où nous vivons,
les bons auteurs ont posé un terme à cette
fatalité; et, pour le plus grand nombre, le
Permesse est devenu le Pactole; ils recueil-
lent, dans leur carrière, des moissons de
lauriers avec des boisseaux d'or; dignes récompenses de leurs veilles qui aiguillonnent
l'émulation, en lui donnant le ressort convenable, *utile nobis proposuit exemplar.*
(Vide PLAGIAT).

AUTRUI.

Les devoirs de l'homme, envers autrui, sont parfaits ou imparfaits : les devoirs parfaits sont de ne faire tort à personne, et de rendre à chacun ce qui lui appartient, *alteri ne feceris, quod tibi fieri non vis;* ils produisent un lien de contrainte; pour jouir de ses droits, on doit remplir ses obligations, *beneficia propter officia conceduntur;* nous sommes libres, par la raison que les autres ne peuvent nous troubler; ce qu'ils font pour nous, nous devons le faire pour eux, *salvo jure alieno.*

Les devoirs imparfaits sont ceux dont l'humanité dispose naturellement; faites à autrui ce que vous voudriez qui vous fût fait, *quod ab alio oderis tibi fieri, cave ne tu aliquandò alteri facias;* ils n'ont d'autre force que l'exhortation, ils sont *magis præcepti quàm necessitatis.*

Mais, tous les hommes doivent se souvenir du reproche que le père de famille adressait à celui qui avait usé d'une trop grande dureté envers son compagnon : *serve nequam omne debitum demisi tibi, quoniàm rogasti*

me, *nonne ergò opportuit et te misereri con-*
servi tui, sicut et ego tui misertus sum. Pour
jeter la première pierre, il faut être sans
péché, *aliena pervidemus vitia, nostra igno-*
ramus; avant d'accuser les autres, il convient d'examiner sa propre conscience,
conscientiæ suæ sinus et latebras explorare;
on n'est reçu à reprendre, que lorsqu'on est
soi-même exempt des fautes qu'on reproche
aux autres ; autrement, on s'expose à tomber du coup qu'on voulait porter, ou à subir la peine du Talion, *despice ne sit pa-*
rùm providum sperare ex aliis quod ipse
non præstes.

En Droit, le principe général est : *res inter*
alios acta, nec prodesse, nec nocere potest;
les contrats n'ont d'effet qu'entre les parties
contractantes, parce que ce n'est qu'à leur
égard que cette loi particulière intervient,
è quo fluit axioma : obligationem personam
non egredi, adeòque actionem adversus ter-
tium non producere. L. 25, ff. *de oblig. et act.*

On ne peut stipuler pour un tiers, *nec*
potest quisquam alteri quàm sibi stipulari,
inst. §. 4, *de inut. stip.;* à moins, pourtant,
qu'on eût un intérêt personnel et pécuniaire
à ce que la stipulation s'exécutât, *nisi suâ*
intersit alteri dari, vel fieri. §. 19, *eodem.*

On ne peut promettre pour un tiers, *alium obligare promissione suâ nemo potest. Inst. §. 3, de inut. stip.;* il est de maxime, tracée par la seule raison, que le fait individuel d'un autre ne peut nous préjudicier, *nemo ex alterius facto prægravari potest.*

On ne doit jamais s'enrichir aux dépens d'autrui; l'honnête homme ne peut profiter, en aucune manière, de l'erreur ou de l'inexpérience d'un autre, *nemo locupletari debet cum alterius injuriâ vel jacturâ. L. 14, ff. de condict. indeb.* Il est juste, sans doute, de ne jamais être infidèle à son intérêt, mais, il faut renfermer ce mobile de toutes les actions dans des limites tracées par la scrupuleuse délicatesse, *tuis contentus, ne concupiscas aliena;* on ne peut, sous aucun rapport et sans péché, retenir le bien de son semblable, *si enim res aliena propter quam peccatum est, cùm reddi possit, non redditur, non igitur pœnitentia, sed fingitur:*

> Celui qui d'autrui convoite le bien,
> Mérite que d'autrui le sien soit le partage.

Cependant, Pline dit qu'il est très-permis, et souvent fort prudent, de profiter des folies des autres pour s'instruire par le résultat de leurs fautes, *optimum est*

alienâ uti insaniâ : Heureux celui que les
dangers d'autrui rendent plus prévoyant,
felix quem faciunt aliena pericula cautum;
c'est ce que Saluste appelle, *dùm res fit in
alterius periculo, in portù navigare.*

Il est dangereux de s'ingérer dans les affaires des autres, *culpa est se immiscere
rei ad se non pertinenti* ; tous ces géreurs
qui épient les occasions de s'immiscer, sans
titre, dans les affaires de leurs voisins,
sont suspects ; ce sont des proxénètes dont
il faut se méfier; *et eo ipso suspectus est,
quod se se sponté ingerit.* L. 25, §. 1, ff. *de
test.*

Il n'est pas moins imprudent de se per-
mettre d'exercer un contrôle officieux, ou
trop actif, sur les actions d'autrui. (Vide
CHARITÉ).

AVANTAGES INDIRECTS.

On appelle *avantages indirects*, les libéralités qui excèdent la portion de biens dont la loi permet à certaines personnes de disposer, et qui sont revêtues de couleurs propres à déguiser leur caractère de gratuité, *sive remissio, sive liberatio, sive etiam renuntiatio gratis facta, vim prorsus donationis obtinet*; telles sont les libéralités qu'un époux ferait à son conjoint, au préjudice de ses enfans; celles qu'un père ferait à l'un de ses enfans, au préjudice des autres; celles qu'un père ferait à son enfant naturel. La loi, pour établir un juste équilibre, a posé des bornes que, dans un état bien ordonné, on ne devrait jamais essayer à franchir, *extrà cancellos egredi*.

Les avantages indirects sont réprouvés par deux raisons : la première, fondée sur ce principe tracé par la nature et par la loi, que les enfans ont un droit égal sur les biens de leurs père et mère, *jungat liberos æqualis gratia quos æqualis junxit natura* : la deuxième, commandée par l'équité qui repousse la richesse de l'un établie sur la misère des autres, *unum abundare*, *alterum egere.*

Le principe général est : *cùm quid unâ viâ prohibetur alicui, ad id, aliâ viâ, non debet admitti ;* chaque fois qu'on emploie un moyen indirect pour éluder la loi, ou pour obtenir le résultat qu'on ne pouvait atteindre directement, on doit être repoussé, *certum est, is committit in legem qui legis verba complectens, contra legis nititur voluntatem. Malitia sua nemini lucrosa esse debet.* L. 1, ff. *de dol. mal.*

Chaque fois que, directement et par un seul acte, on n'aurait pu faire une chose, les dispositions prohibitives des lois ne seraient que des fantômes illusoires, si, indirectement, et au moyen de deux ou de plusieurs actes, on pouvait arriver au même but, *cùm prohibetur aliquid, prohibentur etiam media ad illud tendentia.* L'équivoque dont on étudierait l'emploi pour voiler la simulation des actes indirects, ne pourrait excuser le parjure contractuel qu'on aurait commis, *ille pejerat qui aliud habet in animo, et aliud verbis quibuslibet significantibus enuntiet.*

De même, lorsque les parties sortent du droit commun, et qu'elles stipulent une clause exorbitante, elles sont présumées le faire à dessein d'éluder les dispositions de la loi; quand on a recours aux mystères et aux détours, c'est qu'on reconnaît, mentalement, qu'on fait mal, *honesta semper publico gaudent, scelera secreta sunt.*

Cependant, il est de jurisprudence certaine que la simulation des actes ne les rend nuls, qu'autant qu'elle fait fraude à la loi; dans le cas contraire, il a été permis aux parties d'adopter, pour parvenir à leurs fins, une forme quelconque; elles ont pu revêtir une donation de la couleur d'une vente; cet acte ne pourrait être critiqué, si, des deux parties, l'une était capable de donner, et l'autre capable de recevoir, *si quis donationis causâ minoris vendat, donatio valet.* L. 28, ff. *de contrah. empt.*

Ce qu'on ne peut faire par soi-même, on ne peut le faire par un autre, *quod alicui non licet nomine, nec alieno licebit;* c'est pour cela que les dispositions faites en faveur de personnes interposées, sont nulles, comme présumées n'être que le biais employé pour frauder la prohibition de la loi, *quod quis suo nomine exercere prohibetur, id nec per subjectam personam agere potest.* L. 2, §. 1, ff. *adm. rer. ad civit.*

Le bail, fait à vil prix, par un père à

un de ses enfans, est réputé avantage indirect; il devrait être annullé, encore bien
que l'enfant, au profit de qui il est fait,
offrît de suppléer le juste prix. Quant à la
vente qu'un père ferait à un de ses enfans,
Pothier décide qu'elle est nulle pour le tout;
mais, Lebrun, Duplessis et Ferrière pensent,
au contraire, qu'il n'y a que le supplément du juste prix qui soit sujet à rapport;
M. Grenier, dans son *Traité des Dona-*
tions, prend un terme moyen : S'il est reconnu, par les circonstances, que le père
avait intention de vendre et qu'il aurait
vendu à un étranger, comme il l'a fait à
un de ses enfans, la vente est maintenue;
il n'y a que le supplément de prix sujet à
rapport; *secùs*, si les circonstances indiquent que la vente n'est point sérieuse; en
ce cas, l'héritage lui-même doit être rap-
porté.

Les avantages indirects ne sont rappor-
tables que du jour du décès de l'auteur
commun; jusques-là, le donataire fait les
fruits siens; le rapport n'est dû qu'à la succession du donateur; ce n'est qu'à son décès que le droit d'exiger le rapport s'ouvre,
vi ipsâ conditio inest.

Un fils qui, jusqu'à l'âge de 30 ou de

36 ans, a travaillé pour le profit de la maison ou du commerce de son père, a droit à une récompense, *filii pietatem parentibus, non operas debent, nisi pauperes sint;* or, n'étant pas de pire condition qu'un étranger, il peut louer son travail à son père; il n'est point obligé d'enrichir ses frères du fruit de son labeur; la disposition rémunératoire que le père ferait à son profit, serait difficilement considérée comme avantage indirect; il ne faut pas le placer dans la position de pouvoir dire comme le frère de l'enfant prodigue : Voilà bien des années que je sers mon père, je ne lui ai désobéi en rien de ce qu'il m'a commandé, et cependant, il ne m'a jamais donné un chevreau; mais, aussitôt que son fils qui a mangé son bien dans la débauche arrive, on tue, pour lui, le veau gras. (*Vide* RAPPORT).

AVARICE.

AVARICE.

La passion des trésors est nuisible à la société, elle gêne la circulation ; l'avare est pauvre sur ses monceaux d'or, *pauper in auro congesto ;* il regrette jusqu'au pain qu'il mange, *tam deest avaro quod habet , quàm quod non habet ;* elle incite à chercher de honteux profits ; elle est le précipice de l'équité, *avaritia turpe compendium quærit ,* dit Cicéron.

> Quelle main. . . . . ., quand il s'agit de prendre,
> Vous diriez d'un ressort qui vient à se détendre.

L'avare ne dédaigne ni la basse parcimonie, ni la criminelle usure ; il est porté, par instinct, à regarder le bien des autres comme sa proie, *ex fortunis alterorum prædam capere.*

L'avarice rend, d'ailleurs, son esclave ridicule aux yeux de tout le monde ; Juvénal compare l'avare à un furieux ou à un frénétique :

Cùm furor haud dubiò , cùm sit manifesta phrenitis ;
Ut locuples moriaris, egenti vivere fato.

Beaucoup d'avares périssent sous l'excès,

Tome I. M

et par le tourment de leurs richesses,
comme ce soldat qui mourut étouffé sous
le poids des manteaux qu'il avait exigés de
chaque chevalier romain, pour prix de sa
trahison ; d'autres se ruinent pour ne savoir
rien perdre à propos ; ils mettent en action
la fable de l'homme à la poule aux œufs
d'or ; ils ne peuvent apprécier cette belle
pensée d'Horace : A quoi bon les richesses,
si l'usage m'en est interdit, *quò mihi for-*
tunas, si non permittitur uti? C'est ainsi
qu'on manque le but en voulant le dé-
passer.

Cette soif insatiable de l'or, *auri sacra*
fames, bannit du cœur humain tous les
sentimens généreux, *nec fides integra ma-*
net ubi magnitudo lucri spectatur : Fer-
ronnelle, riche marchand de Naples, perdit
une bourse qui contenait cinquante pistoles
d'Espagne, et une bague de la valeur de
mille écus ; il la fit crier à son de trompe,
promettant cinquante ducats de récompense à l'inventeur ; une vieille femme
qui l'avait trouvée la lui apporta, mais
le naturel de ce marchand avare se fit sentir, il ne voulut lui donner que vingt ducats, en alléguant faussement qu'elle en
avait soustrait trente ; elle porta plainte

devant le Vice-Roi qui décida que la vieille
femme garderait la bourse, comme ne renfermant pas ce que contenait celle perdue.

C'est ainsi que la mauvaise foi se trahit
d'elle-même, *iniquitas mentitur sibi;* c'est
ainsi que la cupidité s'enlace dans ses propres filets, *avidum sæpe deludit aviditas.*
Un profit qui déshonore est une perte; les
biens mal acquis ne profitent jamais, telle
est la sanction de cette maxime de l'écriture, *ubi salutis damnum est, illic utique
jam lucrum non est.* Ces vers, un peu gri-
vois, peignent bien le caractère de l'avare:

> Cy-gît qui se plut tant à prendre,
> Et qui l'avait si bien pris,
> Qu'il aima mieux mourir que de rendre
> Un lavement qu'il avait pris.

Chacun de nous n'a-t-il pas, quelquefois,
été témoin des effets de cette manie que
Darwin appelle *paupertatis timor?* N'a-t-il
pas eu occasion de remarquer, dans les
regards agités de l'avare, l'aiguillon de l'active inquiétude qui le tourmente sans cesse,
sollicitæ opes? N'a-t-il pas souri de pitié en
voyant la mesquinerie de son costume étri-
qué, la misère de son ameublement vingt
fois raccommodé, la frugalité diététique de

sa table et la lésinerie de toutes ses actions?
Ne sait-on pas que cette passion absorbe
tous les goûts et éteint le respect que l'on
doit aux convenances sociales? Ne sait-on
pas, enfin, qu'il n'y a rien de plus insup-
portable qu'un gueux qui est parvenu à
amasser de l'or, *asperiùs nihil est humili
cùm surgit in altum*.

L'avare est sourd à toutes les observa-
tions : *Populus me sibilat et mihi plaudo*,
tel est son refrein; ainsi, l'usurier du Diable
Boîteux, après avoir entendu un sermon
qui fulminait contre l'usure, dit à celui
qui se présenta pour lui emprunter de l'argent : le prédicateur vient de faire son affaire, faisons la nôtre; l'avare rit des traits
lancés contre lui dès qu'il peut ajouter un
écu à un autre écu, *quid mihi dùm num-
mos contemplar in arcâ?*

L'avare s'éviterait l'amertume des ava-
nies qui l'assiégent, et les angoisses d'une
inquiétude durable, s'il pouvait se per-
suader que:

On a plus qu'un trésor quand on sait s'en passer.

Anachréon à qui Polycrate avait envoyé
un présent de cinq talens d'or, troublé par
les sentimens divers que la possession de

cette somme fit naître en lui, la renvoya
au Prince, en prononçant ces mots remar-
quables : il faut absolument mépriser et dédaigner tout ce qui peut contenir le germe
du chagrin et de l'inquiétude. Le tems est
la seule chose de laquelle on doive être
avare ; c'est la richesse de l'homme censé ;
c'est le champ qu'il s'empresse de cultiver,
tempus mea possessio, tempus ager meus.
(Vide Cupidité.)

AVEU.

L'Aveu, en matières civiles, est judiciaire quand il est fait en justice ; il est extrajudiciaire quand il est fait hors jugement.

Le principe général est que l'aveu judiciaire, fait par une personne capable de disposer de l'objet en litige, établit une preuve entière contre elle, *in causis civilibus et pecuniariis confessus in judicio pro judicato habetur, et propriâ quodam modo sententiâ damnatur.* L. 3 ; ff. *de confess.*

Il ne peut être révoqué, qu'en justifiant d'une cause légitime d'erreur, *confessos in jure pro judicatis haberi placet, quare sine causâ desideras recedi à confessione tuâ?* L. unic. C. *de confess.*

Si, parfois, il est permis de se rétracter, en prouvant l'erreur, ce n'est jamais quand il s'agit de l'erreur d'un fait personnel, *sed ne errorem circâ factum proprium possit quis adversùs suam confessionem allegare ;* de même, l'erreur de droit ne peut donner lieu à la rétractation d'un aveu judiciaire. (*Vide* Erreur.)

L'aveu extrajudiciaire, fait par écrit, produit le même effet que l'aveu judiciaire. S'il s'agissait d'un aveu extrajudiciaire, purement verbal, il serait inefficace, lorsqu'il se rapporterait à une chose dont la preuve testimoniale est inadmissible; il n'est pas plus permis de prouver l'aveu que la chose elle-même, *ubi eadem ratio fortior, ibi idem jus à fortiori esse debet.*

En général, l'aveu en matières civiles, ne peut être divisé, *in civilibus confessio non scinditur.* Il pourrait pourtant se rencontrer des cas d'exception. Par exemple: Paul a fait, judiciairement, l'aveu d'un prêt de mille francs, en soutenant qu'il avait déjà remboursé huit cents francs; mais on découvre une lettre qu'il avait écrite antérieurement, dans laquelle il reconnaît n'avoir remboursé que quatre cents francs: en ce cas, l'aveu pourra être divisé, et la lettre fera foi, *multi hodie inveniuntur vani et mendaces.* (*Vide* SERMENT.)

En matières criminelles, une confession libre et volontaire lie à jamais l'accusé, s'il ne démontre les causes réelles de l'erreur dans laquelle il prétendrait être tombé, *confessio conscientiæ vox est;* une fois qu'on

a la confession du coupable, elle doit servir à dicter le jugement, *nullæ sunt partes
judicandi in confitentes.*

Mais, pour que la confession produise
cet effet, il faut qu'elle soit dégagée de
toute impulsion étrangère, et de tout motif
légitime d'erreur, *nam confessiones repen-
tinæ, calore iracundiæ putà effusæ, non
obligant et statim revocari possunt. Aut si
quis errore lapsus sit.* L. 2, ff. *de confess.*

Nul n'est assez instruit dans les mystères
de l'organisation de l'homme, pour connaître le degré d'impression que des menaces, ou des paroles dures peuvent faire sur
un prévenu ; il est possible qu'elles produisent, sur une personne d'une constitution délicate, un effet aussi violent que la
torture sur un corps robuste et fort. La
loi 10, ff. *ad. Leg. Cornel. de fals.* désigne
plusieurs cas où l'accusé peut rétracter sa
confession : *nisi facta sit metu, aut spe
gratiæ à judice promissæ.*

C'est sur-tout, relativement aux aveux
faits dans les premiers instans de l'arres-
tation, momens de trouble et d'alarme si
propres à engourdir la raison, qu'on doit
prendre en considération les motifs d'influence et d'erreur que l'accusé présente

pour se rétracter. Il y a souvent lieu d'appliquer, à ces aveux inconsidérés, cette maxime de Phèdre:

Periculosum est credere et non credere.

La preuve testimoniale, étant toujours admissible en matières criminelles, la confession peut être divisée, *in foro judiciali creditur homini contrà se, sed non pro se.*

La maxime : *non auditur perire volens*, recevait fréquemment son application dans l'ancien droit, lorsqu'il s'agissait d'aveux faits dans les tourmens de la question de qui on avait dit avec raison :

La torture interroge, et la douleur répond.

aujourd'hui, on y aurait peu d'égard, l'instruction se faisant avec tous les ménagemens compatibles avec la sûreté publique.

Dans l'ancien droit, celui qui pactisait sur le crime, était noté d'infamie; il était censé avouer le crime lui-même; cette confession indirecte pouvait lui être opposée, *intelligitur confiteri crimen qui paciscitur.* L. 4, C. de his qui not. inf.; il en est autrement dans le droit actuel; l'article 2046 du Code civil, permet de transiger sur l'intérêt civil d'un délit; l'orateur du Gouvernement a dit,

dans son discours au Corps législatif, que
de même la transaction sur un délit ne pouvait rien contre la culpabilité, de même elle
ne devait point lier les poursuites du ministère public quant à l'action publique ;
ce qui est assez juste ; on sait ce que beaucoup de gens sont dans le cas de faire,
propter timorem litis. (Vide INDICES.)

AVOCAT.

Les anciens appelaient les avocats *Justitiæ satellites et judiciorum athletæ*; cette belle profession est née avec la civilisation; elle est, disait le célèbre Daguesseau, aussi ancienne que la magistrature, aussi noble que la vertu, aussi nécessaire que la justice; l'homme, unique auteur de son élévation, met tous les autres hommes dans la dépendance de ses lumières, et les force de rendre hommage à la seule supérioritté de son génie; heureux de ne devoir ni les dignités aux richesses, ni la gloire aux dignités.

L'ordre des avocats a été rétabli par décret du 14 décembre 1810; c'est un grand bienfait pour la société.

Pendant la révolution, ce tems de folies et d'erreurs où tout était crime, hors le crime lui-même, un avocat, digne de sa profession, eût été déplacé dans les audiences des tribunaux; aussi, elles étaient fréquentées, non par des orateurs, mais par ce que Cicéron nommait des ouvriers légistes, *non oratores, sed operarii linguâ celeri et exercitatâ*; vrais rejetons de l'écrivaillerie révo-

lutionnaire qui s'élançaient des clubs dans
le barreau; on y apercevait des prêtres apos-
tats; des histrions qui fuyaient les sifflets de
Thalie pour profaner le temple de Thémis;
des Scribes qui quittaient l'escabelle des
comptoirs et des bureaux pour venir fouler,
insolemment, les bancs qu'avaient honorés
les Lemaître et les Cochin; il fallut tolérer
ces proxénètes comme, autrefois, ce fut un
devoir pour les Egyptiens de pourvoir à la
nourriture des Crocodiles sacrés.

Bientôt un cri général se fit entendre; le
mal était à son comble; la science du droit
expirait; les discussions judiciaires n'offraient qu'un verbiage vide de sens; on
songea à y apporter remède; des écoles de
droit furent ouvertes pour la collation des
grades que la garantie sociale exige.

Mais, si la tourmente principale était ap-
paisée, l'influence révolutionnaire conser-
vait son empire; on ne voulait pas le retour
aux véritables principes; on ne cherchait
qu'à rétablir dans cette partie de l'administration, comme dans toutes les autres, une
espèce d'*équilibre*, en amalgamant les créatures de la révolution avec les possesseurs
légitimes; système funeste, qui tend à allier
deux contraires, qui nourrit les dissensions,

et qui fait survivre les effets à leur cause ;
aussi, le grade de licencié fut conféré, sans
examen, sans épreuve, pour la modique
rétribution de trois cents francs, à quatre
mille individus dont le plus grand nombre
était dépourvu de l'éducation première ;
comme s'il était possible de marcher dans les
sinuosités d'une science abstraite, sans l'in-
vestigation de l'instruction !

Malheur aux apprentis dont les sens égarés
Veulent, sans s'appliquer, franchir tous les degrés.

Pour ne pas rappeler des souvenirs trop
douloureux, et, pour éviter un tableau qui
ne paraîtrait qu'une satire pour un trop
grand nombre, nous nous bornons à faire
des vœux, dans l'intérêt de la saine partie
de ceux qui n'ont qu'une patente de cent
écus, pour qu'une disposition sage les
porte à se soumettre aux examens exigés
pour le grade de licencié ; l'expérience et
le travail de plusieurs d'entr'eux les mettent en état de subir honorablement cette
épreuve qui effacera la nuance de décon-
sidération qui les enveloppe ; les autres, qui,
semblables à ces infortunés privés de la
lumière, ne marchent qu'en tâtonnant et
par un mouvement circulaire et routinier,

n'osant s'exposer à cet examen, nécessairement révélateur, sentiraient le besoin de la retraite, ce qui produirait un bien inappréciable, *faxit Deus!*

On ne peut nier le danger, pour la bonne répartition de la justice, de ces avocats qui, non-seulement ignorent le mécanisme de la science du droit, mais ne savent pas même leur grammaire; comment, dans une cause compliquée ou douteuse, pourront-ils éclairer les juges? et, cependant, le juge ne peut décider que d'après les moyens qui lui sont présentés, *de rebus quæ non apparent, ac de his quæ non sunt, idem est judicium.* L. 77, ff. *de contrah. empt.*

C'est le cas de leur appliquer ce que l'écriture dit du danger d'ordonner des prêtres ignorans, *ignorantia mater cunctorum errorum maximè in sacerdotibus timenda est qui docendi officium in populis susceperunt.* N'est-il pas honteux, en effet, comme le dit Térence, de voir donner des conseils aux autres par ceux qui sont hors d'état de se conduire eux-mêmes :

> *Nam id flagitium est, te aliis concilium dare,*
> *Foris sapere, tibi non posse auxiliari.*

De même qu'on jette en mer des bouées

au-dessus des rochers qu'elle recouvre, pour que les vaisseaux n'aillent point échouer contre ces écueils, il faut avoir le courage de signaler ces criailleurs avides et sans délicatesse qui ont fait irruption dans le temple de la justice, et de répéter :

Fœnum habet in cornu, cornu ferit ille caveto.

on peut dire, avec vérité que, dans les sciences, les meilleures intentions sont inertes, si on n'y joint les révélations de l'instruction ; aux yeux de la justice, l'avocat, sans lumières, diffère peu de l'avocat prévaricateur, puisqu'en résultat, il porte préjudice au citoyen, qui, sous la foi d'une profession qu'il lui voit exercer, lui avait accordé sa confiance, *qui occasionem præstat, damnum fecisse videtur.* L. 30, ff. *de leg. aquil.*

C'est dans l'étude et la méditation du droit romain que l'avocat doit rechercher les élémens de la science du Droit, *puto advocatum debere haberi pro nullo, si jus romanum ignorat.* Cicéron dit que le talent de l'orateur doit tout embrasser, *complectitur omnia.* L'éducation privée est insuffisante pour former un bon avocat; dans l'isolement de cette éducation, il est im-

possible d'exercer sa pensée, de fortifier
sa raison, de se former un esprit juste et
un jugement solide, *aliud est scientiam
habere, aliud uti et possidere.*

Ce qu'on apprend dans les écoles, dit
d'Aguesseau, est plutôt une préparation à
l'étude qu'une étude véritable, et on se
tromperait fort, si on regardait un grade
obtenu dans les facultés comme une dispense de continuer, ou plutôt de com-
mencer à fond l'étude de la jurisprudence,
*leges in scholâ deglutiuntur, in foro dige-
runtur.*

C'est en se rendant familier avec les bons
auteurs, en suivant les audiences, et en
assistant aux conférences qu'on trouve le
secret de mettre en harmonie les divers
matériaux de la science, *exercitatio et in-
telligendi prudentiam acuit et eloquendi
celeritatem incitat.* Le jeune avocat doit se
garder de rien entreprendre de sérieux
avant d'avoir parcouru tous les degrés du
travail, *non decet juvenes patronos ad
magna surgentes cruda adhuc studia in
forum propellere.*

L'éloquence judiciaire est essentiellement
l'éloquence improvisée; il faut parler d'a-
bondance; c'est le seul moyen de produire
de

de grands effets et de saisir tous les avantages des lieux, du moment, de son émotion propre, et de celle de ses auditeurs ; aussi, Bourdaloue disait d'un savant missionnaire, de son tems, qui prêchait toujours sans avoir rien écrit, qu'on rendait à ses sermons les bourses que l'on volait aux siens, tant était forte l'impression qu'il produisait sur ses auditeurs. Ceux qui récitent froidement le plaidoyer qu'ils ont écrit, ne peuvent éviter la langueur. Mais, ce talent demande un grand travail, et suppose les dons précieux de la nature ; cependant, l'habitude le porte quelquefois si loin, qu'il y a des orateurs dont l'élocution gagne à n'être point travaillée, et qui parlent mieux d'abondance qu'ils n'écrivent avec réflexion.

L'orateur, dit Cicéron, doit peindre et ressembler à l'artiste qui dispose ses tableaux dans un jour convenable, *videtur tanquàm tabulas bene pictas in bono lumine collocare* ; il faut que nous croyons voir, pour ainsi dire, en écoutant un discours ; la parole n'est que l'écho du sentiment ; une diction froide et inanimée ne peut inspirer que de l'ennui. On connaît le reproche que Cicéron faisait à Callidius, qui racontait des choses touchantes d'un air peu ému,

Tome I. N

an ista si vera essent, sic à te dicerentur?

C'est l'âme, seule, qui donne à l'organe de la voix cette énergie mâle et soutenue qui provoque le sentiment et fixe la conviction, *pectus est quod facit disertum.*

> Au flambeau de son cœur échauffant son esprit,
> Il voit tout ce qu'il peint et sent tout ce qu'il dit.

Il faut, sans doute, que le style judiciaire soit exempt de toute enflure poétique; mais il doit pourtant posséder une certaine richesse, une certaine fleur d'élégance qui le mette à l'abri de la pauvreté; il est nécessaire d'éviter un inconvénient qui est assez général : l'étude du cabinet rend savant, mais elle émousse la vivacité de l'esprit, elle dispose au tic de la pédanterie et à l'habitude d'une lourde gravité.

Si on bornait l'éloquence du barreau à ce qu'on appelle *tritura fori*, ce serait remplacer l'éloquence par le parlage insipide d'un mauvais procureur, discoureur sec et stérile, qui, comme Tentale, au milieu d'un fleuve, soupire vainement après l'expression vive et touchante; ce serait hérisser de ronces le domaine de Thémis, sous pré-

texte de le cultiver ; ce serait préparer
l'application de ce trait d'Horace :

> . . . . . *Malè si mandata loqueris,*
> *Aut dormitabo, aut ridebo.*

Il serait triste et dangereux que le droit
fût ennemi de la littérature ; c'est une
grande pauvreté, dit de Larochefoucault,
de n'avoir qu'une sorte d'esprit ; la science
doit être comme la maison de Mécène, *est
locus unicuique suus;* l'éloquence a besoin
d'un peu de fiction ; l'avocat doit instruire,
plaire et toucher, *ità dicere debet eloquen-
ter ut doceat et delectet.*

L'expérience démontre qu'il faut cacher,
sous des guirlandes de fleurs, les épines de la
morale ; que la justice est obligée de prêter
des ornemens à son langage sévère, et que
la vérité est forcée de couvrir sa nudité. Les
traits de lumière sortent avec plus de force
d'une élocution élégante ; la perspicuité
n'est pas moins utile que la pénétration
d'esprit pour donner, au style, ce coloris
enchanteur qui attire la persuasion ; c'est
la main du statuaire qui donne tant de
prix au bloc de marbre ; les juges sont
des hommes, dit Daguesseau, la vérité n'est
pas assez sûre d'elle-même avec eux pour
dédaigner les ornemens de l'art.

L'avocat, si bien défini par Cicéron, *vir bonus dicendi peritus*, doit unir les vertus au savoir; la vérité doit être le fondement de tout ce qu'il avance, *veritas est oratoris virtus propria;* Saint-Bernard, dans l'épître qu'il adresse à ceux qui ont l'honneur de parler devant le trône de la justice, s'exprime en ces termes : *apud judicem simpliciter dicere jurare est, ideòque leve mendacium eis imputetur ut grave perjurium; præcipuè in his laudatur veritatis constantia.*

Tertullien dit, de la toge antique, que des hommes sans mœurs auraient à rougir de la porter, *grande Pallii beneficium sub cujus recogitatu improbi mores erubescunt;* aussi, il n'est aucun avocat qui osât s'approprier le caractère d'Alcibiade, qui était plus sensible à la réputation d'homme d'esprit, qu'à celle d'honnête homme.

L'avocat est obligé d'embrasser avec zèle l'intérêt de ses parties, *prævaricari censetur patronus qui clientum jura perfunctoriè duntaxàt prosequitur;* s'il ne peut s'écarter de son sujet, il doit le traiter dans toute son étendue, *fallere non minùs videtur qui gesta præterit quàm ille qui nunquàm facta fingit.* La confiance de sa partie le force de

monter sur la brèche ; c'est de ce poste
d'honneur qu'il lance les traits de la vérité, *ne quid falsi audeat, ne quid veri dicere*
non audeat. — Defende causam tuam ar-
gumentis quibus potes.

Dès qu'un avocat accepte une cause, il
est le protecteur absolu de son client. Sa
foi, sa probité et son honneur consistent à
le bien défendre ; il faut qu'il ait le courage
de dire tout ce qui est nécessaire, et de
répéter, comme David, *loquebar de tes-*
timoniis tuis in conspectu regum et non
confundebar ; et, quand il a fait ce que son
devoir exigeait, il peut terminer par ces
paroles de l'écriture : *Discerne causam*
meam à gente non sanctâ, et ab homine
iniquo et doloso erue me.

La discussion est à un procès ce que le
creuset est à l'or ; c'est d'elle que jaillit le
rayon de lumière propre à dissiper les doutes. Pour que la discussion fût parfaitement
utile, il conviendrait que la force agissante
éprouvât une résistance à-peu-près égale
à son action. Un Magistrat, blanchi dans
la carrière, disait qu'il n'était jamais plus
sûr de son jugement que lorsqu'une cause
avait été discutée par deux avocats célèbres.

De fades plaisanteries sont déplacées dans

la bouche de l'avocat ; elles ne conviennent point à la dignité de sa glorieuse profession ; si elles font rire les auditeurs, c'est presque toujours aux dépens de celui qui les met au jour, *stultum est in sacro justitiæ templo inanes proferre nugas, majestati loci parùm convenientes, nec-non excelso inefabilique patronorum gradui.*

La discussion dégénère en dispute dès qu'il s'y mêle des personnalités ; alors, les passions interviennent, elles apportent l'effervescence ; la lutte n'est plus que scandaleuse, *res age quæ prosunt, rursùs vitare memento.*

Si un avocat s'estimait assez peu pour se rendre le complice, ou le propagateur des passions injustes de son client, il devrait être sévèrement admonété ; et, si son adversaire est bien pénétré de son devoir, il lui répondra avec calme, en dédaignant la représaille des personnalités, *non iracundiæ serviam ;* cette disparité fera rougir l'audacieux, *erubescatque videndo ;* il sera puni avec ses propres armes : quand on soutient une vérité, c'est lui donner la livrée du mensonge, que de recourir aux injures.

Il convient aussi d'éviter tout emportement ; il ne s'agit pas de s'essouffler hors de propos, *ne crucia te;* mais de prouver, par de bonnes raisons, qu'une cause est juste :

Cherchons la vérité, mais d'un commun accord,
Qui discute a raison, et qui dispute a tort.

Il est tems, enfin, que les avocats usent, dans leurs discussions, de ce style noble et décent que la bonne compagnie réclame, et que la majesté de la justice commande. En employant des invectives grossières, des railleries amères, des reproches insultans, ils s'avilissent; ils affligent les vrais amis des lettres, *injuria verò omnibus in rebus repudianda est.*

Pourtant, il serait injuste de regarder, comme injurieuses, toutes les choses désagréables qu'on est obligé d'adresser, soit à sa partie adverse, soit aux témoins produits dans l'instance. Il n'y a d'injurieux, en Droit, que ce qui est contraire aux lois, et ce qui est inutile pour l'instruction de la cause, *si ad reprobandos testes crimen objiciat, certè injuriæ causâ fecisse non videtur, L. fin., ff. de injur.*

L'avocat, n'étant que le référendaire des moyens du procès, ne peut être personnellement atteint par des actions en réparation, encore bien que, par l'événement, les faits qu'il a plaidés aient été déclarés calomnieux aux parties adverses, *sed ea quœ advocati, præsentibus his quorum causæ aguntur, allegant, perinde habenda sunt ac si ab ipsis dominis litium proferantur.* L. 1, C. de err. adv.

L'avocat doit se servir d'un style approprié aux matières qu'il traite, *in magnis sublimitate, in parvis proprietate.* On se rappelle l'anecdote de celui qui parlait, avec emphase, de la guerre de Troye et du Scamandre; son adversaire, homme d'esprit, l'interrompit en disant: la Cour remarquera que ma partie ne s'appelle point Scamandre, mais Michaut.

Le *quousquè tandèm* serait une apostrophe ridicule dans une cause où il s'agirait de quelques aunes de drap. En plaidant pour un droit de pêche, il ne serait pas moins inconvenant de représenter un fleuve appuyé sur son urne penchante, qui dort au bruit flatteur de son onde naissante, ou les Naïades qui se jouent dans leurs palais de crystal; toutes ces métaphores éclatantes ne conviennent que dans la poésie. Mais, dans le langage judiciaire, ce serait une discordance choquante si la force de l'expression se déployait mal-à-propos. La première règle de l'art de parler et d'écrire, est l'accord de la parole et de la pensée, *quanta ad rem tanta ad orationem accessio fit.*

Il convient aussi, d'éviter ces circonlocutions inertes qui fatiguent l'attention. Les pensées les plus brillantes, si elles ne sont opportunes, obscurcissent un discours au lieu de l'embellir. Il ne faut pas, par un débordement de paroles, placer la vérité dans le chaos, et exposer les juges à répéter ce que les Lacédémoniens disaient à certain harangueur prolixe : Nous avons oublié le commencement de ta harangue, ce qui est cause que, n'ayant pas compris le milieu, nous ne saurions répondre à la fin. L'homme de goût rejette ces digressions fastidieuses, comme le lambeau de pourpre dont Horace a dit :

Purpureus, late qui splendeat, unus et alter
Assuitur pannus, sed non erat his locus.

Le marquis de Crèvecœur revenait, par requête civile, contre M. de Mainevillette, sur l'achat d'une terre considérable ; M. Levayer, jeune avocat, qui se piquait d'une éloquence pompeuse et fardée, employa beaucoup de tems à faire un long et ennuyeux éloge de la maison de Crèvecœur; M. Gautier, avocat célèbre, remarquable par des traits vifs et singuliers, apostropha ainsi la Cour dans sa réplique : Messieurs, de la noblesse, des ancêtres, des richesses, de la bravoure, des combats, des victoires, des palmes et des lauriers, sont-ce des moyens de requête civile?

L'avocat ne peut trop soigner sa prononciation ; s'il avait un vice grossier dans l'articulation, ou dans la voix, il serait prudent qu'il s'abstînt de la plaidoirie; un vicaire bègue vint demander à son évêque la permission de prêcher ; le bon prélat lui répondit : *je vous l'accorde, mais la nature vous le défend.*

L'avocat connaît le droit, comme un bon pilote connaît la mer; ainsi, il ne peut ni garantir des écueils cachés, ni exempter des orages; il y a des causes que le meilleur avocat ne peut gagner; Cicéron défendit Milon, et ne put parvenir à le justifier; et puis, il en est malheureusement des jurisconsultes comme des théologiens; il leur arrive, parfois, de ne pas bien savoir ce qu'ils pensent, ni si ce qu'ils pensent est bien la vérité. Tel qui était, à ses propres yeux, un modèle d'orthodoxie a vu souvent l'anathême lancé contre lui. Il en est en jurisprudence comme en morale, on voit le bien et on fait le mal :

Video meliora proboque, deteriora sequor.

L'avocat doit s'abstenir de ces traités qui blesseraient la libéralité de son ministère, surtout de ce pacte connu sous le nom *de quotâ litis* dont parlent les *L. per diversas et ab anastanasio. C. tit. mand. vel cont.* ; dès qu'un droit est litigieux, l'avocat, en exagérant le danger, en chargeant le tableau de difficultés, intimiderait facilement son client et l'amènerait à lui en faire la vente à vil prix, *nullum advocatus conferat pactum de lite, quiâ clientulus omnia daret propter timorem litis* ; un tel acte le déshonorerait ; il serait, en outre, frappé de nullité comme contraire aux mœurs et aux lois, *stipulatio interposita de iis pro quibus pacisci non licet, servanda non est, sed omninò rescindenda. L. ult.* ff. *de pact.*

L'éminence de la profession d'avocat, tire son principal lustre de l'indépendance et du désintéressement ; le tribun Cincius porta la fameuse loi *Cincia* qui défendait de rien exiger pour plaider une cause ; mais il est vrai de dire que l'honneur ne peut être assez détaché de tout intérêt pour se réduire à travailler sans cesse pour la gloire; l'avocat a droit à des honoraires, souvent offerts spontanément, qui, d'ailleurs, sont usités dans les arts les plus libéraux, *non merces debetur doctis sed honorarium.*

(Vide ELOQUENCE et CONSEIL).

AVOUÉS.

LES formes judicaires sont nécessaires ; tout, dans la nature, est soumis à une action régulière ; sans un ordre rigoureux, établi dans les mouvemens, les parties diverses se heurteraient et se briseraient ; chaque chose doit, d'ailleurs, être préparée et amenée avec art ; les fleurs ne naissent pas subitement et toutes formées ; leur tige, faible d'abord, se développe par des accroissemens insensibles, *tunc perfecta est ars, cùm naturam ita exprimet ut natura ipsa esse videatur.*

Les meilleures lois ne seraient que de vaines théories si un mode organique n'en facilitait l'application ; la confusion dénaturerait les dispositions les plus sages ; une expérience funeste ne l'a que trop démontré. Peut-on penser, sans frémir, aux dangers que courrait l'innocence, dans ces tems d'erreur, où la justice se croyait obligée de recourir aux épreuves superstitieuses, connues sous le nom *de jugemens de Dieu?* Plus tard, la cruauté révoltante de la torture, l'instruction secrète des procès cri-

minels, le refus de défenseurs aux accusés,
la restriction de la preuve des faits justi-
ficatifs ; et, dans les matières civiles, la divergence des réglemens, la multiplicité des
dispositions irritantes des ordonnances,
l'interprétation arbitraire des cours de justice ont laissé des exemples effrayans d'iniquité qui doublent la reconnaissance que
l'on doit aux auteurs des Codes de procé-
dures civile et criminelle.

On ne pouvait, autrefois, acquérir la
connaissance des formes judiciaires que
par la pratique ; il fallait errer longuement
dans le labyrinthe de la chicane, en parcourir péniblement les détours pour en
épier les écueils, et pour rechercher les
moyens de les éviter ; l'étude de la procédure était négligée, parce qu'elle était fastidieuse ; les bons praticiens étaient rares ;
aussi voyait-on souvent le bon droit échouer
contre les vices de formes. Cette lacune est
réparée par l'établissement des chaires de
procédure : grâces soient rendues au célèbre
praticien, non moins savant jurisconsulte,
qui occupe celle de la Faculté de Droit de Paris ; c'est à son ouvrage de la *Procédure civile
du Châtelet*, que l'on doit le débrouillement
du chaos, et cette classification exacte, jus-

qu'alors crue impossible, qui a remplacé la routine misérable sur laquelle on se traînait en suivant aveuglément le chemin battu; c'est lui qui a préparé, à la procédure, nue instruction aussi méthodique que celle des autres sciences; c'est par ses soins qu'il est vrai de dire qu'aujourd'hui on peut raisonner, en procédure, logiquement et par ordre didactique, *nisi utile est quod facimus, stulta est gloria.*

Des personnes animées d'un zèle indiscret, et, dès-lors, plus raisonneuses que conséquentes, ont crié contre les formalités judiciaires. Il ne s'agit point de savoir si elles sont embarrassantes et dispendieuses, ce qu'aucun ne conteste, mais d'examiner si elles sont utiles, ou si l'on peut s'en passer. Or, qui oserait nier que dans un État civilisé, il faut obéir à la loi, soit qu'elle ordonne, soit qu'elle défende? *Necessitatem lex imponit, non voluntatem permittit;* que l'exécution doit être dégagée de l'obscurité des systèmes divers, si on veut éviter l'arbitraire? qu'il convient d'établir un mode fixe pour que chacun jouisse pleinement de la faculté de veiller à ses intérêts, si on veut refréner la licence? que des délais raisonnables doivent lui être

accordés pour préparer et établir ses droits,
si on veut le préserver des surprises ? De
là, la conséquence que les actes de procédure sont indispensables et comme régu-
lateurs et comme protecteurs, *non sufficit
ut judex sciat, sed necesse est ut ordine
juris cognoscat.*

La Procédure, comme le Droit, est une
conséquence de faits trop nombreux pour
être connue autrement que par une étude
longue et soigneuse ; elle ne peut être exercée,
sans danger, par ceux qui n'ont point fait
cette étude, quelles que soient d'ailleurs leurs
autres connaissances, *scire leges non hoc
est verba earum tenere, sed vim ac potestatem.* L. 17, ff. *de leg.* Il fallait, en
outre, écarter des combats judiciaires l'a-
nimosité qui suit trop activement l'intérêt
personnel, et les débarrasser de l'effervescence des passions qui aveuglent, si souvent,
sur la légitimité des idées et des prétentions ;
de là, l'établissement d'officiers ministériels,
qui, par le grade qu'ils doivent obtenir
dans les facultés, et par le cautionnement
qu'ils fournissent, offrent une garantie à
l'ordre social.

Les avoués remplacent les procureurs,
qui pro alio curant. De graves reproches
ont

ont été faits aux anciens procureurs ; mon âge ne me permet point de juger, par expérience, s'ils étaient fondés , *equidem natus non eram;* il est possible que l'obscurité et la versatilité des documens aient favorisé les tracasseries et la cupidité qu'on leur attribue ; mais, aujourd'hui que l'unité de doctrine et la régularité des conséquences sont établies, les devoirs mieux connus sont mieux remplis ; il est vrai de dire que, malgré les clabauderies de quelques esprits chagrins qui se complaisent à créer des fantômes, pour le malin plaisir de les combattre, le corps des avoués se distingue par son zèle et par sa droiture ; quoique la révolution ait ouvert une large porte à la corruption, la saine majorité de ces fonctionnaires a su poser une digue coercitive.

L'avoué est le *dominus litis*, parce que étant le procureur *ad litem* de la partie, il la représente ; et que, sauf quelques exceptions, il l'oblige dans tous les actes du procès, jusqu'au désaveu jugé valable ; de là résulte que, toutes les écritures produites et signifiées dans l'instance, doivent être signées de lui ; la signature de l'avocat ne suffirait pas pour les authentiquer ; par la même raison, l'avocat, qui, à l'audience, fait un aveu ou une offre doit être assisté de l'avoué ; autrement ils seraient considérés comme non avenus, et ne lieraient pas la partie.

Les avoués sont des officiers nécessaires, ils n'exercent pas un art purement libéral ; par l'acceptation du mandat *ad lites*, ils sont responsables des nullités que renferment les actes de leur ministère, *incuria enim sicut imperitia culpœ adnumeratur;* les fonctionnaires publics peuvent bien exciper de l'ignorance de fait, mais non de ce qui est prescrit ou défendu par les lois ; ils doivent connaître les élémens de la profession qu'ils ont acceptée, *si quis per imperitiam in arte suâ alteri nocuerit, tenebitur.* L. 31, ff. *de leg. aquil.*

Les avoués, étant assujétis à obtenir des grades et à fournir un cautionnement, exercent, seuls, le droit de postulation ; le décret du 16 juillet 1810, prononce des peines contre ceux qui se livréraient à la postulation, en fraude des droits qui leur sont exclusivement attribués. (*Vide* CHICANE.)

BAVARD.

LES hommes qui savent peu, dit Jean-Jacques Rousseau, parlent beaucoup, les hommes instruits parlent peu; la raison en est qu'un ignorant trouve important tout ce qu'il sait; l'homme instruit, dont la vue est plus étendue, aperçoit tout ce qui resterait à dire après lui; il se tait.

Jamais un grand parleur ne fut homme de sens,
Ses discours vagabonds, ses discours discordans
Découvrent, tôt ou tard, par de lourdes méprises,
Que qui parle beaucoup, dit beaucoup de sottises.

Quoique les bons esprits aient toujours flagellé les partisans de l'art de discourir sans rien dire, et que chacun sente le ridicule de cette manie de parler uniquement pour parler, *sunt verba et voces præterea que nihil*, on rencontre partout de ces têtes légères et orgueilleuses qui revendiquent l'initiation de la science; de ces automates lourds et dédaigneux qui décident en maîtres dans la société; et de ces hommes à salmigondis, qui, semblables à la chère sœur des mille et une nuits qui craignait de périr si elle finissait ses contes, vous accablent de leur fastidieuse loquacité;

O 2

ils figurent au barreau, ils obstruent le palais des sciences, ils encombrent les salons. Il semble qu'ils aient adopté cette devise : *Peu importe que je vous ennuie, pourvu que je m'amuse ;* et, pour comble de folie, ils affichent la prétention de raisonner juste, à-peu-près comme un homme ivre a celle de marcher droit ; la déraison veut toujours être conséquente, *pater dimitte illos : non enim sciunt quod faciunt.*

Lorsqu'on a le courage d'envisager ces travers sous le rapport plaisant, on ne peut s'empêcher de rire en parcourant cette galerie d'originaux, *spectatum admissi risum teneatis.*

Les uns, se croyant en état de répondre *de omni scibili,* cherchent à faire du bel esprit en mauvais style ; ils s'égarent dans la Grèce et dans Rome ; ils mettent leurs auditeurs dans la position de Dandin :

> Je suais sang et eau pour voir si, du Japon,
> Il viendrait à bon port au fait de son chapon.

Après s'être fortement essoufflés dans ce manége, où l'on tourne toujours dans le même cercle, *recidere ad nihilum,* ils finissent en disant à-peu-près comme Sganarelle :

> Et voilà ce qui fait que votre fille est muette.

Les autres, s'enfonçant dans le dédale

d'une verbeuse prolixité, *flumen verborum*, dénaturent les principes mal gravés dans leur vaniteuse mémoire, comme ces valets qui répètent et gâtent, dans l'antichambre, ce qu'ils ont entendu à la porte. C'est avec raison que Rivarol disait qu'il y avait des gens qui ne quittaient pas un bon mot sans en avoir fait une bêtise; ils parviennent à noyer la vérité dans un chaos de frivolités; et d'une discussion si simple, qu'elle pouvait être renfermée dans un syllogisme, ils en font un imbroglio inextricable, *o lepidum caput!*

Les autres, par une exubérance amphigourique, semblables au héros de Cervantes qui se battait contre des moulins à vent, s'attachent, avec tenacité, à la démonstration de vérités que personne ne conteste, *in sylvam vehere ligna*, et se rengorgent, après ce brillant effort, comme Lubin lorsqu'il eut deviné que *collegium* voulait dire collége, *o quantum in cerebris inane!*

Les autres, enfin, par une jactance d'apparat, brodent à leurs narrations des épisodes circonstanciés sur leur ancienne noblesse, leurs hautes qualités, leurs biens immenses et leur crédit tout puissant. On croit entendre ce fripier, qui, après avoir trompé Gil-Blas, lui dit : vous êtes bien

heureux de vous être adressé à moi, je suis
le seul fripier qui ait de la morale; aussi,
Duclos disait qu'il se défiait des hommes qui
vantent sans cesse leur probité, et des
femmes qui parlent souvent de leur vertu,
*stulta prædicatio per quam quis se extollit
supra id quod est in eo*.

Lorsqu'au contraire, on envisage ces tableaux en observateur, on ne peut s'empêcher de gémir sur la décadence du bon
esprit; la sotte médiocrité semble être l'état
naturel de l'homme : Pour la dompter, en
effet, il faudrait, dès les premiers pas, s'attacher aux études fondamentales, mais
elles sont pénibles; et la paresse a tant d'attraits! Il faudrait que la lente et soigneuse
méditation accompagnât et fît mûrir les
productions de l'esprit, mais l'imagination
est si pétulente! Il faudrait limer et repolir
ses œuvres, mais l'amour-propre est si pressé
de jouir! De sorte que tout conspire pour
assujettir l'homme dans un cercle d'idées
vulgaires, et pour le rendre partisan du
verbiage, *scientia cancellis circumscripta*.

Aussi, le mauvais goût poursuit et active
ses progrès; la raison, ce bien dont l'homme
est si glorieux, s'affaiblit; la contagion se
manifeste; on voit tous les jours des hommes

instruits sortir de leur sphère pour perdre
leur temps à délirer sur des objets qui sont
hors de leur portée, ou pour employer leurs
talens à établir ou à orner des frivolités, *in-
sanis, Paule, multæ te litteræ ad insaniam
convertunt.*

Il serait tems, enfin, que le véritable esprit dominât sur la futilité; il est urgent
de n'admettre, dans les sciences, que les
choses utiles, et de repousser avec dédain
tout ce verbiage inerte qui grossit la moindre
dissertation. En forçant l'esprit à errer dans
le vague de cent assertions ridicules, aura-
t-on démontré l'objet en discussion ? En répé-
taillant la même chose jusqu'à satiété, en ac-
querra-t-elle plus d'importance ? Non, sans
doute; c'est imiter la manie d'un homme, fol-
lement capricieux, qui se plairait à entasser
quelques diamans sous un tas de cailloux.

Tout cela provient d'un orgueil mal entendu; on imite ce personnage comique qui
s'écrie :

Si je ne dis mot,
On va croire, Monsieur, que je ne suis qu'un sot.

Le silence est mortel, il faut parler;
l'obscurité est le plus grand des malheurs,
il faut l'éviter ; on se lance, on s'égare, on
tombe rudement, le sarcasme se joint aux

épigrammes, un maudit écho répète les mots *de bavard et de sot*, et on est stygmatisé pour toujours. C'est ainsi que le Verrier Persan des contes arabes, dans un songe flatteur, renversa, d'un coup de pied, toute sa petite fortune.

Il n'est personne qui ne sente que le seul moyen de mortifier un homme vain est de ne faire aucune attention aux avantages dont il veut se faire honneur; il sera facile de réfréner tous ces missionnaires sans titre qui, par leur amphigouri, déshonorent les sciences et les arts, dès qu'on sera assez sage pour ne jamais discuter sérieusement avec un sot ou un bavard; la raison ne peut tenir tête à la sottise qui se révolte, ni à la passion qui s'exalte, parce qu'un ignorant peut nier plus de choses qu'un homme instruit n'en peut prouver, *plus negare potest asinus quàm probare philosophus;* et bientôt, ne trouvant plus de contradicteurs de bonne foi, les bavards apercevront le fouet de l'ironie dans la main de chacun; leur langage niaisement prétentieux, ne sera plus qu'insipide; et ces geais à figure humaine, ainsi déplumés, seront vus tels qu'ils sont :

Giles a beau faire, il sera toujours Giles.

BEAUTÉ.

PLATON a introduit le système que le sentiment du beau n'était que relatif; c'est une erreur, il est absolu; il est l'effet d'une disposition naturelle indépendante de toute combinaison; les règles fondamentales du beau sont les mêmes dans tous les siècles, parce qu'elles découlent des attributs invariables de l'esprit humain; tout ce qui est beau, frappe, imprime de l'admiration, parce qu'il sympatise avec la grandeur naturelle de l'ame; le système de Platon ne peut s'appliquer qu'au parfait, qui, lui, est relatif en ce que, pour l'admettre, il faut une collection de règles propres à le faire reconnaître; ces règles, résultat de la combinaison, peuvent varier.

Le beau consiste dans la noblesse, la régularité et la juste proportion des parties; c'est l'unité qui constitue la forme et l'essence du beau en tout genre, *omnis porrò forma pulchritudinis unitas est.*

Le beau dans la nature, ainsi que dans les arts,
N'est pas le résultat d'une seule partie,
Mais l'accord de l'une avec l'autre assortie.

La beauté se dit plus particulièrement des personnes, et signifie le mélange agréable de la vivacité des couleurs, de la régularité des traits, et de la proportion des formes du corps; une belle physionomie vaut une lettre de recommandation, *formosa facies muta commendatio est*; Virgile dit que la vertu a plus de mérite dans une belle personne :

Gratior et pulchro veniens in corpore virtus.

Chacun éprouve un sentiment attractif vers ce qui est beau; encore bien que toutes les formes soient égales dans la nature, on aime mieux un serein qu'un hibou, un colibri qu'une araignée; de même, on marche avec plus de plaisir dans un beau jour, tous les objets se présentent agréablement à la vue; mais lorsque le ciel s'obscurcit, il communique sa tristesse à tout ce qu'on découvre sur la route; la noirceur de l'horizon n'offre plus rien qui dédommage des fatigues du voyage, *hoc est mihi dolori.*

Tout plaît dans la beauté; on aime jusqu'à ses caprices, ce sont des nuages dans un beau ciel qui lui ôtent une triste uniformité. La beauté était, autrefois, une raison de suprématie; on assure que, dans

le partage primitif des biens, une portion
fut adjugée à la force et l'autre à la beauté.
L'orateur qui plaidait pour Phryné, ayant
arraché le voile qui la couvrait, sa beauté,
que les pleurs rendaient plus séduisante,
obtint son absolution. Angélique, reine du
Cathay, fut insensible à l'amour des plus
vaillans Paladins, mais elle conçut la plus
violente passion pour le beau Médor et
l'épousa. De nos jours, une belle femme
qu'accompagne la gracieuse amabilité, est
l'objet d'un culte unanime ; elle peut répéter ce que Silène disait aux bergers de
Virgile : *satis est potuisse videri.*

Ces vers peignent bien le caractère de la
beauté :

> La beauté plaît par sa tendre indulgence,
> Son cœur aimant craindrait de soupçonner
> De noirs complots d'infernale vengeance ;
> D'un trait malin veut-on l'empoisonner ?
> Fille du Ciel, elle aime à pardonner.

Ceux-ci, qui désignent le caractère de la
laideur, offrent un contraste frappant :

> Mais la laideur n'est qu'envie et que rage,
> Tout l'envenime et tout lui fait ombrage ;
> La voyez-vous mordre, brouiller, trahir ?
> Le nom d'Amour est pour elle un outrage,
> Son cœur affreux a besoin de haïr.

La beauté doit être aussi simple que modeste; la pudeur est son principal ornement; Vénus, elle-même, était seule quand elle sortit nue du sein des ondes, mais, étant surprise par des Satyres, elle donna naissance au myrte pour se cacher; la beauté doit, en outre, dédaigner cette parure qu'adopte la coquetterie; ce beau vers d'Orosmane à Zaïre, vaut, sur ce point, la plus forte harangue :

L'art n'est pas fait pour toi, tu n'en as pas besoin.

Hélas! un seul jour peut flétrir les plus vives couleurs; si la beauté possède l'éclat des fleurs, elle en a la fragilité; tout, d'ailleurs, se fane par le tems; les roses les plus belles finissent par s'effeuiller, et le courant les entraîne.

. . . . Vous aurez le destin
De ces fleurs si fraîches, si belles,
Comme elles vous plairez, vous passerez comme elles.

La culture de l'esprit et du cœur fait naître cette rose de tous les printems qui ravit toujours notre ame; cette beauté est bien plus durable, *animi dotes corporis dotibus præstant.* (*Vide* PERFECTION.)

BIEN ET MAL.

On dédaigne le présent pour vivre dans l'avenir; espérer et rêver, voila l'élément de l'homme; la raison est un ministre disgracié, toute la faveur est pour l'imagination; l'homme est bien, il ne peut s'y tenir; il suffit qu'une chose soit difficile à atteindre pour qu'il tâche de l'obtenir; de même qu'il suffit de prohiber une chose pour en faire naître la vogue, *nitimur in vetitum semper cupimusque negata.*

La possession détruit bientôt et le désir et la jouissance, *ab assuetis non fit passio;* on ressemble à ces enfans qui souhaitent tout ce qu'ils voyent, et qui n'y attachent plus de prix dès qu'ils l'ont, *consecuta negliguntur;* ce qui vérifie ce mot de Montaigne : *l'usage nous dérobe le vrai usage des choses.* Le désir est une sensation plus douce que la jouissance; dès qu'on possède, l'attrait perd sa vivacité; on se laisse séduire par l'espoir du mieux, ennemi vigilant du bien présent, et il arrive, presque toujours, que la position si convoitée est pire que la première, *sub ipsius laqueo captus est.*

La nature humaine est avide de nouveauté, *est natura hominum novitatis avida*,
c'est une des plus douces et des plus générales dispositions de l'esprit humain que
cette sorte d'inquiétude d'où naît le besoin
d'apprendre des nouvelles, et que ce mouvement irréfléchi qui nous entraîne vers
l'illusion, *nil semper suo statu manet*; chacun renferme en soi un principe actif qui
le porte à l'action; dès que cette activité
n'a plus d'objet d'expectative, l'esprit se
replie sur lui-même, et de là naît l'ennui.

Au lieu de chercher un mieux purement
théorique, il convient de s'en tenir au bien
présent et réel, qui, toujours, est si rare sur
la terre; le bien s'y répand goutte à goutte,
et le mal y tombe par torrens, *in pejus
ruere*.

Le génie du mal est actif; il est à-la-fois
destructif et créateur; il fascine les yeux
du plus grand nombre; il montre le bonheur dans le lointain; lorsqu'on se croit
prêt à l'atteindre, l'illusion cesse, le mal
seul existe dans toute sa laideur; les regrets
arrivent, il est trop tard; on cherche le
remède, il agit lentement, *tardiora sunt
remedia quàm mala*; il est plus aisé de
détruire que de réédifier, *facilius cadimus*

quàm resurgimus ; le bien ne s'opère plus qu'avec peine ; l'énergie est macérée, souvent même on s'abrutit, *corruptio optimi est pessima.*

> On va au mal par une pente rapide ;
> On ne retourne au bien qu'avec effort.

On ne doit pourtant pas s'abandonner à une apathie cruelle ; il arrive que les évenemens les plus fâcheux produisent d'heureux effets ; il n'est, par fois, qu'un pas du mal au bien, *et plerumque bonorum malorumque causæ sub diversâ specie latent.* Quoiqu'il soit difficile de répéter avec l'optimiste :

> Il s'ensuit que nos maux se réduisent à rien,
> Et qu'on a grand sujet de dire : tout est bien.

Pourtant, jusqu'à un certain point, il est vrai de dire que ce sont les contrastes du mal et du bien qui rendent les plaisirs si délicieux ; *dulcia non meruit qui non gustavit amara ;* le printems aurait moins d'attraits sans les glaces de l'hiver ; la vertu aurait moins d'éclat si le vice était moins hideux ; il est même des vices et des vertus qui se tiennent si intimement, qu'en corrigeant les uns, on anéantirait les autres ;

les vices, dit de Larochefoucault, entrent
dans la composition des vertus, comme les
poisons entrent dans la composition des
remèdes :

> Car Jupiter, de deux vases égaux,
> Verse sur nous et les biens et les maux.

Le système des compensations acquiert du
crédit ; cela doit être, il est fondé sur des
principes que la raison admet ; d'après ce
système, rien ne se perd dans la nature ;
tout se confond ; cette doctrine est celle
d'Aristote, dont l'axiôme était : *corruptio
unius , generatio alterius ;* tout est production et reproduction.

> Ainsi tout s'expie et se compense,
> Et par où l'un périt, l'autre est conservé.

Pour être heureux, disait le docteur Zeb,
il faudrait être insensible à la douleur ; oui,
mais alors comment serait-on sensible au
plaisir ? Il n'y a point d'action sans réaction, *res transit cùm onere* : il faudrait au
moins, ajoutait-il, écarter la douleur morale, on est si malheureux par le cœur !
On devrait pouvoir goûter immédiatement
toutes les jouissances de l'ame ; oui, mais
pour jouir, il faut avoir désiré, et si on

a des désirs, ils sont inséparables des angoisses de la crainte, *abstinetur ægriùs vetitis*. Le créateur a eu raison d'employer adroitement le bien et le mal; c'est ainsi qu'un peintre habile dispose des couleurs opposées pour nuancer toutes les parties d'un tableau.

De même, tout se succède et se remplace; les arbres changent de feuilles dans le cours d'une année, les premières venues tombent pour faire place aux nouvelles, qui, bientôt, joncheront le sol à leur tour; dans toutes choses, un objet nouveau prend la place du premier, *primo avulso non deficit alter*; on doit jouir de l'objet présent; il le faut bien, il n'y en a pas d'autres; il ne s'agit point de ce qui fut jadis, mais de ce qui est maintenant; ce serait folie de trouver le présent détestable si l'on ne peut avoir rien de mieux, *non uvuitur in præteritum*; l'habitude est modératrice du sentiment, elle fortifie la raison; il arrive, même assez souvent, qu'après y avoir réfléchi, on reconnaît que le nouveau vaut bien l'ancien, et que l'ancien valait bien le nouveau, *ambo certare pares*.

Nous n'aurons, il est vrai, ni Lambert, ni Molière,
Mais puisque je vous vois, je me tiens trop content.

Tome I.   P

~~~~~~~~~~~~~~~~~~~~~~~~~~~~~~~~~~~~

BIENFAISANCE ET INGRATITUDE.

LES hommes, exposés aux mêmes calamités, rapprochés par le besoin, unis par
l'intérêt commun, sont naturellement bien-
faisans ; il n'en faut pour preuve que le
soin avec lequel chacun s'empresse, *ex officio humanitatis*, autour du malheureux
victime d'un accident, et l'activité avec laquelle on lui porte des secours. Comment
l'homme ne serait-il pas sensible et généreux ! On entre dans la vie, et on en sort
par des accens de douleur, *nascimur in mi-
seriam ;* depuis le berceau jusqu'au lit de
mort, on a besoin de secours ; pour être
en droit d'y prétendre, chacun doit en
rendre.

La bienfaisance est d'ailleurs une vertu
que les relations de chaque jour fortifient ;
la satisfaction intérieure qu'on éprouve à la
suite d'une bonne action, est une récompense tellement précieuse, que l'on désire
et que l'on saisit avec empressement l'occasion de l'éprouver encore. Tel est le caractère de la vertu, qu'elle imprime un
effet durable aux sentimens qu'elle fait naî-

tre. Il n'est personne qui ne soit ému par analogie, et qui n'applaudisse, dans tous les tems, au regret que Titus, ce Monarque par excellence, éprouvait chaque fois qu'il avait perdu un jour sans l'employer à faire du bien.

Aimez le doux plaisir de faire des heureux,
Et soulagez sur-tout le pauvre vertueux.

L'homme de bien compte, au nombre de ses plus beaux momens, celui où il a pu rendre le plus de services : une disposition innée le porte à la générosité ; quand il pense aux bontés du père commun, il est nécessairement compatissant ; il ne refuse jamais ce que son devoir permet d'accorder, *ubi Dominus largus est, dispensator non debet esse tenax.*

C'est le lien de confraternité qui unit tous les hommes qui prescrit cette obligeance réciproque. Chacun sent que, sur la terre, il ne faut jamais placer les hommes dans l'état de ces pauvres ames, errantes sur les bords du Styx qui, pendant trop long-tems, priaient vainement Caron de les passer. La source de cette disposition généreuse est dans une affection inhérente à l'humanité ; aussi, tous les services doivent être gratuits ; c'est les

P 2

profaner que d'en recevoir le salaire, *offi-cium originem ex amicitiâ trahit, contraria ergo est officio merces.*

La vraie bienfaisance est comme la pudeur, ce serait souvent l'offenser que de chercher à soulever le voile qui la couvre. Cependant, Chamfort compare les bienfaits anonymes à la Galathée de Virgile,

Fugit . . . . . et se cupit antè videri.

Et de Larochefoucauld a dit : la vertu n'irait pas loin, si la vanité ne lui tenait compagnie ; d'où on infère, avec quelqu'apparence de fondement, que la plupart des hommes, même parmi les meilleurs, ont besoin, pour faire le bien, d'être soutenus par les regards publics ; on se trouve, selon l'expression de Sénèque, entraîné malgré soi dans un cercle d'ostentation qui nous porte à rapporter nos actions à nous-mêmes, *non mihi dedit, sed sibi.*

L'aménité fait valoir le bienfait ; donner n'est rien que par la manière dont on donne : c'est là, sur-tout, qu'il convient de ménager les convenances. Il faut que l'obligeance se cache assez pour que celui à qui elle est adressée ait le plaisir de la trouver, sans avoir aperçu que c'est au

besoin de sa position qu'elle s'applique ; il
faut se souvenir aussi que, comme le dit
Térence , un bienfait reproché tient lieu
d'offense ; ce serait l'acheter trop cher que
de le recevoir à titre d'aumône :

Commemoratio quasi exprobratio est.

Malheureusement, l'ingratitude, comme
les mauvaises herbes qui brûlent la terre
qui les nourrit, dessèche le cœur du plus
grand nombre ; *quid beneficia juvant ?* Les
bienfaits sont écrits sur le sable mobile dont
les vents se plaisent à effacer les traces
fugitives ; ceux qui les ont reçus s'abreuvent
largement des eaux du Léthé, ils jouissent
de la chose, et ils oublient celui qui la leur
a transmise, *expellunt memoriam benefi-*
ciorum ; rien ne vieillit sitôt que le bienfait, a dit Sénèque, *nihil citius benefacto*
deflorescit ; on accable de caresses pour obtenir ; on délaisse dès qu'on a reçu, semblable à ces marins, dévots dans la tempête,
qui redeviennent impies quand le danger
est passé. Laharpe serait bien plus grand,
si, en entrant dans le monde, sa première
action n'eût été une ingratitude ; on sait
que l'essai de sa plume fut une satire contre
le principal du collége d'Harcourt qui l'a-

vait recueilli et élevé, lorsqu'il était désa-
voué par les auteurs de ses jours.

La reconnaissance, pourtant, devrait être
le premier des devoirs ; les animaux les
plus féroces en donnent l'exemple : tel ce
lion qui, quoiqu'excité dans un amphitéâtre
public, loin de le dévorer, défendit l'esclave
qui, dans les déserts de l'Afrique, lui avait
retiré une épine du pied.

Comment se fait-il que l'ingratitude gan-
grène tellement le cœur des humains que
souvent l'homme de génie, le citoyen courageux qui, par ses actions, a répandu la
prospérité sur son pays, soit oublié et délaissé dans la misère ? On se rappelle que
Fernand Cortès, à son retour du Mexique,
fut rebuté par les ministres de Philippe II,
et que, n'ayant pu approcher de lui, il fut
obligé de se présenter sur son passage et
de lui dire : Je m'appelle Fernand Cortès,
j'ai conquis plus de terres à Votre Majesté
qu'elle n'en a hérité de l'Empereur Charles-
Quint son père, et je meurs de faim !

Comment se fait-il que le père, qui, par
excès de bonté, s'est dépouillé en faveur de
ses enfans, soit regardé par eux comme
un pesant fardeau ! *In propria venit et sui
eum non receperunt*; aussi, Cicéron dit

que des bienfaits, mal placés, sont de mauvaises actions, *malefacta arbitror benefacta
male locata.*

Un autre inconvénient non moins funeste, c'est que l'expérience justifie cette
pensée de Pline, que telle est la disposition
du cœur humain, qu'on détruit ses premiers bienfaits, si on ne les soutient par
des seconds; obligez cent fois, refusez une,
le refus, seul, restera dans l'esprit.

Pourtant, il vaut mieux se tromper en
obligeant, et suivre cette maxime philosophique, *que quiconque souffre est créancier de celui qui peut le secourir;* on doit
même pouvoir ajouter : j'ai fait pour vous
ce que j'ai pu, mon intention a été de vous
obliger, *in quantum possum et tu indiges;*
vous n'avez point de reconnaissance, vous
ne m'en devez pas; je n'avais mis aucune
condition à mes bienfaits.

J'ai fait ce que j'ai dû, je ne m'en repens pas.

BONHEUR.

ON a disserté, dans tous les tems, sur le bonheur; cet état est la cause impulsive des passions; c'est le seul but visible de l'existence. L'idée du bonheur tient à l'imagination, elle est souvent exagérée; une félicité absolue à laquelle on ne pourrait ni ajouter, ni retrancher, présente un rapport inaccessible qui la place hors de la sphère des choses humaines, de même que l'immensité est hors des mesures. Considéré sous ce point de vue, le bonheur serait un phénomène qui s'éloignerait à mesure qu'on s'efforcerait à l'atteindre, *nihil est ab omini parte beatum*; mais, envisagé dans sa proportion naturelle, c'est-à-dire, comme le mieux possible, on peut, à l'aide de la raison, parcourir doucement sa carrière et goûter des jouissances dans chaque âge et dans chaque position, *quando non possumus uno modo, debemus secundùm quod possumus adimplere.*

Hélas! où donc chercher, où trouver le bonheur?

. . . .

Nulle part tout entier, partout avec mesure.

La première règle du bonheur n'est pas de devenir riche et puissant, *nulla conditio omni molestiâ vacat*, mais de connaître ses véritables désirs et de les suivre, *trahit sua quemque voluptas ;* Alexandre, avec l'or de l'Asie dans ses coffres et le sceptre de l'univers dans les mains, cherchait vainement le bonheur dans Babylone, et un petit pâtre de dix-huit ans le trouvera dans son hameau, s'il obtient en mariage la petite paysanne qu'il aime ; le bonheur est le songe de l'homme éveillé, *ubi omnia non nisi somnium.*

L'homme le plus heureux est celui qui croit l'être.

Jouir est tout, les heureux sont les sages.

Il y aurait de quoi faire bien des heureux avec le bonheur qui se perd dans le monde ; combien n'existe-t-il pas d'occasions de répéter ce que Cinéas disait à Pyrrhus : Que ne vous reposez-vous dès à-présent ? Pourquoi imiter celui qui, jouant aux dés, après avoir amené des coups favorables, poursuit encore la fortune et perd ce qu'il a gagné ? Ainsi, le marin imprudent qui préfère se jeter au fort de la tempête, plutôt que de replier ses voiles, lorsqu'il est inconsidérément sorti du port, périt au milieu des rochers qu'il pouvait éviter.

L'homme raisonnable, si toutefois l'idée de la raison peut s'allier avec celle du bonheur, ne doit point former de vœux importuns, mais jouir du bien actuel; vous tourmenter des événemens futurs, dit Montaigne, c'est prendre votre robe fourrée dès la Saint-Jean, parce que vous en aurez besoin à Noël; placés dans l'univers, comme dans le jardin d'Eden, ce serait folie, parce que la Providence défend un fruit, de refuser l'usage des autres; nous devons savoir profiter des conséquences, sans nous amuser à épiloguer trop fortement le principe.

L'effet en est trop beau, pour en blâmer la cause.

La source la plus active du bonheur réside dans la modération; celui qui peut répéter franchement la maxime favorite de Socrate : *quot et quantis non egeo*, est déjà très-avancé dans la carrière de la félicité, *lætus sorte tuâ, vives sapienter*.

Heureux qui, satisfait de son humble fortune,
N'adresse point au ciel de prière importune.

Par-là, on est sûr d'écarter les peines, les fatigues, les humiliations qui tourmentent le courtisan des grandeurs; celui qui connaît le prix d'une heureuse médiocrité, dit

BONHEUR. 235

Horace, préfère une demeure simple et dé-
cente qu'habite le repos, à ces palais ma-
gnifiques que fixent les regards de l'envic :

Auream quisquis mediocritatem
Diligit, tutus caret obsoleti
Sordibus tecti, caret invidendâ
. . . . Sobrius aulâ.

Cette source réside sur-tout dans la sagesse
et la vertu, *nihil aliud est beatè vivere, nisi
honestè et rectè vivere ;* quand on ne trouve
pas son repos en soi-même, dit de Larochefoucault, il est inutile de le chercher ailleurs ; il faut donc s'efforcer à apprendre
cet art, qui, pour me servir encore de l'expression d'Horace, enseigne à vivre en
amitié avec soi-même, *quod te tibi reddat
amicum.*

Dût-il à la fortune allier la grandeur,
Tout mortel sans vertu cherche en vain le bonheur.

BOSSUS.

Les bossus, et, en général, ceux qui, à raison de leurs infirmités, sont dits *marqués d'un B*, sont très-spirituels; ils excellent sur-tout dans l'ironie; le motif principal en est que, forcés de se conformer à l'inhibition de la nature qui ne leur permet point de participer trop activement aux ébats du plaisir, ni de prendre part aux exercices d'agrément, ils se retirent prudemment à l'écart pour ne jouer que le rôle de spectateurs; là, méditateurs obligés, ils voyent et jugent, d'autant mieux qu'ils ne font aucun mouvement; leur manière d'agir est d'observer et de conseiller, et, si la crainte du fouet de la plaisanterie les empêche de se mêler à la foule des autres, ils se vengent de leur inaction par la mordacité de leurs saillies, et ils se moquent des moqueurs, *repensare merita meritis.*

D'ailleurs, par une compensation que la nature se plaît à établir, elle leur départ, en intelligence, ce qu'elle leur refuse matériellement; l'étendue de l'esprit est souvent en raison inverse de la beauté du corps;

et puis, ils sentent le besoin de racheter,
par des qualités morales, les défauts du physique; ils supportent les charges extérieures,
qui, bientôt, sont compensées par des bénéfices intellectuels, *emendare vitia virtu-*
tibus ; on peut les comparer aux petits
vaisseaux, qui sont ordinairement les meilleurs voiliers, tandis que les gros bâtimens
restent en arrière ou se brisent contre les
écueils.

Tamerlan, le plus fameux conquérant
qui ait paru dans le monde, était boîteux ;
après la plus belle de ses victoires qui mit
Bajazet en son pouvoir, Bajazet fut amené
devant lui ; il ne put s'empêcher de rire en
le voyant : Il n'est pas d'un grand cœur,
lui dit Bajazet, d'insulter au malheur. — Je
n'insulte point à ton état, lui répondit Ta-
melan, mais je ris de ce que la fortune a
partagé l'empire du monde entre un borgne
comme toi, et un boîteux comme moi.

BRAVE.

L'Homme brave est aussi bon que modeste; Hercule portait sa lyre d'une main et sa massue de l'autre ; n'éprouvant ni crainte ni défiance, il n'a jamais la volonté de faire le mal ; le soupçon et l'orgueil, mobiles des méchancetés, lui sont inconnus ; il est essentiellement généreux ; la longanimité constitue son caractère :

Soyons amis, Cinna, c'est moi qui t'en convie.

On sait que Marc-Aurèle fit brûler tous les papiers de Cassius pour ne pas connaître des coupables qu'il aurait été dans la nécessité de punir. Ainsi, Henri IV, ce prince dont chacune des actions était un dégré vers l'immortalité, déchargea en l'air les pistolets de cet officier fougueux qui voulait attenter aux jours de son roi, en lui disant : vous avez résolu de m'assassiner, je le sais ; votre vie est entre mes mains, voici ma vengeance.

Le brave est toujours maître de lui-même; Alexandre, après la bataille d'Yssus, vainqueur de Darius, vit les filles de ce roi

malheureux qui étaient les plus belles de
l'Asie tomber en son pouvoir ; quoique
jeune et impétueux, Alexandre sut les respecter. Après la prise de Carthagène, les
soldats amenèrent la plus belle espagnole à
Scipion, il eut pour elle les égards les plus
circonspects, dès qu'il apprit qu'elle était
aimée d'un prince ennemi ; il la remit entre
les mains de son père et de son amant.

Le brave ne vante pas son courage, mais
il ne s'endort point dans le danger; il avoue
ses fautes sans exagérer ses succès ; la dissimulation n'a aucun accès sur lui; on peut
dire de lui ce qu'on a appliqué au maréchal
de Saxe, *nihil appetere ob jactationem,
nihil ob formidinem recusare, simulque
anxius et intentus agere ;* il est mû , moins
par l'amour de la gloire, quoiqu'il en connaisse tout le prix, que par l'élévation de
son âme qui suffit, seule, pour le porter
vers les grandes choses, de même que la
flamme tend, par sa nature, à s'élever; il a
la conscience de ses propres forces, il brave
la situation au lieu de se laisser dominer
par elle :

Et mihi res, non me rebus submittere conor.

Lors de la bataille de Bouvines, Philippe

Auguste fit déposer son sceptre sur un autel portatif, et, le montrant à ses troupes, il leur dit : Français, qui êtes prêts à exposer votre vie pour la défense de cette couronne, si vous jugez qu'il y en ait un parmi vous qui soit plus digne de la porter que moi, je la lui donne volontiers, pourvu que vous juriez de la lui conserver entière. Toute l'armée, électrisée par ces paroles généreuses, remplit l'air de ses acclamations et jura de vaincre et de mourir pour un si bon roi.

Le brave découvre des ressources dans son propre caractère ; sa présence d'esprit est imperturbable. Bayard répondit au parlementaire qui lui faisait remarquer le mauvais état des murs de la place, en lui montrant ses guerriers :

Voici d'autres remparts dont vous ne parlez pas.

Il est au-dessus des prestiges de la crainte ; lorsqu'on dit à Léonidas que l'armée des Perses était si nombreuse, que le soleil serait obscurci de la grêle de leurs traits : *Tant mieux*, répondit-il, *nous combattrons à l'ombre ;* toujours calme, il réveille l'ardeur de ceux qui l'environnent ; d'un seul mot, César dissipa la terreur, en disant aux Nantonniers effrayés : *sois tranquille, tu portes César et sa fortune ;* aussi, Bossuet

a

a dit du grand Condé, que son ombre aurait pu gagner encore des batailles.

Une grande action laisse, dans la mémoire,
des souvenirs ineffaçables, quoique le résultat ait été moindre que celui de tel autre;
la postérité a peu mis de différence entre
Miltiade qui, avec dix mille Athéniens, dé-
fit cent mille Perses, et le grand Scipion
vainqueur de Numance et de Carthage,
parvis quoque rebus màgna juvari.

Le brave ne trahit jamais l'honneur qui
lui est plus cher que la vie; Crillon refusa
d'assassiner le duc de Guise, mais il offrit
à Henri III de se battre en duel contre
lui; il joint la clémence à la magnanimité;
il est toujours modéré; il n'abuse jamais
de ses forces : l'exagération, en effet, est
le caractère de la faiblesse; les femmes et
les enfans sont sujets à la colère, parce
qu'ils sont faibles; les hypocrites vantent
leur vertu, parce qu'ils sont faibles. c'est
la loi générale de la nature qui, dans tous
les êtres, proportionne le ressentiment au
danger, *redire ad proprium genus.*

Le lâche, *corpus sine pectore*, est toujours méchant; il n'ose lever le glaive,
mais il cherche à porter des coups de sty-
let; il se réunit à la foule pour attaquer

Tome I. Q

un seul; ne sachant que se battre en Thersite, il abandonnera son meilleur ami dans
le danger, *relinquere sub cultro*, pour
chercher son salut dans une fuite honteuse,
subsidium in fugâ ponere.

Sparte, cette ville si guerrière, qui n'avait
pour murailles que le courage et l'épée de ses
soldats, porta une loi contre les poltrons, qui
les déclarait infâmes, et permettait à tout
passant de les souffletter, sans qu'ils osassent
dire mot. A la bataille de Leuctres, les Lacédémoniens, défaits par Epaminondas, pri-
rent la fuite; Agésilas, vu leur grand nombre, ne put les punir; mais il fit décréter,
qu'à l'égard de ces lâches, les lois demeure-
raient dans leur vigueur, qu'elles seraient
seulement considérées comme ayant eté en-
dormies ce jour là.

Si les lâches pouvaient réfléchir, ils seraient, de suite, convaincus que les trances
de la peur ne servent qu'à augmenter le
mal, elles ajoutent les angoisses de la frayeur
à la difficulté de la position, et elles condui-
sent dans l'abîme que, sans cela, on eût
peut-être évité; ce n'est pas sans raison
qu'on a dit que la mort aime à frapper le
lâche qui la fuit:

Mors et fugacem persequitur virum.

La nature a créé le danger pour avertir l'homme des évènemens qui le menacent, de même qu'elle a placé la douleur sur la route de la vie, pour le mettre en garde contre les maux qui l'environnent ; sans la douleur, un bras se consumerait au feu, près duquel on est endormi, avant qu'on fut averti ; sans le danger, la prudence ne serait point éveillée, ou tomberait dans les moindres embûches, on ne se prémunirait point contre l'induction trompeuse des météores : l'effet du danger ne doit donc être autre que d'accroître le courage ; il est l'indice précurseur de la crise ; les moyens de précaution doivent être vigilans, *ubi majus periculum, ubi cautiùs agendum est.*

Montrez-moi un danger certain, disait un brave parmi les braves, et j'aurai peur tout comme un autre ; mais il ne fera pas de moi un Thersite, mais il ne me fera pas voir l'armée d'Alifanfaron, au lieu d'un troupeau de moutons, parce qu'il n'est pas moins inconvenant de reculer devant le danger, qu'imprudent de le susciter. (*Vide* COURAGE).

CALOMNIE.

La calomnie est une fausse et malicieuse imputation qui blesse l'honneur d'une personne; elle diffère de l'injure, proprement dite, qui s'entend plus particulièrement des propos ou des reproches outrageux qui ont lieu sur les défauts ou sur l'esprit; elle diffère encore de la médisance par laquelle on noircit, en secret, la réputation d'autrui, en citant des faits, même vrais, quand cette révélation est émise sans nécessité, *injuria est quodvis dictum factumve ad alterius contumeliam dolo malo directum. Inst. pr. de injur.*

La calomnie est le plus lâche de tous les délits, *detractores deo odibiles;* c'est la lèpre de la méchanceté; les calomniateurs sont plus odieux encore par le mal qu'ils veulent faire, que redoutables par le mal qu'ils font; ils ressemblent au sycophante d'Aristophâne; ce sont des Protées qui savent prendre toutes les formes pour distiller ce qu'il y a de plus acrimonieux et de plus cynique, *commoditatem consequuntur in lædendo;*

ainsi, le sucre le plus doux devient poison dans les entrailles de la vipère.

La calomnie consiste, aux yeux de la loi, dans l'inculpation de tout fait susceptible de nuire à une personne dans son honneur ou dans sa fortune; la vérité du fait imputé ne peut excuser celui qui l'a révélé, à moins qu'il n'y eût un intérêt manifeste; les actions privées n'appartiennent pas au public; celui à qui elles n'ont point porté un préjudice personnel, n'a pas le droit de les divulguer, *deniquè quidquid dicitur in contumeliam alterius injuria est, etiamsi quod objicitur verum sit; nec enim sufficit veritas criminis, sed necesse est aliâ ex causâ objici quàm coutumeliœ gratiâ. Hoet. C. de injur.*

Aussi, l'écriture nous enseigne qu'on est tenu de réparer le mal qu'on a fait en calomniant, quand même on l'aurait fait par erreur, *homo non debet ad accusationem procedere nisi de re omninò sibi certâ, in quâ ignorantia facti locum non habet.*

Une calomnie, fondée sur l'erreur, ou née de l'imprudence, peut causer un tort irréparable; on devrait réparer le dommage, lors même que des circonstances atténueraient le délit, *séparatum est etenim calumniœ crimen à damno. L. ult. C. de calum.*

Il faut se souvenir constamment de cette belle maxime de l'écriture qui interdit toute médisance; *audisti verbum adversùs proximum tuum, commoriatur in te;* on ne peut même révêler un fait équivoque à son plus intime ami ; il impliquerait contradiction d'exiger le secret, en commençant par le violer soi-même.

La Providence laisse, rarement, les mauvaises actions impunies; elle imprime ses stygmates réprobateurs sur le front des calomniateurs, *qui amat periculum peribit in ipso.*

La noirceur masque en vain le poison qu'elle verse;
Tout se sait tôt ou tard, et la vérité perce.

Tôt ou tard, aussi, on se lasse de la méchanceté pour écouter la raison. Misérables calomniateurs! brisez les instrumens de votre frénésie, ou bientôt vous serez démasqués! rappelez-vous l'histoire de ce Lander qui, pour flétrir la gloire de Milton qu'il haïssait, traduisit, en vers latins, les beaux passages du Paradis Perdu, et les mettant sous les noms supposés de Mesenmius et de Quintianus, imputa un servile plagiat à Milton; il fut forcé d'avouer sa turpitude, et de se rétracter.

Quand la calomnie s'adresse aux hommes

d'un génie supérieur, ce n'est qu'un secret aveu qu'elle fait de leur mérite ; c'est un témoignage qu'elle leur rend en grondant ; aussi, Thémistocle disait qu'il n'enviait point le sort de qui ne fait pas d'envieux. Les possesseurs du vrai mérite sont comme trempés dans le Styx, ils sont invulnérables ; les traits, qu'une méchante critique dirige contre eux, ne sont que les signes de la révolte d'un esclave qui secoue ses chaînes, et veut s'élever contre son maître ; c'est la fable de la lime contre laquelle se brisent les dents des serpens de l'envie.

Il convient alors de couvrir la calomnie d'un dédaigneux silence. On connaît cette réponse du Tasse, à qui on annonça que son ennemi médisait de lui en tous lieux : Laissez-le faire, il vaut mieux qu'il dise du mal de moi à tout le monde, que si tout le monde lui en disait. Fontenelle jetait avec mépris dans un grand coffre, et sans les lire, les libelles que la médiocrité jalouse publiait contre lui. Un souffle léger ne peut ébranler un vieux chêne ; l'éléphant ne songe guère à apporter de remède à la piqûre d'un moucheron ; le silence d'Ajax est sublime, quand il ne daigne pas répondre à Ulysse qui lui fait des excuses.

Mais il est rare d'être ainsi illésible, et de trouver, dans la force de son caractère ou de son talent, la plus sûre vengeance des détractions de la méchanceté; trop souvent, la calomnie est le sillon enflammé de la foudre, qui laisse d'ineffaçables traces, l'abeille ne se pose plus sur la fleur que le frélon a profanée; l'homme d'honneur, calomnié, doit donc, par fois, au public de le désabuser en l'éclairant, *defensio ad avertendam accusationem;* il le doit à ses amis, il se le doit à lui-même; celui qui se montre trop indifférent pour l'opinion publique est prêt à la mépriser.

C'est avec raison qu'un philosophe ancien disait : comment veux-tu que je sois insensible au blâme, si tu veux que je sois sensible à l'éloge? L'amour d'une bonne renommée produit d'excellens effets; non-seulement il détourne de ce qui est bas et indigne d'une âme élevée, mais il porte à des actions nobles et généreuses; il fut le mobile de tous les services que Cicéron rendit à sa patrie; mépriser la gloire, dit Tacite, c'est mépriser les vertus qui y mènent :

Il faut, pour mériter une estime solide,
S'exempter du soupçon, aussi bien que du crime.

L'insensibilité est la léthargie de l'âme;

l'impunité d'ailleurs enhardit les méchans, *sed timendum est ne veterem ferendo injuriam novam invitemus.*

Le calomniateur, toujours lâche, après avoir enfoncé le trait, essaye, par des excuses obséquieuses, d'écarter le moment prochain de la réparation, *revocatio injuriæ seu palinodia non excusat injuriantem ;* un pareil remède est pire que le mal; ainsi, les paysans qui ont fustigé Sganarelle lui demandent pardon de lui avoir donné des coups de bâton.

> Les satisfactions n'appaisent point une ame,
> Qui les reçoit n'a rien, qui les donne se diffame,
> Et de pareils accords, l'effet le plus commun,
> Est de perdre d'honneur deux hommes au lieu d'un.

On doit, en ce cas, répéter ce que dit Horace : Crois-tu, si quelque bête maligne me mord, que je pleurerai comme un enfant sans me venger ?

> *An si quis atro dente me petiverit*
> *Inultus ut flebo puer ?*

Cependant, pour qu'il soit convenable d'exiger une réparation, il faut que l'injure soit très-grave ; trop souvent les demandes en réparation sont pires que le mal; elles ajoutent la publicité du scandale à l'éclat de l'action première, et ne servent, en définitif, qu'à rappeler l'anecdote de cet homme qui, condamné à faire, en présence de témoins, une réparation d'honneur à une femme qu'il avait insultée, lui dit : *Madame, je vous ai appelé p....., cela est vrai; je déclare aujourd'hui que vous êtes une très-honnête femme, et je reconnais mon tort;* on voit que, par là, il affectait de paraître nier ce qu'au contraire il avait l'intention d'affirmer.

Celui qui laisse échapper une injure qui passerait sans conséquence, est bien plus prudent que celui qui la remarque, la relève et l'éternise; il y a des bornes dans lesquelles il faut tenir les abus et les scandales, *propter metum Judæorum.*

Aussi, les lois civiles qui tendent essentiellement à éteindre le germe des discordes, établissent une fin de non-recevoir contre l'action d'injure, dès qu'il est possible d'induire une réconciliation, ou une remise expresse ou tacite, *hæc persequutio expirat emissione sive expressâ, sive tacitâ quæ ex dissimulatione iræ et familiari cùm reo consuetudine colligitur.* L. 11, §. 1, ff. *de injur.*

Il existe une autre fin de non-recevoir

contre l'action d'injure, c'est celle qui résulte de la rétorsion, lorsque celui qui était
outragé a tourné à l'instant, contre l'agresseur, une injure équivalente, *retorsio quâ
quis injuriam verbalem in continenti retor-
quendo in illum qui eam evomuit, contumeliam à se amovet.* L. 14, §. 6, ff. *de injur.*

Les calomniateurs se servent souvent d'é-
crits anonimes, délit moral qui ne diffère
de l'empoisonnement que par l'impunité
légale dont il jouit; c'est le fléau le plus
odieux de la société ; aussi, les Romains pu-
nissaient de la peine capitale l'auteur d'un
libelle diffamatoire répandu dans le public,
*pœna capitalis est ob libellum famosum
factum sparsumve in vulgus.* L. 1, C. de
fam. libel. Il est détestable de voir un homme
qui, après avoir préparé dans l'ombre un
poison violent, profite, pour l'instiller, des
avantages que l'occasion lui offre, *mali ti-
ment videri, ut magis sint mali.*

C'est le dernier degré de la corruption;
la langue du détracteur, dit Massillon, est
un feu dévorant qui flétrit tout ce qu'il
touche, qui ne laisse, partout où il a passé,
que ruine et désolation, *inter scabiem tantùm et contagia.*

L'accusateur qui se nomme est un guer-

rier qui lutté loyalement avec son adversaire; celui qui se cache n'est qu'un perfide
qui profite de la nuit pour frapper le voyageur sans défense; on se rappelle ces beaux
vers de Gresset :

Autant il faut de soins, d'égards et de prudence
Pour ne point accuser l'honneur et l'innocence,
Autant il faut d'ardeur, d'inflexibilité
Pour déférer un traître à la société;
Et l'intérêt commun veut qu'on se réunisse
Pour flétrir un méchant, pour en faire justice.
J'instruirai l'Univers de sa mauvaise foi;
Sans me cacher, je veux qu'on sache que c'est moi;
Un rapport clandestin n'est pas d'un honnête homme,
Quand j'accuse quelqu'un, je le dois et me nomme.

C'est à l'opinion publique à faire justice
de ces productions infames; leurs auteurs
sont trop méprisables pour imprimer la
plus faible confiance à leurs récits; il faut
lancer l'anathême contr'eux, à l'exemple de
Saint-Paul qui retrancha l'incestueux de
Corinthe de la communion des fidèles; ainsi
méprisés, les calomniateurs se consume-
ront d'eux-mêmes, comme des tisons en-
flammés, jusqu'à ce qu'ils soient réduits
en cendres.

CARACTERE.

LE caractère est la disposition habituelle de l'ame, par laquelle on est porté à des actions d'un genre fixe et déterminé; c'est le type des mœurs de l'homme; ainsi, Alexandre répondit à Parménion qui lui disait que, s'il était Alexandre, il accepterait les offres de Darius. — Et moi je les refuse, parce que je ne suis point Parménion. On se rappelle l'histoire de ce philosophe à qui ses amis reprochaient de ne mépriser les richesses que parce qu'il n'avait pas l'esprit d'en acquérir ; il se mit dans le commerce, s'y enrichit en un an, distribua son gain à ses amis, et revint ensuite à l'attrait qui le portait à philosopher. Démocrite et Anaxagore abandonnèrent leurs biens, et résignèrent tout leur patrimoine à leurs parens, pour s'appliquer tout entiers à la recherche de la vérité.

Le caractère est le moteur principal de la conduite des humains; il est rare qu'ils le démentent; l'homme de bien n'est pas plus ébranlé par les menaces que par les prières, *nihilomagis minisquàm precibus permoveri;*

Jacques de Molay préféra la mort à la honte de se soumettre à une action indigne de son caractère, et, du haut de son bûcher, il assigna ses ennemis au tribunal de Dieu. On connaît cette belle réponse du président Molé que des factieux voulaient, en l'effrayant, détourner de la fidélité due à son roi : Il y a loin, répondit-il, du poignard d'un assassin au cœur d'un honnête homme, *in magnis voluisse sat est.*

C'est dans le malheur, sur-tout, que la fermeté doit s'accroître :

Les hommes tels que moi tombent dans la misère,
Mais ne démentent point leur noble caractère.

le général des Jésuites eut le courage de dire au souverain Pontife lui-même, *sint ut sunt, aut non sint.* Médée répondit à sa confidente qui lui disait :

Votre pays vous haït, votre époux est sans foi ;
Contre tant d'ennemis, que vous reste-t-il ?
                                        Moi.
Moi, dis-je, et c'est assez.

Il faut enfin pouvoir dire comme Mithridate :

Tout vaincu que je suis et voisin du naufrage,
Je médite un dessein digne de mon courage.

Les hommes qui ne sortent point de leur

caractère sont respectables ; il sont immuables ; jamais ils ne sacrifient aux circonstances, *asservitum nihil est à me temporis
causâ.*

> Je n'ai, devant Aman, pu fléchir les genoux,
> Ni lui rendre un honneur qui n'était dû qu'à vous.

leur commerce est sûr ; ils offrent une garantie sacrée, leur parole est inviolable ;
Aristide fut banni injustement et ne se plai-
gnit point ; il écrivit lui-même son nom sur
la coquille de proscription que lui présenta
un paysan qui ne le connaissait pas ; il remplit les premières charges de l'État, et il
mourut pauvre. Le ressentiment ne souille
point leur ame ; lorsqu'après la funeste
journée d'Allia, Brennus, à la tête des Gaulois, se fût emparé de Rome, Camille, exilé
à Ardée par la faction des Plébéiens, oublia toute injustice pour se mettre à la tête
des soldats échappés à la déroute, et sauver
la patrie qui l'avait banni.

La dissimulation leur est inconnue, la
vertu s'avilit à se justifier ; Philoctète se
renferme dans une dénégation aussi fière
que précise :

> Ce n'est pas moi, ce mot doit vous suffire.

Nicomède, soupçonné de tremper dans une

conjuration, répond à son père qui le prie
de se justifier d'un forfait si honteux :

Moi, Seigneur, m'en purger, vous ne le croyez pas !

Scipion, vainqueur d'Annibal, accusé de
péculat ne répondit à ses ennemis qu'en
invitant ses concitoyens à le suivre au Ca-
pitole pour rendre grâces aux Dieux de ses
victoires.

L'homme sans caractère est nécessairement méprisable ; il n'est jamais semblable
à lui-même, *nil fuit unquàm sic impar sibi ;*
il est, comme dit Montaigne, *ondoyant et
divers ;* on voit ce caméléon,

. . . . Tombant au premier choc,
Aujourd'hui dans un casque, demain dans un froc.

Son irrésolution est extrême ; il est le jouet
de pensées diverses ; il est de l'avis de tout
le monde :

A chacun il donne raison,
Et ne donne tort à personne.

Et, dans les affaires les plus importantes,
il termine à-peu-près comme ce conseiller
de parodie :

Moi, je n'ai pas d'avis, tel est mon sentiment.

Ce n'était pas sans raison que Solon avait
rendu

rendu une loi qui déclarait infâmes tous ceux qui ne prenaient point parti dans les séditions; il sentait que rien n'est plus à craindre que ces hommes pusillanimes ou trop timorés qui ne savent se décider. (*Vide* FRANCHISE et DEVOIR).

———✦✦✦✦✦———

CASSATION.

Les Tribunaux et les Cours de justice sont les représentans du Souverain; leurs décisions sont toutes rendues au nom de la loi et du Roi; ce qui est jugé dans un Tribunal est censé jugé dans tous les Tribunaux du Royaume; il est nécessaire d'écarter la divergence de leurs décisions; l'unité de la législation, bienfait qu'on n'a point encore assez apprécié, mais dont le tems découvre progressivement tous les avantages, exige impérieusement l'unité de la jurisprudence; ce serait en vain que les bénédictions du peuple se réunissent sur la cause, si les effets étaient abandonnés aux caprices des systèmes ou à la routine des localités; delà, l'établissement de la Cour de cassation, placée, comme en sentinelle, pour veiller à la stricte exécution des lois.

Les arrêts de la Cour de cassation, indépendamment de l'autorité naturelle qu'imprime une décision rendue par une réunion nombreuse des plus célébres jurisconsultes, doivent, par l'excellent mode de l'institution de cette Cour, avoir la plus grande force sur les questions de droit et de législation; ne connaissant point du fond des affaires, elle est dégagée de l'influence que les circonstances particulières exercent, nécessairement, sur les juges du fond ; il est si difficile de la repousser en entier ! C'est le droit lui-même que cette Cour aperçoit, ce qui donne à la loi un caractère de vigueur qui ne se rencontrerait peut-être pas, si le cortége des considérations locales y trouvait accès comme chez les premiers juges, *multa in modo rei et circumstantiis ejus nova, quæ in genere nova non sunt. — Jura non in singulares personas sed generaliter constituuntur.* L. 8, ff. de legib. Dès que la loi a parlé expressément, ou même virtuellement, les tribunaux, simples organes de la loi *ministri legis* doivent se renfermer dans sa stricte exécution, en se bornant à l'appliquer et à la reproduire; s'ils s'en écartent, s'ils la dénaturent, s'ils l'entendent mal, la Cour de cassation a le droit de les circonscrire; elle est dépositaire de l'inviolabilité de la loi. La garantie des citoyens, c'est la loi; la garantie de la loi, c'est le magistrat; la loi doit être exécutée telle qu'elle a été décrétée; le magistrat ne peut rien y ajouter, ni en rien retrancher, *stulta videtur sapientia quæ lege vult sapientior videri*, dit d'Argentré. Mais, si au lieu d'une disposition, au moins implicite, la loi se tait, les fonctions des tribunaux s'agrandissent; les moyens de droit sont dans le domaine des juges; la loi, n'ayant point établi de règle positive, annonce qu'elle s'en rapporte à leurs lumières; ils ont un pouvoir discrétionnaire plus actif; ils doivent, en ce cas, se décider soit par l'analogie des inductions tirées de dispositions prochaines ou corrélatives, soit par la force des principes de l'équité naturelle, *quod raró fit non observant legislatores, sed quod fit plerumquè et respiciunt et medentur. Nov. 84, Cap.* 2. Leurs décisions, par suite de l'interprétation de doctrine qui leur est concédée, suppléant à la loi ont, privativement, l'autorité de la chose jugée; il n'y a plus de violation, ni dès-lors de recours utile en cassation.

Le recours en cassation est, en général, considéré comme un moyen extraordinaire; il est établi, moins dans l'intérêt des parties, que dans l'intérêt de la loi; à l'égard des parties, les Cours royales sont des Cours souveraines; leurs arrêts sont définitifs;

de-là, la disposition qui ordonne l'exécution, nonobstant le recours en cassation, parce que les Cours royales exercent une pleine juridiction, *notio*, *vocatio*, *coercitio*, *judicium et executio*.

Le principe *tot capita tot sententiæ*, est admis en cassation, comme en appel; un pourvoi peut être rejeté sur un chef, et être accueilli pour un autre, pourvu qu'ils soient indépendans, *séparatorum enim separata est ratio*. L. 18, ff. *de negot. gest.*

D'après la loi du 16 septembre 1807, la violation de la loi du contrat n'est plus un moyen de cassation; pourtant, si les juges du fond s'étaient trompés sur la qualification d'un contrat défini par la loi, il serait difficile de n'y pas voir une erreur de droit, donnant ouverture à cassation, puisqu'en ce cas, ayant mis une définition hypothétique à la place de celle de la loi, leur décision pourrait n'être que la conséquence de leur erreur première, *hinc prima mali labes.*

La cassation, dans l'intérêt de la loi, ne peut jamais profiter aux parties; elle ne peut même les relever du droit qu'elles ont perdu en n'usant pas, dans le délai prescrit, de la faculté *de pourvoi* qui leur était accordée; ce qui est juste, les parties ayant le droit de transiger sur les intérêts civils, *unicuique*

*licet ea contemnere quœ pro se introducta
sunt. L. 29, C. de pactis.*

Il y a lieu à interprétation de la loi, quand
la Cour de cassation a annullé, sur les
mêmes motifs, deux jugemens en dernier
ressort. (Loi du 15 septembre 1807); et, en
ce cas, on suit la maxime qu'il n'appartient qu'au législateur d'interpréter la loi
d'une manière générale, *ejus est legem in-
terpretari cujus est legem condere.*

Des personnes assez mal avisées pour
croire que l'esprit humain peut rétrogra-
der, ou assez perfides pour repousser le
souvenir des abus qui ont fait détester le
corps des anciens parlemens qui, pendant
les seizième, dix-septième et les quatre cinquièmes du dix-huitième siècles, avait excité
un cri général d'indignation, ont osé adresser des reproches à l'institution de la Cour
de Cassation. Un écrit, attribué à l'un de
de ces prétendus magistrats qui se complaisent à étouffer le noble caractère d'une
impassible libéralité sous les chimères des
immunités de l'ancienne robe, a été dis-
tribué avec profusion; la tolérance scandaleuse de sa publication n'était que le
prélude des efforts qu'on a employés pour
essayer d'anéantir ce dernier refuge de
l'indépendance judiciaire : mais l'opinion

publique s'est vigoureusement prononcée ;
un sentiment presqu'unanime de résistance s'est manifesté, parce qu'il sera toujours vrai de dire que ce qu'on a appris
par expérience ne peut se désapprendre,
ita res accendunt lumina rebus.

Montesquieu a dit que plus d'Etats avaient
péri parce qu'on avait violé les mœurs, que
parce qu'on avait violé les lois ; on peut
ajouter que le génie national et que l'amour
de la patrie l'emporteront toujours sur toute
autre considération, *valentior omni ratione
amor patriæ.* Or, les Français essentiellement bons, comme ils sont naturellement
braves, concentrent leurs vœux dans tout
ce qui peut assurer leur liberté civile, ils
sont tous d'Athènes sur ce point : Combien,
dès-lors, sont imprudens ceux qui, ignorant
l'histoire morale de leur pays, osent écrire,
ou agir dans un sens opposé à l'esprit public, *turpe est in patriâ peregrinari, et in
iis rebus quæ ad patriam pertinent hospitem
esse.* Qu'ils sont dangereux ces hommes
qui, enveloppés d'un sentiment de dédain,
ou imbus des misères d'antiques préjugés,
amoncèlent tout ce qui pourrait éteindre les
lumières de la raison ! Leurs déclamations
sont méprisées, parce que, pour instruire,
il faut plaire ; et qu'il ne suffit pas d'avoir

de l'aigreur, et de répandre, avec profusion, le fiel d'une satire grossière ; elles sont repoussées par un dépit, fortement contempteur, parce que chacun éprouve de la répugnance à être réprimandé par un ignorant, ou par un homme passionné, *felices artes, si de illis soli artifices judicarent*, dit Quintillien.

L'ancien ordre de choses n'exigeait pas l'établissement d'une Cour de cassation; ni les efforts du célèbre d'Aguesseau, ni le vœu de tous les hommes bien pensans n'avaient pu atteindre le but si désiré de l'unité de législation, et de l'indépendance du pouvoir judiciaire. Aujourd'hui que les différentes provinces de la France ne sont plus divisées par leurs lois particulières ou leurs coutumes, ce qui, entr'autres inconvéniens, perpétuait une nuance répulsive de ce concours uniforme, de cet esprit national qui doivent unir les sujets du même monarque; aujourd'hui, surtout, que le pouvoir judiciaire est essentiellement indépendant, ce qui, parmi beaucoup d'autres avantages, permet aux juges de ne voir que la loi, et de n'écouter que leur conscience, il n'est aucun citoyen qui ne reconnaisse la nécessité de maintenir la Cour de cassation dans le mode actuel de son organisation.

CAUSES ET EFFETS.

La cause, principe qui fait qu'une chose existe, est opposée à son effet ; de même que l'essence se compose du genre et de la différence, l'effet suppose nécessairement une cause primitive, *nullus effectus sine causâ;* on admettait anciennement le système des qualités occultes : telle était, par exemple, l'ascension du mercure dans le baromètre qu'on attribuait à une cause vague et indéterminée ; mais la physique moderne lui a reconnu une cause réelle, c'est celle du vide, qui, quand il est parfait, n'oppose aucune résistance au fluide, ou au corps solide plongé dans le tube ; aussi, ce système est généralement rejeté ; tout, dans la nature, est mû par une cause positive.

Virgile a eu raison de dire :

Felix qui potuit rerum cognoscere causas.

Ce n'est que lorsqu'on a défini et réellement reconnu la nature de la source ; ce n'est que lorsqu'on a sondé les profondeurs, que l'on

peut apprécier et juger du résultat probable
des émanations ; dans tout, il faut tâcher de
puiser la lumière à la lumière elle-même :

. . . . . . *Opposito lumen de lumine sumit.*

Ce but est difficile à atteindre, chacun
cherche la nature des choses, *vère scire*
est per causas scire; mais hélas! il est peu
d'élus, *et non est qui invenit eam.*

Une des erreurs les plus communes est
de prendre les suites pour des conséquences,
post hoc, ergo propter hoc; le motif de cette
métonymie résulte de ce qu'on s'arrête à
des signes équivoques et trompeurs, sans
songer à les rattacher au phénomène fondamental : Par une espèce de paralogisme
qui nous est naturel, dit Aristote, nous
concluons, de ce qu'une chose est véritable,
que celle qui la suit doit l'être ; la croyance
que l'on donne à un fait se réfléchit inconsidérément sur l'autre.

Le seul moyen de marcher avec sûreté
dans la carrière des sciences, et de trouver
le guide qui éclaire dans les sinuosités et
en indique l'issue, c'est de rassembler les
faits, de les comparer, *et de les séparer des*
inductions qui en dérivent; ainsi, Descartes,
en y introduisant le doute méthodique, a

trouvé le moyen de traiter la philosophie
avec clarté, et de repousser ces hypothèses
forcées qui renversent l'ordre des idées. En
méditant avec soin, en se débarrassant des
fractions pour arriver à la vérité, on dé-
couvrira les objets éloignés, on remarquera
leurs rapports d'intimité ou d'incidence, et
on reconnaîtra que le spectre qui épou-
vantait à une certaine distance, disparaît
lorsqu'on vient à en approcher de près.

Les plus petites causes produisent de
grands effets ; une faible étincelle peut causer un vaste embrasement; un grain de
sable fit périr Cromwel et décida du sort
d'un grand empire ; par contre, les plus
grands effets cèdent aux plus petites causes ;
une pointe légère, soutirant de l'atmosphère la matière électrique, détourne le
tonnère de cet édifice que, sans elle, il
eût foudroyé. Les causes sont parfois mul-
tiples et l'effet est un ; dans la Dynamique,
on voit une sphère, frappée par différens
coups, tracer toujours une diagonale, soit
qu'elle obéisse à une ou à vingt impulsions
simultanées.

L'effet ne peut survivre à sa cause, par
la même raison que les qualités accidentelles ne changent point la nature des es-

pèces. Tout ce qui se rattache à une chose principale et qui, s'en trouvant isolé, ne pourrait constituer une chose indépendante, suit la nature et participe au sort de cette chose principale, *sublatâ causâ tollitur effectus.* --- *Sublato principali nec ea quœ sequuntur locum habent.*

CAUTIONNEMENT.

LE constitut, en Droit romain, était une convention ou promesse de garantir qui se faisait sous la formule de la stipulation ; pour que ce pacte fût valable, il devait être répété deux fois ; précaution sage qui fournit la preuve que, dès le principe, le législateur a reconnu le danger du cautionnement ; il est rare, en effet, que celui qui cautionne ne soit pas le payeur. Il paraît que le constitut a existé jusqu'à l'établissement de la fidéjussion dont il tenait lieu, et dont il produisait, à-peu-près, les effets.

Le cautionnement ou la fidéjussion est un contrat par lequel on promet d'acquitter l'obligation d'un tiers, s'il ne l'acquitte lui-même, *fidejussor est qui alienæ obligationi, sine novatione, accedit.* L. 1, §. 3, ff. *de fidejus.*

Le cautionnement ne peut constituer une obligation indépendante ; sa nature est d'être accessoire et de se rattacher à l'obligation principale, *fidejussio est contractus acces-*

sorius. L. 3, ff. *de fidejus.* Il doit, dès-lors, se référer à une obligation valable : Par exemple, si on avait cautionné l'exercice d'un acte de pure faculté, ou de simple tolérance, le cautionnement serait inerte, *quæ sunt meræ facultatis nullo possunt temporis spatio prescribi.*

Mais on peut cautionner une obligation future, tel qu'un prêt, en ce sens que, du moment que le créancier aurait effectué la numération au débiteur principal, la caution serait obligée; jusqu'à la réalisation, elle pourrait signifier son déport, parce que le prêt est un contrat réel, *imperfecta res cùm promisi tantùm*, *perfecta cùm etiam numeravi;* les choses étant entières, lors du repentir de la caution, le créancier instruit devait agir avec prudence, *nemo sciens fallitur.*

Le cautionnement de l'obligation d'un mineur ou d'un autre incapable serait valable, pourvu que le créancier ne fût pas *in dolo;* ainsi, un mineur fait un acte, le créancier, ne voulant point traiter exclusivement avec lui, exige une caution; encore bien que le débiteur principal pût demander la nullité de l'obligation, la caution serait obligée, puisqu'ayant agi en connaissance de cause,

elle ne peut user des exceptions personnelles au débiteur principal, et qu'il n'y a
point de fraude de la part du créancier,
scienti non fit injuria.

Il en serait autrement, si l'obligation
principale eût une cause illicite, telle qu'une
perte à un jeu de hazard, *planè rejicitur
jure civili, cum lex contractui occurrere voluit, fidejussor quoque liberatur.* L. 41, ff.
de condict. indeb.

Si la caution ne peut exciper des nullités
purement personnelles à l'obligé, elle a le
droit d'opposer toutes les exceptions réelles,
c'est-à-dire celles qui sont inhérentes à l'o-
bligation, telles que celles de dol, de violence, d'erreur, de défaut de forme, etc. *rei
cohærentes exceptiones etiam fidejussoribus
competunt, itidem invito reo.* L. 19. ff. de
except.

Le cautionnement doit être exprès; il ne
peut ni s'induire, ni se présumer; quoiqu'on eût fait successivement plusieurs
paiemens à-compte sur la dette d'un tiers,
on ne pourrait être regardé comme sa caution; on a bien voulu payer plusieurs fois,
sans avoir l'intention de s'obliger au-delà,
extra suum casum extendi non debet.

Le cautionnement ne peut excéder ce

qui est dû par le débiteur, ni être contracté *in duriorem causam vel naturâ, vel tempore, vel conditione.* Le principe général, à cet égard, est que chaque fois qu'il arrivera un cas où le débiteur principal ne soit plus obligé et que la caution le soit encore, l'obligation de la caution serait considérée comme plus onéreuse, ce qui rendrait le cautionnement susceptible d'être annullé; cela est juste, puisque le cautionnement n'est qu'un contrat accessoire qui, se confondant dans le contrat principal, ne peut avoir un caractère particulier, *fidejussores ità obligati non sunt ut plus debeant quàm debet is pro quo obligantur.* L. 68, §. 1, ff. *de fidejuss.*

Il y a trois espèces de caution :

La caution conventionnelle qui intervient par convention entre les parties; la caution légale dont la prestation est prescrite par la loi; la caution judiciaire qui est ordonnée par le juge; elles diffèrent principalement en ce que, dans les cautions légale et judiciaire, on est admis à fournir un nantissement suffisant, à la place d'un cautionnement personnel.

La solvabilité des cautions s'estime et à raison de la valeur de leurs propriétés immobilières,

mobilières, *plus cautionis est in re quàm in persona;* et à raison de la facilité de leur discussion, *fidejussor videtur idoneus non tantùm ex facultatibus*, *sed etiam ex conveniendi facilitate.*

Lorsque la caution qui, dans le principe réunissait la solvabilité et les qualités requises, devient insolvable, le débiteur doit en fournir une autre; il n'y a d'exception à cet égard que quand le cautionnement a été purement conventionnel, et qu'il a été accepté *nudâ voluntate*, parce qu'alors on s'est appaisé sur l'idonéité de la caution, et que cette disposition fait partie de la convention, *qui admisit eum fidejubentem, idoneum esse comprobavit.* L. 4. ff. *de fidejuss.*

Le cautionnement, étant un contrat de bienfaisance, comme il est un contrat accessoire, méritait toute la protection de la loi; elle a établi deux bénéfices en faveur de la caution : 1°. le bénéfice de discussion qui oblige le créancier à discuter, préalablement, les biens du débiteur principal, *ut non teneatur solvere priusquàm excessus sit reus principalis. Nov.* 4, *Cap.* 1. 2°. le bénéfice de division qui autorise le co-fidéjusseur, assigné en paiement de toute la dette, à exiger que le créancier dirige, en même-

tems, son action contre les autres co-fidéjus-
seurs, chacun pour leur part et portion; *quæ
ratio est totius ad totum, eadem ratio est
partis ad partem.* L. 51. §. 1. ff. *de fidejuss.*

Malheureusement une clause de renonciation, devenue de style dans tous les actes
de cautionnement, prive les cautions de
l'effet de ces bénéfices, *arenæ mandare
semina.*

La subrogation aux droits, privilèges et
hypothèques du créancier a lieu, *solius vi
legis,* en faveur de la caution qui acquitte
la dette principale; il n'est plus nécessaire
de la stipuler, ni de la requérir; elle s'opère
sine exceptionis ope, ipsá legis potestate.

Indépendamment de l'action en subrogation, la caution a l'action en recours; il
faut soigneusement distinguer ces deux actions : par l'action en subrogation, la caution ne peut que répéter ce qu'elle a remboursé au créancier, elle ne fait que succéder
à ses droits, *nemo plus juris in alium trans-
ferre potest quàm ipse habet.* L. 54, ff. *de
reg. jus.* Mais par l'action en recours, elle
peut y ajouter les dommages et intérêts, les
intérêts de ses déboursés, les frais, et même
l'intérêt de ces intérêts et de ces frais,
puisque tous ces objets ont constitué *capital*

à l'égard de la caution. On ne doit pas hé-
siter à décider que les intérêts courent de
plein droit; c'est alors l'action *mandati ;*
l'art. 2101 du Code civil ne laisse nul doute
à ce sujet.

Le cautionnement s'éteint directement
de toutes les manières dont s'éteignent les
autres obligations, *nam facto debitoris conditio fidejussorum deterior reddi non potest.*
L. ult. C. *de fidejuss.* Il s'éteint indirectement par l'anéantissement de la dette principale, *extinctâ obligatione principali, fidejussoris obligatio extinguitur.* L. 98, §. 2.
de solut.

Il y a une autre espèce de fidéjussion,
usitée dans beaucoup de contrats, qui consiste à *se faire et porter fort* pour un tiers,
promittere dominum rem ratam habiturum.
La différence qui existe entre cette obligation, et celle du cautionnement, est que
la caution n'est libérée que par le paiement,
au lieu que celui qui se porte fort n'est
obligé que jusqu'à la ratification, *ratihabitio
mandato æquiparatur, retrograditur ad
initium in iis quæ sunt juris.* L. 16. §. 11,
ff. *de pig. et hypoth.* (*Vide* CESSION D'AC-
TION ET SOLIDARITÉ.)

CÉLIBAT.

Une loi de Moïse obligeait tous les citoyens à se marier aussitôt que leur âge le
leur permettait; ce législateur, envoyé de
Dieu pour conduire son peuple et lui trans-
mettre ses lois, connaissait les dangers du
célibat; il savait que la volupté est l'amorce
de tous les maux, *esca malorum voluptas.*
Les passions sont fortes; *carne promptus de-
bili;* on emploie tout pour les satisfaire; on a
recours à la séduction, parfois à la violence, et
par là, le nombre des victimes est augmenté.

Le célibataire est rarement un bon citoyen, parce qu'il devient indifférent sur
l'avenir qui ne peut l'intéresser; isolé, il
rapporte tout à lui; il dévore les bénéfices
de la société, sans en supporter les charges;
nécessairement égoïste, il n'aime que pour
un instant; il cherche à contenter ses sens;
il désire le plaisir; s'il croit en trouver da-
vantage avec un autre, il abandonnera
l'objet présent pour voler à de nouvelles
conquêtes. Ce n'est pas sans raison qu'on
a comparé tous ces adroits séducteurs à
des oiseleurs qui font crier les oiseaux qu'ils

ont pris, pour en attirer d'autres; ils mettent leur gloire à déshonorer les femmes, et se font un plaisir de leur désespoir : Au lieu que l'époux qui doit passer sa vie entière près de la femme qu'il a choisie, lui accorde sa confiance, et il l'estime; son affection mieux épurée, plus sainement sentie, est durable : le père, qui doit se survivre dans sa race, tient à l'avenir par des liens éternels; il sera fidèle; il respectera toutes les convenances sociales; l'exemple qu'il doit à ses enfans, lui en impose l'obligation.

Tout père d'une fille nubile doit frémir : ce ne sont pas les femmes, dit le plus savant des publicistes, qu'il faut porter au mariage, ce sont les hommes; en effet, ceux-ci élevés dans une pleine liberté, n'ayant, avec quelques précautions, rien à craindre des suites de leur effervescence, se livrent, dès leur enfance, à des plaisirs que la nature réserve à l'âge viril, que la société et la religion ne permettent que lorsqu'ils sont sanctifiés par le sacrement du mariage; cet état volage d'indépendance flatte la fougue de leurs caprices. Cependant, notre législation se tait sur la nécessité du mariage; elle a cru que la nature et la raison suffiraient pour guider l'homme à cet

égard; Montesquieu dit à la vérité, que partout où il se trouve une place où deux personnes peuvent vivre commodément, il se
fait un mariage; la nature y conduit toujours, lorsqu'elle n'est point arrêtée par la
difficulté de la subsistance.

On a beaucoup écrit en faveur du mariage, d'autres l'ont détracté. Quand il serait vrai que cet état eût ses peines et ses
alarmes, de deux maux, il faudrait encore
choisir le moindre; *eligere è duobus malis
minima;* or, ne vaut-il pas mieux épouser
une femme qu'on peut choisir et aimer,
que de se voir, à cinquante ans, revêtu de
la qualification *de ci-devant jeune homme,*
de devenir la fable des salons et l'objet du
dédain des vieilles filles à marier; que d'é-
prouver enfin, dans un âge plus avancé,
toutes les angoisses du délaissement, et tous
les genres d'ennui qui désolent les dernières
années d'un vieux garçon, qui, comme
M. Dubriage, n'a d'autres ressources que
d'aller se promener au Luxembourg, ou
sur le boulevart du Mont-Parnasse?

Quelqu'un demandait à Socrate s'il devait
se marier ou non : quelque parti que tu
prennes, lui répondit le philosophe, tu t'en
repentiras. Pythagore avait donné sa fille

en mariage à son ennemi; on lui en demanda la raison : c'est, répondit-il, que de toutes les femmes qui sont dans le monde, je lui donne la plus méchante, et que je ne pouvais plus cruellement me venger. Thomas Morus compare un homme qui se marie, à un imprudent qui se dispose à prendre, dans un sac, une anguille qui s'y trouve mêlée avec une centaine de vipères; il y a cent à parier contre un, dit-il, que c'est une vipère qu'il prendra; mais Bacon énonce une opinion directement opposée; il prétend qu'il y a tout au plus une vipère sur cent anguilles : de tout cela on peut penser, comme de La Rochefoucault, qu'il y a beaucoup de bons ménages, s'il en existe peu de délicieux.

Quoi qu'il en soit, l'honnête homme a toujours fait l'apologie du mariage qui est utile, et qui présente des charmes à tout âge : une épouse est une maîtresse pour le jeune homme, une compagne pour l'homme d'un âge mûr, et une garde pour le vieillard; cet état est le seul où l'on puisse espérer de réunir le tendre abandon de la confiance, la douce affection de l'amitié, et l'excellence des plaisirs des sens qui ne sont délicieux que lorsque la vertu les épure.

On assure que le mariage et ses devoirs sont peu compatibles avec le caractère et la gravité de ceux qui sont constamment livrés à l'étude, ou qui sont idolâtres des sciences et des arts; on prétend que la force du génie est en raison inverse du délire érotique : Thalès ne voulut point se marier; jeune, il disait, il n'est pas encore tems; sur le retour, il n'est plus tems; on connaît cette épigramme de Maucroix :

> Ami, je vois beaucoup de bien
> Dans le parti qu'on me propose,
> Mais toutefois ne pressons rien;
> Prendre femme est étrange chose,
> On doit y penser mûrement.
> Gens sages, en qui je me fie,
> M'ont dit que c'est fait prudemment
> Que d'y penser toute sa vie.

Le sage Socrate était tourmenté par sa femme; elle lui fournit des occasions fréquentes d'exercer sa patience et sa douceur; le Prince des orateurs romains épousa une jeune femme qui se moqua de lui; Caton ne fut point heureux en ménage; Voltaire, Raynal, Mably n'étaient point mariés; Molière fut le jouet de sa compagne; de nombreuses citations pourraient établir que beaucoup d'autres savans ont pensé comme Dubelloy:

> J'y reconnais l'amour, la seule erreur du sage.

Il ne nous appartenait point de prononcer sur une matière aussi grave, *non nostrùm tantas componere lites.* Nous ne pouvons cependant nous empêcher de faire observer que la froide indifférence, étant une erreur de la nature, ne peut se présumer; l'union des sexes, la plus belle partie de l'œuvre du Créateur, est aussi celle à la quelle il attache le plus d'importance, puisque c'est la source de la vie; l'état social est intéressé à voir des enfans légitimes qui doivent multiplier les familles, si justement nommés le séminaire du genre humain, *quasi seminarium reipublicæ;* l'état naturel de l'homme est l'état de société; car, comme le disait Aristote, pour n'avoir pas besoin de société, il faudrait être un Dieu ou une brute : par toutes ces considérations, il est difficile au sage de ne pas dire :

C'en est fait, je me marie.

(*Vide* MARIAGE.)

CESSION D'ACTION.

LE bénéfice de cession d'action, *exceptio cedendarum actionum*, est accordé à une caution, ou à un débiteur solidaire qui veut payer la totalité de la dette, pour qu'avant, le créancier soit tenu de lui céder les droits et actions que le contrat lui conférait, afin qu'il puisse utilement répéter du débiteur, ou des autres cautions, ou des autres débiteurs, ce qu'il aura payé au-delà de la portion qu'il devait personnellement; la loi, en ce cas, considère la créance comme une espèce de marchandise suceptible de transmission, *ex causâ potest una pars contractûs tolli, aliâ remanente.*

Chaque fois qu'un créancier, par son fait, laisse périr tout ou partie des droits contractuels, il ne peut plus agir pour la totalité contre les cautions, ou co-débiteurs solidaires, parce qu'il les met, volontairement, dans l'impossibilité de se faire rembourser, *exceptio cedendarum actionum obstat creditori quotiès ejus facto cedendæ actiones extinctæ sunt. Vide* L. 17, 36, 39, ff. *de solut.*; et L. 2, 11, *C. de solut.*

Si le créancier a laissé éteindre une hypothèque, il sera repoussé par l'exception *cedendarum actionum ;* c'est une dérogation à l'ancien droit, qui disposait que lorsque le créancier avait une hypothèque et une caution, il pouvait laisser périr l'hypothèque ; c'était à la caution à surveiller. Cela était conforme à la rigueur des principes, puisque c'était dans l'intérêt du créancier que ces accessoires étaient accordés ; mais le Code civil a considéré qu'il était d'équité que le créancier, n'ayant que de simples actes conservatoires à faire, maintînt entiers et profitables les droits et actions que le contrat lui accordait : et, comme en législation, on doit plutôt suivre l'avantage et l'utilité commune, qu'une concordance servile aux rapports de doctrine, on ne peut nier que la disposition du Code civil ne soit préférable, *leges debent usibus humanis accommodari.* (Vide SOLIDARITÉ.)

CHARITÉ.

Le chrétien doit aimer tous les hommes comme soi-même, *qui diligit proximum suum legem implevit ;* amis ou ennemis il doit leur faire du bien, *benefacite his qui oderunt vos ;* sous le rapport de la morale, il est impossible de ne pas convenir que rien n'est plus propre à toucher, à convertir un ennemi, que la bonté avec laquelle on soulage sa misère ; ce contraste l'émeut ; il réfléchit ; la passion disparaît ; le calme renaît dans son cœur, et il abjure ses sentimens haineux, *si esuerit inimicus tuus, ciba illum ; si sitit, potum da illi ; hoc enim faciens carbones ignis congeres super caput ejus.*

Donnez, dit la charité ; il vaut mieux donner, et se tromper en donnant, que de laisser échapper l'occasion de faire du bien ; chez le vrai chrétien aucune invocation du besoin ne doit être repoussée. D'un autre côté, l'indulgence est une justice que la faible humanité est en droit d'exiger de la sagesse ; la clémence est nécessaire à cause de l'infirmité humaine, et de la facilité de faillir; Grand Dieu! ayez pitié des méchans, car vous avez tout fait pour les bons, lorsque vous les avez fait bons :

Aimer est un bonheur, pardonner un devoir.

Si on ne met cette belle maxime .en pratique, comment espérer la grâce qu'on invoque pour ses fautes? Ne répète-t-on pas cette prière tous les jours : *dimitte nobis debita nostra, sicut et nos dimittimus debitoribus nostris?* Si on n'avait la foi du pardon, on chercherait donc à tromper la divinité? C'est en ce cas que la religion est l'âme de la morale, et la haute alliée de la politique; on est forcé de reconnaître la justesse de l'idée de ce monarque qui disait que si son peuple était plus religieux, il diminuerait son armée et ses tribunaux.

Un chrétien est même tenu de souffrir quelque dommage pour accomplir le précepte de la charité envers son prochain, *qui neglexit damnum, propter hominem, justus est;* saint Vincent de Paule prit les fers d'un malheureux père de famille, condamné aux galères, pour fait de braconnage.

Le sentiment de bienfaisance et de charité est naturel à tous les peuples; une loi

d'Amasis, roi des Egyptiens, prononçait
la peine de mort contre ceux qui, pouvant
secourir un homme attaqué, le laissaient
expirer sous les coups des assassins. La L. 3.
ff. *de periculo et commodo rei venditœ*,
veut que, dans un incendie, on commence
par sauver les choses empruntées, avant de
songer aux siennes propres; ces devoirs de
charité sont fondés, sur ce que, dans l'état
social, on est assujéti à des conditions de
dépendance relative, et qu'on ne peut raisonnablement espérer des autres que la ré-
ciprocité de ce qu'on est disposé à faire pour
eux-mêmes, *in te fiet quod in alio feceris.*

Mais si on doit aimer tous les hommes,
cet amour doit être éclairé par la raison;
une chose illicite, quoique faite dans l'intention d'être utile à autrui, n'en serait
pas moins un péché, ou un délit, *si quis
aliena raperet ut pauperibus subveniret,
peccatum incurreret.*

De même, les lois divines, et surtout les
lois humaines dont le but principal est
d'empêcher de faire du mal à autrui, ne
nous assujétissent point à lui pardonner ses
délits; c'est un devoir d'épargner les personnes, et non les défauts, *diligite homines, interficite errores;* le chrétien plaint

les vicieux en détestant les vices; et, comme dit saint Léon, *odio habeäntur peccata non homines; justum est malos odisse quia mali sunt, sed autem et pium eosdem diligere quia homines sunt, ita ut in uno simul et culpam improbes et naturam approbes.*

Par la même raison, on peut traduire son prochain en justice pour obtenir la réparation d'un dommage, pourvu que la haine ne soit pas le mobile de cette action, *non enim fratri irascitur qui peccato fratris irascitur;* ce serait même rompre les ressorts légitimes de la charité, en fournissant un appât aux méchans, que de souffrir un acte lésif qui enrichirait injustement son auteur, *quod est ordinatum propter caritatem, non debet contrà caritatem exerceri. — Ne ex eo quod perfidè gestum est actor quicquàm consequatur.* L. 44, ff. de dol. mal. except.

CHARLATANS.

LES charlatans, cette troupe si meurtrière et si nombreuse dans toutes les sciences, (car tous les charlatans ne sont pas plus sur les quais que tous les Gascons ne sont en Gascogne), s'amoindrit pourtant à mesure que les lumières s'étendent ; le dix-huitième siècle en a produit de fameux ; les Mesmer, les Law , les Cagliostro, ont eu une vogue bien propre à rabaisser l'orgueil de l'homme, si fier de sa raison ; la charlatanerie trompe les sots , entraîne la multitude, éblouit les grands, mais elle est de peu de durée ; aussi, on commençait, dès ce tems-là , à dire à ces prétendus illuminés : on reconnaît les prophètes à la réalité de leurs prédictions , *vatem patent miracula* , et, jusqu'à présent , on ignore la vérité des vôtres ?

Depuis lors, la superstition s'est affaiblie ; on a reconnu le vide de ces obscures et sinueuses illusions, de ce fatras inconciliable qui constitue le burlesque grimoire des Tabarins , dont les cures merveilleuses, malgré les nombreuses attestations qu'ils obtiennent de l'efficacité de leurs procédés,

sont

sont aussi vraies que celles que Martine
attribuait à son mari Sganarelle; certains
poussent l'impudence jusqu'à oser montrer
la peau de l'homme qu'ils disent avoir guéri.

O vanas hominum mentes ! O pectora cœca !

Les alchimistes comme les chiroman-
ciens, les devins comme les omnicures,
n'inspirent plus de confiance qu'à la classe
illétrée, à laquelle, par un mouvement de
dépit, on serait tenté de dire : *Vulgus vult
decipi, decipiatur.*

Ne ressemblent-ils pas tous, en effet, à
ces marchands de billets de loterie, qui offrent d'enrichir les autres, et qui vivent
dans la plus grande misère ? Un alchimiste,
se vantant d'avoir trouvé le secret de faire
de l'or, demanda une récompense à Léon X,
qui feignit d'acquiescer à sa réclamation ;
le charlatan, enivré de l'espoir d'une
grande fortune, se présenta pour toucher
cette récompense ; Léon lui fit donner une
grande bourse *vide*, en lui disant que puisqu'il savait faire de l'or, il n'avait besoin
que d'une bourse pour le contenir, *reper-
cutere pilam.*

Quel est l'être raisonnable, assez peu
clairvoyant, pour ne pas sentir qu'il n'y

Tome I.   T

ait que Dieu qui puisse connaître les évènemens futurs? *Solus Deus in æternitate
videt ea quæ futura sunt quasi præsentia.*
C'est le plus grand bienfait du ciel que
l'impénétrabilité de ces mystères; l'homme
ne peut, sans une présomption criminelle,
s'attribuer la connaissance de tels évènemens; téméraire, ne cherche pas à pénétrer ces secrets! *Scrutator majestatis opprimetur à gloriâ.*

De même, ces audacieux qui s'élancent
dans l'arène en ayant l'air d'avoir trouvé
la panacée, et qui se vantent, comme Hel-
mont, de posséder le remède universel,
sont aussi méprisables que celui qui pro-
posait, par souscription, un livre intitulé:
de omni re scibili et quibusdam aliis.

C'est une révolte contre les lois de la
nature que de se croire initié dans les mystères de chaque science; aussi, celui qui
s'annonce comme étant *sapientium octavus,*
acquiert, en définitif, une considération
pareille à celle qu'obtint Arlequin, lorsqu'il lui prit envie de se croire grand mu-
sicien, pour avoir, pendant quinze ans,
porté de la musique sur son dos:

. . . . *Sublimi flagello*
Tange. . . . . semel arrogantem.

Nos lois criminelles, appréciant le service que cette tourbe d'intrus peut rendre à la société, la retiennent sous la verge du châtiment; elles punissent les devins, les pronostiqueurs, les explicateurs de songes, etc., de peines de simple police, et de peines correctionnelles s'ils ont escroqué quelques sommes d'argent; cela n'est peut-être pas assez sévère. Celui qui se mêle, témérairement, d'un art qu'il ne peut connaître, est digne de toute l'animadversion de la loi, comme il mérite le mépris de tous les gens de bien; *officium alienum usurpando quod sibi minimè congruebat*. (*Vide* PERFIDIE).

T 2

CHASSE.

Avant la révolution, la chasse était en France, un droit honorifique ; le haut-justicier avait droit de chasse dans toute l'étendue de sa justice, quoique le fief des paroisses appartînt à d'autres seigneurs; le fief de paroisse donnait droit de chasse dans toute l'étendue de la paroisse. Dans le droit actuel, les propriétés sont libres; chacun peut chasser sur ses terres, en se conformant aux règlemens de police *super portu armorum;* c'est un des bienfaits concédés par l'assemblée constituante, qui, en proclamant la liberté des personnes et celle du territoire, consacra ce principe du droit naturel qui déclare tous les hommes égaux, en ce sens qu'ils ne doivent être assujétis qu'aux obligations que la nature leur impose, et à celles que l'intérêt du corps social rend nécessaires.

Le gibier est considéré comme n'appartenant à personne, *quocumque enim loco feræ sint, dummodò sint in libertate naturali, nullius sunt;* il devient un accessoire

de la propriété pendant son séjour momen-
tané ; lorsqu'usant de sa liberté naturelle,
il s'est porté sur la propriété d'un autre, le
droit d'accession s'y fixe, l'effet devant
suivre sa cause ; seulement, une ordonnance
des chasses, portée par Henri IV, permettait à ceux qui ont droit de chasse, de suivre
le gibier qu'ils avaient fait lever sur leurs
terres, et de le prendre sur les terres d'autrui ; elle permettait *à fortiori* de suivre le
gibier qu'on avait blessé sur ses terres ; il
semble qu'il doive encore en être de même.

On ne peut chasser sur ses propriétés
non-closes, ni en temps prohibé, ni sans
avoir obtenu un permis de port-d'armes ; le
port-d'armes, sans permission, est une infraction aux réglemens de haute police,
indépendante du délit de chasse ; le seul
fait de porter ostensiblement un fusil de
chasse, sans permis de port-d'armes, est
un délit, dont la moindre peine est de dix
francs d'amende ; la confiscation de l'arme
doit avoir lieu, quand on a chassé en tems
prohibé, ou sur les terres d'autrui sans autorisation, encore bien que le chasseur fût
muni d'un port-d'armes.

La chasse en tems permis, sur le terrein
d'autrui, n'est délit qu'autant qu'il n'y a

point autorisation du propriétaire; s'il y a
autorisation, quelque dommage qui ait été
causé, on ne peut, pour en obtenir la réparation, que se pourvoir à fins civiles; cela
est juste, il ne s'agit en ce cas que d'une
action privée qui doit être appréciée *secundum se.*

Le délit de chasse est un délit privé; il
ne peut être poursuivi d'office par le ministère public, lorsqu'il y a permis de port-
d'armes, et quand il a eu lieu en temps non
prohibé; il faut la plainte du propriétaire,
qui tacet consentire videtur.

Les délits de chasse, comme tous les délits ruraux, se prescrivent par un mois, il
n'y a plus d'action si la poursuite judiciaire
n'a été exercée dans ce délai; mais le port-
d'armes sans permis, est un délit distinct
du fait de chasse, qui ne se prescrit que
par un an, *ubi diversa ratio, diversum jus.*

De tout temps, la chasse a été défendue aux ecclésiastiques; l'énergie de cet
exercice chevaleresque ne peut s'allier avec
l'air de bénignité qui doit accompagner
toutes leur actions; ce n'est qu'au mépris
des convenances que quelques-uns refusent
d'accéder à cette inhibition; mais tous ceux

qui sont conduits par le sentiment d'une
véritable piété, savent que, pour gouverner
utilement les fidèles, ils doivent soigneusement éviter toute espèce de scandale, *væ
homini per quem scandalum venit!*

(*Vide* ARMES).

CHICANE.

La chicane est la finesse pratique de la mauvaise foi, *refugium improborum ;* elle s'étudie à chercher et à aiguiser les moyens de persécuter l'homme paisible, pour le lasser par la continuité de ses injustes procédés, *cavillationes juris;* aussi, Chicaneau avait une ressource dans la requête civile; elle obstrue les avenues du temple de la Justice qu'elle jonche de débris; elle tord les principes les plus évidens, pour en extraire les conséquences qu'elle désire, *subtilitate juris et non juris effectu;* elle étouffe l'esprit des lois sous un amas de subtilités; elle se replie, elle fomente en raison directe des obstacles que l'impartialité des Cours de justice lui oppose, *sed quantò illa magis formas se vertet in omnes, tantò judex magis conténdat tenacia vincla.*

Justinien avait établi une peine de dommages-intérêts contre les plaideurs téméraires, *temerè litigare dicuntur qui vel maliliosè, vel inconsideratè litigant.* François 1er. avait appliqué cette disposition au droit français par l'art. 88 de l'ordonnance de 1539; il est à regretter qu'elle soit tombée en désuétude; cependant, lorsque la mauvaise foi est visible, et qu'elle n'a aucune excuse raisonnable, il est hors de doute que les tribunaux peuvent et doivent sévir contr'elle, *debet enim coerceri qui prætorem decepit.*

Le siége du mal est dans la duplicité ou l'ineptie de ces Belzebuths mondains qu'on rencontre dans les hommes de loi; dans ces aigrefins légistes qu'on voit ergoter *intrà, aut extrà forum.* Mus par la force de l'intérêt, *inter duos litigantes tertius gaudet,* ou par la sombre influence d'une pratique routinière et anguleuse, ils exaltent la disposition, déjà trop capricieuse, de ces hommes pour qui la tranquillité, étant un état violent, éprouvent le besoin d'une agitation tracassière, et qui mettent en action ce mot de l'abbé Desfontaines : qu'Alger mourrait de faim, si Alger était en paix avec tout le monde. Heureusement, le pouvoir discrétionnaire des Cours de justice est assez étendu pour donner une garantie à la société contre ces dénicheurs d'exceptions dont l'ardeur querelleuse ne peut que nuire à la meilleure cause, *captiosa exceptio nocet exipienti. --- Sic qui dilationibus variis frustratur judicia, creditur injustam fovere causam.* L. 4, ff. *de præsumpt.*

Une autre raison du mal, c'est que chacun sait qu'il est permis de s'aveugler sur la justice d'une prétention qu'on appuye sur un article douteux de la loi ; ce sont là les chances ouvertes au plaideur avide et aguerri, *contentionis cupidior quàm veritatis ;* s'il échoue, il se sauve sur l'intention ; munie de cet avantage, la mauvaise foi s'exerce avec une apparence de sécurité. Mais bientôt une discussion approfondie, épuise cette mine d'objections que l'astuce s'était formée ; elle démontre la misère de chacune d'elles, *verba civili modo non autem captiosè intelligenda sunt;* les finesses artificieuses de l'esprit peuvent égarer, *et magis valebunt acumina ingeniorum quàm auctoritates legum;* la vérité finit par recouvrer ses droits ; l'odieux de la prétention est manifeste ; le plaideur audacieux est repoussé rudement, *æquum est ut fraus in suum auctorem retorqueatur.* L. Penult. C. de Leg.

Cicéron était lui-même épouvanté des effets de la chicane, car il disait : *Convenit à litibus quantùm licet, et nescio an paulò plus etiam quàm licet, abhorrentem esse,* ---

est enim non modo liberale paululùm non-
numquàm de suo jure decedere, sed inter-
dùm fructuosum.

Aussi, on se rappelle ce conseil que donnait toujours un grand jurisconsulte : *si
vous avez raison, accordez-vous ; si vous
avez tort, plaidez;* heureux celui qui, sur
la fin de ses jours, peut dire, comme
Montaigne, qu'il est encore vierge de procès et de querelles ! *ab homine iniquo et
doloso erue me. (Vide* CUPIDITÉ).

CHIMÈRES.

Jouir n'est pas un bien à l'usage de l'homme. Former des projets, les embellir de l'espérance d'un succès prochain, voilà son élément; il préfère chercher un mieux, purement hypothétique, que de se tenir au bien effectif; il se crée des chimères caressantes; il se berce d'illusions fantastiques; *unusquisque faciliter credit quod appetit*; une des maladies les plus ridicules de l'esprit humain, est de ne vouloir rester dans l'état où il se trouve placé, dit Horace :

Qui fit Mœcenas ut nemo quem sibi sortem,
Seu ratio dederit, seu fors objecerit, illâ
Contentus vivat, laudet diversa sequentes ?

Il semble que l'activité soit, dans le monde moral, ce qu'est le mouvement dans le monde physique, qu'elle en entretienne le mécanisme; on entreprend tout pour s'ouvrir des routes inconnues, parce que chacun recèle en soi le sentiment inné de l'avidité des nouveautés; aussi, l'habitude de voir un phénomène des plus étonnans, refroidit bientôt l'enthousiasme, et attiédit

l'admiration, *miracula quæ vetustate vi-*
guerunt.

On assure qu'il ne faut pas chercher
trop fortement à écarter les illusions ; elles
font le charme de la vie ; nous serions trop
malheureux si nous n'avions beaucoup de
biens imaginaires.

Qui chérit son erreur, ne veut pas la connaître.

L'illusion, en effet, n'est autre chose
qu'un bandeau, tissu par l'espérance, pour
voiler l'aspect de la vérité, qui, hélas ! est
souvent si cruelle :

On l'aime, et les humains sont malheureux par elle.

Quæsivit cœlo lucem, ingemuitque repertâ.

On connaît l'histoire de cet Athénien
qui se croyait propriétaire de tous les vaisseaux qui arrivaient au Pyrée ; un mé-
decin le guérit, l'allégorie disparut, la vérité se fit sentir, plus d'illusions, plus de
jours heureux ; il s'en prit à son Esculape,
et le traduisit devant les tribunaux, pour
lui avoir ravi sa félicité, *sponsa cuique sua*
est ; cela rappelle cette égalité parfaite de
bonheur que Pascal établit entre un pauvre diable qui rêverait toutes les nuits qu'il
est roi, et un roi qui rêverait également

toutes les nuits qu'il est un pauvre diable.

La vie humaine n'est qu'une suite de chimères et d'erreurs ; on se complaît à faire de grands détours ; ils fatiguent, mais ils rompent la monotonie ; ils sont inutiles, mais l'agitation est nécessaire. Ce n'est pas sans satisfaction, qu'après s'être essoufflé, on se retrouve sur le point d'où on était parti ; les malheurs qu'on redoute n'arrivent point, ceux qu'on ne craint pas arrivent ; on espère des biens dont on ne jouit jamais, il en vient qu'on n'attendait pas ; on néglige le présent, on vit dans l'avenir ; on forme des projets, on conclut des marchés la veille de sa mort ; on bâtit des maisons, quand il ne faut plus qu'un tombeau :

Tu secanda marmora
Locas sub ipsum funus, et sepulchri
Immemor struis domos.

Si l'on s'avisait de démolir, par des réflexions austères, les châteaux que l'homme érige dans les pays imaginaires, il haïrait ce conseiller officieux ; de même que l'enfant de qui on renverse les châteaux de carton, se met à bouder. Tant il est vrai que chacun a sa manière de penser et d'a-

gir, et qu'il éprouve une tendance naturelle
à satisfaire ses goûts :

Sua cuique cùm sit animi cogitatio,
Colorque privatus.

La vérité est triste, l'imagination est
toujours active et gaie ; la faveur est pour
elle, parce qu'elle caresse par d'agréables
prestiges, *abundat dulcibus vitiis.* Laïs,
à quarante ans, se croyait toujours jeune,
son miroir dissipa l'illusion ; le miroir trop
véridique fut renvoyé au temple de Vénus.

Partout on retrouvera l'homme idéal et
chimérique, qui rêve un état de prospérité et de bonheur impossible à sa nature ;
c'est ce qui rendra toujours inexécutable
l'idée de réduire en pratique les théories morales et politiques, *aquam à pumice
postulare.*

Cependant, l'homme prudent sait, qu'a-
près avoir bâti beaucoup de projets ; qu'a-
près s'être rudement tourmenté, on est
ramené à la vérité de cette maxime : *tuis
contentus, ne concupiscas aliena ;* il n'em-
poisonne point son état actuel par des désirs irrationnels, ou par des regrets inef-
ficaces ; les années qui se succèdent, l'a-
vertissent qu'il n'y a rien d'immortel pour

lui ; il resserre ses projets dans le cercle de
son existence et de ses forces ; il se garde
de toute révolte contre les lois de la nature ; et il s'écrie malgré lui : *le rossignol
nous manque, vive le pinson!*

(*Vide* PRUDENCE).

CHRISTIANISME.

CHRISTIANISME.

Les principes de morale sont nécessaires ;
ils instruisent à bien vivre, de même que la
logique apprend à parler avec précision ;
sans eux, il est impossible que l'homme s'é-
lève à la pratique des vertus ; et, sous ce
rapport, la religion est l'âme de la morale,
hæc via ducit ad virtutem.

De toutes les religions, le Christianisme
est celle dont la doctrine est la plus pure
et la plus consolante : Son divin fondateur,
pour humilier l'orgueil des superbes, est
né dans une étable : Pour enseigner que
l'on doit supporter avec résignation les méchancetés des hommes et les misères de ce
monde, il est mort sur une croix : Ses dogmes
sont brillans d'une clarté inexprimable,
mais ils sont austères : Ses missionnaires ont
été en but à toutes les persécutions, mais
le sang des martyrs a été la semence des
chrétiens, *semen est sanguis christianorum ;*
et, cependant, le christianisme a, par sa seule
force, anéanti la libre et séduisante théogo-
nie du paganisme où tout était dieu excepté

Tome I. V

Dieu même, où tout était permis puisque les vices y avaient des déités : la foi du Christ s'assit avec Constantin sur le trône de l'empire d'Orient. Indépendamment de toute intuition, son triomphe était infaillible, *suæ enim dotes commendant;* l'homme est naturellement entraîné vers le bien ; il sait que rien n'est beau, si la vertu ne le pare; aussi, il éprouve le besoin d'être vertueux; dès qu'il a résolu de dompter ses passions, le frein le plus rigoureux est celui qu'il chérit le plus, *medicus-crudelis est qui exaudit hominem et parcit vulneri.*

La foi est inhérente à la religion qui ne peut s'établir que par des preuves morales; on ne doit mettre en question aucun des dogmes révélés; c'est un des plus savans philosophes qui, en parlant du Créateur et de ses lois immuables, a dit : *semper paret, semel jussit.* Le vrai philosophe et l'homme de bien voyent partout la puissance souveraine de Dieu, ils la contemplent avec vénération, et ils se taisent sur ce qu'ils ne peuvent comprendre ; ne serait-ce pas en effet mal raisonner contre des maximes évidentes, et surtout contre le sentiment, que d'entasser avec effort des objections et des difficultés, puisque l'impuissance même de les résoudre ne prouverait, en résultat, que les bornes de notre entendement ? Ils prennent pour certain tout ce qui est enseigné dans les livres saints; ils se gardent, par une licence sacrilége, d'interroger la Divinité sur ses mystères. Les dogmes sacrés sont hors de l'intelligence des mortels, *scrutator majestatis opprimetur à gloriâ*.

L'homme ne peut sortir impunément du cercle que lui a tracé le Créateur; au-delà tout est ténèbres, *multa sunt quæ nos mirari Deus voluit, scire noluit*. La religion est donc inséparable de la fixité; elle ne peut se maintenir que par la croyance; l'idée de la démonstration ne serait, en ce cas, qu'un paralogisme; une religion, prouvée par les formes arithmétiques, ne différerait plus de la géométrie; elle cesserait d'être considérée comme l'œuvre d'une puissance divine, si, soumise aux atteintes des hommes, elle pouvait être réduite à leur calcul.

La foi est une vertu surnaturelle par laquelle nous croyons en Dieu, et à tout ce qu'il a révélé à son église, sur l'assurance que nous avons qu'il ne peut ni tromper, ni être trompé; *verba quæ locutus sum vobis spiritus et vita sunt*. Jésus-Christ

V 2

a eu raison de dire qu'il était *la vérité et la vie*, puisque non-seulement sa doctrine est vraie et qu'elle conduit au bonheur, mais encore parce qu'elle respire la justice et l'humanité.

La foi doit donc être entière, elle ne peut se diviser. Celui qui n'a qu'une foi chancelante, ou accompagnée de doute, n'est qu'un infidèle, *dubius in fide, infidelis est.* Il existe des vérités, tellement reconnues, qu'il est absurde de vouloir les ébranler, *consensus omnium populorum probat deum esse.* Il eût été dangereux d'exposer les mystères de la religion aux regards indiscrets du vulgaire :

> Sois humble, adore Dieu dans cette obscurité,
> Attends que, par la mort, le rideau soit levé.

Nos pères avaient étendu, sur ces mystères, un voile qu'une sage disposition aurait dû rendre impénétrable. Celui qui, par une disquisition impie, porte atteinte au respect dû à la religion, trouble l'harmonie publique : c'est un apostat, qui, prétextant que l'arche a besoin d'être soutenue, ose y porter une main impure, *signatum est super nos lumen vultûs tui Domine.*

Cette maladie sociale, connue sous le nom d'*esprit philosophique*, est funeste; elle trouve son aliment dans le désir immodéré de tout connaître : Et, quand au milieu d'un assemblage incohérent de raisonnemens sans corps et de réflexions abstraites, on ne peut saisir de résultat fixe, on se trouve entraîné à nier ce qui échappe au calcul. Cette inquiétude turbulente porte atteinte au respect dû à la religion, elle dégrade les mœurs, elle fomente les discordes et la rébellion qui viennent troubler les empires les plus florissans.

Quoiqu'il soit impossible à l'homme le plus ennemi de la philosophie de contester le mérite littéraire des ouvrages de Diderot, d'Helvétius et de Jean-Jacques Rousseau; il est vrai de dire qu'ils ont contribué à corrompre les mœurs, de même que la doctrine d'Epicure avait été la cause active de la décadence morale des Grecs. Les ouvrages des Bossuet, des Pascal, des Massillon que le philosophe le plus outré doit trouver aussi forts en principes, et sur-tout plus utiles, prêchent, au contraire, le respect pour la religion, l'obéissance au Souverain et l'observation des lois protectrices de la société, *non novam et fucatam, sed veram, utilem et fructiferam philosophiam sectamur.*

Si Dieu n'existait pas, il faudrait l'inventer, a dit le plus philosophe des publicistes; tant il est vrai que peu de philosophie éloigne de la religion, et que beaucoup de philosophie y ramène, *juravi et statui custodire judicia justitiæ tuæ; ego servus tuus et filius ancillæ tuæ, in manus tuas, domine, commendo spiritum meum, magister sequar te quocumque ieris.*

Qui de nous voudrait être à la discrétion d'un sage sans religion ? il est possible pourtant qu'il soit honnête homme, parce qu'il peut, avec un soin scrupuleux, arranger toutes ses actions extérieures selon les convenances sociales; mais s'il n'a point de religion, sa probité devient suspecte; elle serait insuffisante dans les circonstances délicates; c'est ailleurs que dans l'obéissance aux lois positives qu'on doit rechercher cette justice exacte, cette sincérité parfaite, cette inclination bienfaisante qui constitue le caractère essentiel de la morale ; on ne les trouve que dans ces maximes gardiennes, dans ces commandemens divins qui préservent l'âme des atteintes de la contagion, *nemo chris-*

tianus malus, nisi qui professionem menti-
tus fuerit.

Tout, dans le christianisme, est admirable; à la pureté des principes vient se joindre l'éclat de la représentation; l'appareil des cérémonies et la majesté des temples influent beaucoup sur les hommes : Qu'on se représente, par exemple, Massillon prêt à faire, au milieu des plus grands personnages de l'état, l'oraison funèbre de Louis XIV, et qui, dans la chaire de vérité, jette d'abord les yeux autour de lui, les fixe sur cette pompe lugubre qui suit les rois dans les asyles de mort où il n'y a que des cercueils, les baisse ensuite avec douleur, et puis, les relevant vers le ciel, s'écrie d'une voix ferme et grave : *Dieu seul est grand mes frères !!!* Quel effet, dans une telle position, cet exorde doit produire sur les auditeurs ! Comme ce seul mot anéantit tout ce qui n'est pas Dieu! Quel est celui qui peut résister alors à faire un juste retour sur lui-même, et qui ne sente que ces préjugés vaniteux, que cette fierté dédaigneuse, si funestes à l'harmonie sociale, ne sont que des misères que les faibles mortels doivent repousser, puisqu'ils sont tous destinés à ren-

trer dans le néant, goufre fatal de toutes
les grandeurs, source nécessaire de toute
égalité ?

Tombeaux silencieux, retraites souterraines,
... Terme où vont se briser les vanités humaines.

Quel est celui qui n'ait été touché du
recueillement des héros eux-mêmes dans
la cérémonie auguste de la bénédiction de
leurs drapeaux ? Quel est le guerrier ; si
habitué qu'il soit à la licence des camps,
qui ne soit ému, en écoutant les paroles
de consolation que les ministres de Dieu
adressent à celui qui touche au terme de
sa carrière ? Quel est le mortel, enfin, qui,
dans ses derniers momens, ne ressente l'in-
suffisance de l'homme pour consoler les
cendres de l'homme, et qui n'appelle à
grands cris les espérances et les bénédictions de la religion ? Tout, absolument
tout, justifie cette tradition de déférence
qui a honoré le christianisme.

Boileau a dit :

L'Evangile au Chrétien n'offre, de tous côtés,
Que pénitence à faire, et tourmens mérités.

Ces vers déparent son ouvrage ; le Législateur des chrétiens tonne, il est vrai, contre les cœurs durs et superbes, mais sa

rigueur est appropriée aux faiblesses de
l'humanité; mais, en logique, la force de
l'expression doit s'identifier avec la pensée.
Ceux qui accusent la morale de l'Evangile
de sévérité ne la connaissent pas; elle n'est
austère que contre les vices; elle ne peut
légitimer ce qui est mauvais; Dieu ne peut
exaucer tous les vœux; c'est lui faire une
offense que de lui en adresser de téméraires; et, pourtant, est-il quelqu'un qui
ait pu lire, sans attendrissement, les para-
boles du Samaritain, de la femme adultère,
de l'enfant prodigue? Montesquieu dit au
lit de mort : J'ai toujours respecté la religion : la morale de l'Evangile est une ex-
cellente chose, et le plus beau présent que
Dieu pût faire aux humains.

Un père qui négligerait d'élever ses enfans
dans la religion chrétienne, en serait responsable devant Dieu; il entendrait ces paroles terribles, *parvuli petierunt panem et
non erat qui frangeret eis.* Rien, au contraire, n'est plus touchant que le tableau
d'un père entouré de ses enfans qu'il cherche à former à la piété, qui, toujours, sera
aux hommes ce que les rayons du soleil
sont à la nature, et qui, toujours, tendra
à les élever dans une région supérieure à

ce monde de souffrances, *docébis ea filios*
et nepotes tuos.

Tout chrétien doit non-seulement observer avec soin les devoirs de la religion, mais
il doit encore veiller exactement à ce que
ceux qui sont sous sa dépendance ne s'en
écartent point; il s'exposerait, par son insouciance, à encourir l'application de l'anathème dont le Sauveur a menacé les incré-
dules, *qui negaverit me coràm hominibus,*
negabo et ego coràm patre meo.

Dieu est le père de tous les hommes; ce
serait blasphémer sa bonté que de la restreindre à une secte. Ce principe est fondé
tant sur la révélation que sur la raison. Une
loi de Moïse porte défense expresse de mal
parler des Dieux des autres nations, et de
piller leurs temples. Dans toutes les religions, l'homme éprouve le besoin d'être
juste et d'être bienveillant envers ses semblables : Télémaque, réduit à conduire un
troupeau dans le désert d'Oasis, reçut les
consolations les plus touchantes de Termo-
siris, prêtre d'Apollon. Aussi, toutes les
religions sont tolérées en France; cette disposition libérale est très-importante sous
le rapport politique. On se rappelle les
effets désastreux de la révocation de l'édit

de Nantes, qui, entr'autres, dépeuplèrent un quart du Royaume. Et, en effet, n'est-ce pas une impiété, ou une folie, que d'entreprendre de venger le Très-Haut? Il faut s'efforcer à convaincre, et ne jamais se résoudre à tyranniser : toute persécution est odieuse; elle aigrit les esprits; elle enhardit la faiblesse ; elle ne sert qu'à augmenter le nombre des prosélytes. Le fanatisme religieux fut toujours regardé comme le plus grand fléau de la société, *residet in eâ re periculum.*

La confession tient au rit de la religion catholique; les aveux faits par le pénitent sont secrets et inviolables ; elle cesserait d'être pratiquée dès l'instant que son inviolabilité ne serait plus assurée. Et, comme dit saint Augustin, ce qui m'est confié, comme ministre de Dieu, je le sais moins que si je ne l'avais jamais su, *de illis quæ homini sunt commissa in secreto per confessionem, nullo modo debet testimonium ferre, quià hujusmodi non scit ut homo, sed tanquàm dei magister, et majus est vinculum sacramenti quolibet hominis præcepto.*

Pour qu'il y ait lieu à l'inviolabilité de la confession, il n'est pas nécessaire qu'elle

soit faite au tribunal de la pénitence ; il
suffit que le pénitent et le prêtre aient
entendu faire un acte religieux. Le christianisme est fondé sur la spiritualité im-
mortelle de l'âme, et sur son entière indépendance de la matière : mon royaume
n'est pas de ce monde, a dit le sauveur,
regnum meum non est de hoc mundo ; les
commandemens de Dieu tendent essentiellement à préparer le salut de la vie éternelle ; les hommes ne peuvent en employer
le résultat à l'établissement des actes de
cette vie périssable.

Tout chrétien sait que l'éternel est mi-
séricordieux, et que l'église a horreur du
sang, *ecclesia abhorret à sanguine ;* qu'elle
enseigne qu'un repentir sincère peut amener la paix de l'innocence, *quodcumque
ligaveritis super terram, ligatum erit in
cœlis.* Au milieu d'une contrition absolue,
il fera l'aveu de ses péchés aux pieds d'un
ministre de Dieu ; il réparera le dommage
qu'il a causé, tout en cherchant cependant
à se préserver de la peine que les lois civiles, par leur austérité provoquée par le
besoin de maintenir l'ordre social, pro-
noncent même contre celui qui est vraiment repentant. Ne serait-ce pas tendre

un piége à la foi des fidèles, que de prendre, pour preuve civile d'un délit, l'aveu
religieux d'un péché? Dieu ne peut commander une telle injustice; aussi, telle a
été la décision que la Cour de cassation
a portée par un arrêt célèbre rendu contre
les conclusions du ministère public.

Il semble même que ce qui, dans nos
relations sociales, est confié sous la foi
promise, doive également être environné
d'inviolabilité; et que l'ami, dépositaire du
secret de son ami malheureux, ne puisse
être forcé de le révéler à justice; s'il doit
hommage à la vérité, la morale lui prescrit de ne point trahir la confiance qu'il a
inspirée; on ne doute pas que cette position délicate ne fût appréciée par les Tribunaux, *audisti verbum adversus proximum*
tuum, commoriatur in te.

COLÈRE.

La colère est une passion qui nous fait désirer la vengeance ; si on s'abandonne à son impétuosité, *irarum habenas effundere*, elle égare, elle excite un choc si tumultueux, porte dans l'âme des sentimens de haine si impétueux, qu'il en jaillit un tourbillon qui obscurcit la raison ; ce sont les transports d'une fièvre maligne qui jettent dans des convulsions extraordinaires ; aussi, on a remarqué que la vengeance est presque toujours aussi funeste à celui qui l'exerce qu'à celui qui l'éprouve : c'est, a dit un homme célèbre, un fer aiguisé par les deux bouts que l'on appuie contre son cœur et contre celui de son ennemi. Lorsque la colère est portée à l'excès, elle peut allumer ces orgasmes violens qui tuent comme la foudre : témoins les empereurs Nerva et Valentinien, et le roi de Bohême Venceslas, que l'histoire rapporte être morts de colère.

Le soin principal de l'éducation doit tendre à neutraliser les germes de cette

passion, qui, malheureusement, paraît naturelle chez l'homme, puisqu'il l'éprouve
dès l'âge le plus tendre : un objet quelconque
blesse-t-il un enfant, il pleure ; que sa bonne
ait l'air de battre ce qui l'a blessé, il se console
et rit. Si on les laissait féconder, ils feraient
des progrès alarmans ; il faut opposer à un
torrent funeste des digues puissantes qui le
forcent à changer de cours.

La colère est un commencement de folie,
dit cicéron, *initium insaniæ;* elle ne sert, en
effet, qu'à tyranniser son esclave, et à le
rendre odieux ; d'ailleurs, elle est toujours
un fort mauvais argument; pourquoi se fâ-
cher ? A quoi bon ces emportemens ? Le
style et les discours de l'homme qui a
raison, sont calmes comme son âme. Quand
on soutient une vérité, les mouvemens fré-
nétiques ne servent qu'à l'environner de
suspicion; il est plus commun et plus facile
d'avoir de l'humeur que d'avoir raison,
cupido et ira pessimi consultores, dit Sal-
luste.

La colère est excitée ou par la vérité,
véritas odium parit; ou par le dépit, ainsi,
le bouillant Achille se détermina trop légèrement à se retirer sur ses vaisseaux, ainsi,
Marius rentra dans Rome respirant la ven-

geance et se souvenant des marais de Minturnes; ou par la jalousie, la lumière offense
singulièrement la tourbe des hommes médiocres accoutumés aux ténèbres ; la leur
présenter, c'est introduire un rayon de soleil parmi des oiseaux de nuit : *cur aliquid
vidi ? Cur noxia lumina feci ?* Alors la fureur éclate, *exundit furor,* et elle entraîne
dans des excès de déraison.

Quoique le satirique Juvénal ait dit :

Si natura negat, facit indignatio versum.

Cette boutade poétique est démentie par
l'expérience de chaque jour qui dilacère
tous les actes *ab irato;* on cherche à soula-
ger sa douleur par des injures, *exonerare
convicio dolorem,* et on n'en est que plus
ridicule.

Encore bien que, dans nos mœurs, il soit
difficile d'avoir une tranquillité d'âme comparable à celle de Socrate, qui, ayant reçu
un soufflet, se contenta de dire : il est fâcheux de ne savoir quand il faut s'armer
d'un casque; il ne faut pourtant pas qu'une
perte, ou qu'une injure altère la raison,
et porte l'homme à des actes blâmables;
il convient de se modérer et de tâcher de
répéter avec Cicéron : *non parebo dolori
meo,*

meo, non iracundiæ serviam. Descartes disait : Lorsqu'on me fait une offense, je tâche d'élever mon âme si haut, que l'offense ne parvienne pas jusqu'à moi. (*Vide* HAINE.)

~~~~~~~

COMMUNAUTÉ DE BIENS
ENTRE CONJOINTS.

Dans le Droit romain, il n'y avait point
de communauté de biens entre le mari et
la femme, c'est-à-dire que le mobilier des
époux ne devenait point commun entre
eux, et que la femme n'avait aucune part
aux acquisitions que le mari pouvait faire
constante matrimonio ; on peut seulement
inférer de quelques textes qu'ils établissaient quelquefois, par stipulation, une
société d'acquêts, *in id quod collaboratione
quæsitum sit.* Le droit commun était que
la femme se constituait, en dot, la majeure partie de ses biens, et qu'elle réser-
vait les autres comme paraphernaux ; on
suivait ces dispositions dans les pays de
droit écrit. (*Vide.* Dot).

Dans le pays coutumier, au contraire,
la communauté de biens entre mari et
femme était établie de tems immémorial ;
elle remonte à l'invasion des Germains
des lois desquels elle dérive.

D'après le Code civil, le droit commun
de la France est la communauté légale ;

après une longue discussion, le régime en communauté l'emporta sur le régime dotal; le régime en communauté semble, en effet, plus analogue à la situation des époux ; l'union des personnes reclame celle des biens, il faut de la générosité dans un acte aussi sacré ! Il semble qu'on doive attendre plus d'intimité et plus d'affection de cette communauté générale de biens et de maux; la femme trouve un aiguillon à être laborieuse et économe dans son association aux bénéfices; on aime tant à travailler pour soi-même ! Ce *moi humain* exerce un si grand empire que la femme met son amour-propre à contribuer à l'augmentation de la masse commune, *nihil est pretii majoris quàm id quod collaboratione quæsitum est.*

Le titre cinq du livre trois du Code civil contient des dispositions aussi claires que précises; il était difficile que le législateur s'égarât dans cette partie importante du droit; il avait, pour guide, le traité de la communauté de l'immortel Pothier; les éclaircissemens sur les points douteux ne doivent se puiser ailleurs que dans ce traité qui est à la fois le prototype et le commentaire de la loi.

Ce serait pure témérité que de vouloir ajouter à la doctrine que cet ouvrage renferme ; il n'est aucun jurisconsulte qui ne soit convaincu, que, sous le rapport du droit, on doive appliquer à Pothier ce que Boileau disait du héros de son siècle :

> Et dans le haut rang où tu viens t'offrir,
> Touchant à tes lauriers, craindrait de les flétrir.

Aussi, nous nous bornerons à signaler quelques différences, et à examiner les résultats que certaines nuances nouvelles doivent produire, *in rebus novis constituendis, evidens esse utilitas debet, ut recedatur ab eo jure quod diù œquum visum est. — Minimè sunt mutanda quœ interpretationem certam semper habuerunt. L. 23. ff. de Legib.*

La communauté légale est exorbitante du droit commun : Dans les sociétés ordinaires, les associés ont un droit égal ou proportionné ; tandis que, dans la communauté légale, le mari est le dispensateur absolu ; ce qui a fait dire à Dumoulin que cette société était plutôt *in habitu quàm in actu*, et que la femme, pendant la durée du mariage, avait, moins un droit réel dans la société, que l'expectative d'un droit futur, *non est propriè socia sed sperat fore.*

Elle est encore exorbitante en ce que la femme peut y renoncer si elle la croit onéreuse ; ce qui contrarie la maxime : *ubi emolumentum, ibi damnum ;* cette faculté de renonciation était nécessaire pour établir un contre-poids à la puissance du mari; il est juste que la femme puisse reprendre ses apports, ou ce qui en reste, *tanquàm tabulæ è naufragio.*

Il est important de remarquer que la communauté légale qui, à défaut de contrat de mariage, se forme entre époux, est fondée sur la présomption d'une convention tacite des parties, *nata est tacitâ conventione;* elle ne se forme pas, comme quelques auteurs l'ont pensé, *solius vi legis ;* ce qui amène une grande différence de résultat : Par exemple, un étranger, ayant domicile en France, s'y marie sans contrat, il y aura communauté légale de biens, parce qu'encore bien que cet étranger ne jouisse pas des droits civils, les contrats étant du droit des gens, et la communauté légale n'étant qu'une convention tacite, il a pu la contracter ; il en serait autrement si la communauté légale avait

lieu, *solius vi legis*; l'étranger, en ce cas,
ne pourrait s'appliquer les dispositions de
la loi civile, régulatrice des mariages des
seuls régnicoles, *jus civile est quod quis-*
que populus sibi constituit, et cujusque ci-
vitatis proprium est. L. 9, ff. *de just. et jur.*

L'article 1394 du Code civil apporte
une dérogation à l'usage des pays de droit
écrit, et même de la Normandie, où les
contrats de mariage pouvaient se passer
sous signature privée. Cette dérogation est
juste; la faveur accordée au contrat de mariage est la conséquence de celle que mérite le mariage lui-même; il suit de là que
les conventions que ce contrat renferme
sont considérées comme la cause impulsive, et peut-être même comme la cause
déterminante du mariage, elles doivent
donc le précéder; ce contrat doit être passé
pardevant Notaires, avec minute, pour
éviter les antidates et les suppressions; il
ne peut recevoir aucun changement après
le mariage, seul moyen d'assurer son irrévocabilité; sans cette disposition, sa sainteté serait violée, les droits des époux et
des enfans seraient dépourvus de fixité, et
la faveur que la loi lui accorde, serait il-

lusoire, *non videtur factum quod non durat factum*.

Par argument de l'article 1395 du Code civil, on doit penser que des époux qui se sont mariés, sans contrat, sont censés être convenus d'une communauté légale; ils ne pourraient, après le mariage, ni établir une communauté différente, ni adopter le régime dotal, *eadem vis est taciti ac expressi*.

La communauté se compose activement: 1º. De tout le mobilier que les époux possédaient au jour du mariage, et de celui qui leur échoit par suite; 2º. de tous les fruits, revenus, intérêts et arrérages échus ou perçus pendant le mariage; 3º. de tous les immeubles acquis à titre onéreux pendant le mariage.

La présomption légale est, que tous les biens sont *acquêts*; c'est surtout relativement à la femme que cette présomption reçoit son effet; on l'admet difficilement à réclamer, *qui regulam pro se habet transfert onus probandi in adversarium* : Revendique-t-elle des biens comme provenant de donations et de successions ? elle doit en fournir une preuve positive; alleguet-elle des chances ? elle doit en justifier

avec évidence; prétend-elle qu'ils sont le
prix de ses propres aliénés? elle doit clairement l'établir, *ubi præsumptio est contrà
eum qui probare debet, afficitur duriori
probatione*; autrement, ce serait autoriser
des gains déshonnêtes; à moins qu'elle
prouve une source légitime, ce serait une
injure, pour la femme elle-même, que de
croire qu'ils lui proviennent d'un autre
que de son mari, *præsumitur à marito
habuisse.*

Mais cette présomption légale, n'ayant
lieu que pour les biens acquis à titre onéreux, les immeubles qui échoient aux époux
à titre de succession légitime n'entrent
point dans la communauté; les soultes
même des partages de successions immobilières leur sont propres, parce qu'elles
sont assignées pour l'aliénation d'une partie de la propriété; il en est de même
pour un immeuble que l'un des époux possédait avant le mariage, encore bien que
la prescription ne s'accomplisse que *constante matrimonio*, parce que la prescription rétroagit au principe de la possession,
laquelle possession était *in bonis possidentis*
lors de la célébration du mariage, *æquè
bonis adnumerabitur etiàm si quid est in*

*actionibus , petionibus , persecutionibus ;
nam hæc omnia in bonis esse videntur.*
L. 55. ff. *de verb. signif.*

Il en serait encore de même de l'action
en réméré, et de celle en rescision, *qui actionem habet ad rem recuperandam rem
ipsam habere videtur.* L. 53. ff. *de acq.
rer. dom.* ; or, *actio ad immobile , immo-
bilis est.* Les articles 1405 et suivans du
Code civil, indiquent plusieurs autres exceptions.

Une rente viagère, donnée à l'un des
époux, est-elle *propre* ou *commune* ?

Raison de douter : elle est commune,
puisqu'elle est mobilière ; raison de décider : elle est propre à l'époux donataire ;
il apparaît suffisamment, par la nature de
la donation, que le donateur a eu l'intention d'avantager, exclusivement, l'un des
époux, *semper vestigia voluntatis sequimur testatorum.* L. 5, C. *de necess. serv.*

La communauté se compose passive-
ment :

1º. De toutes les dettes mobilières dont
les époux étaient grevés au jour de la célébration du mariage, et de celles dont se
trouvent chargées les successions qui leur

échoient : Qui épouse la femme épouse les dettes, *et vice versâ.*

2°. Des dettes, tant en principal qu'arrérages, contractées par le mari pendant la communauté, ou par la femme du consentement du mari ; sauf récompense qui, en général, est due chaque fois que la dette a tourné au profit d'un seul des époux ; et, par la même raison, il est dû récompense à la femme, lorsqu'elle a été, par suite de son engagement, obligée de payer une dette du mari ou même de la communauté ; elle est censée, en ce cas, ne s'être engagée que comme caution de son mari. Quand il est dû des récompenses à la femme, elle a hypothèque légale sur les biens de son mari.

3°. Des arrérages et intérêts des rentes et dettes passives personnelles aux époux : La communauté, jouissant du revenu des *propres*, doit payer les intérêts qui sont une charge des fruits, *quem sequuntur commoda sequi debent et incommoda.*

4°. Des réparations usufructuaires des immeubles qui n'entrent point en communauté : La communauté, étant usufruitière, est tenue des réparations d'entretien.

5°. Des alimens des époux, de l'éducation et entretien des enfans, et de toutes autres charges du mariage, *quid enim tam humanum est quàm in fortuitis casibus mulieris maritum, vel uxorem viri participem esse.* L. 23, §. 7, ff. *solut. matrim.*

Il était nécessaire d'employer un moyen qui retirât à la femme la possibilité d'éluder la défense qui lui est faite d'aliéner sans l'autorisation du mari; de-là, la disposition de l'art. 1410 du Code civil, qui ne rend la communauté passible des dettes contractées par la femme, qu'autant qu'elles résultent d'un acte authentique, ou ayant date certaine antérieure au mariage. Cependant, la défaveur de ces dettes, étant fondée sur la suspicion d'antidate, le contraire pourrait être prouvé; la preuve en serait admissible, parce qu'il s'agit d'un fait qu'il est délaissé aux juges d'apprécier, *præsumptioni locus est cùm veritas alio modo investigari non potest.*

Les créanciers, porteurs de titres non authentiques ou n'ayant point de date certaine, peuvent poursuivre leur paiement sur la nue-propriété des biens propres de la femme, même pendant le mariage; la loi a considéré que ces créanciers, pouvant être légitimes, il eût été trop dur de les faire at-

tendre jusqu'à la dissolution de la communauté; cela préjudicie il est vrai au mari,
en ce qu'il n'est pas indifférent pour un usu-
fruitier d'avoir un propriétaire complaisant;
mais la justice distributive doit faire la part
de chacun, *in omnibus quidèm màxmè
tum in jure æquitas spectanda.* L. 90, ff.
de reg. jur.

La communauté est *in bonis mariti.* —
*Maritus Dominus est, potest dissipare et
abuti;* le mari en est censé propriétaire à
l'égard des tiers; de là résulte que ses créanciers personnels peuvent poursuivre tous les
biens qui la composent, et que, par contre,
les créanciers de la communauté peuvent
poursuivre les biens personnels du mari,
in simili causâ, simili periculo versatur.

Les fruits et revenus des biens propres
de la femme, faisant partie de l'actif de la
communauté, les créanciers, et même ceux
personnels du mari, ont le droit de faire
saisir et vendre l'usufruit de ces biens, qui,
étant dans la communauté, est à leur égard
in bonis debitoris.

A l'égard des époux, la communauté est
considérée comme un être moral, comme
un être tiers; les biens propres du mari, et
les biens propres de la femme ne sont pas

les biens de la communauté; de-là, la nécessité des récompenses quand l'un ou l'autre
des époux s'est enrichi, dans ses biens propres, aux dépens de la communauté, *quod
in uno æquiparatorum dispositum est, in
altero dispositum censetur.*

Lorsqu'une femme commune aliène un
de ses biens propres du consentement de
son mari, le mari est tenu du remploi ou
de la récompense, même sur ses biens personnels, puisque le prix du propre de la
femme, tombé dans la communauté, devient, par cela seul, dette de la communauté, *in quâ utpote jure universali pre-
tium succedit loco rei.* L. 20, ff. *de hœred.
petit.*; et, dès-lors, dette du mari qui ne peut,
en aucun cas, renoncer à la communauté,
marito non licet onerare propria uxoris.

Si la femme aliène un de ses immeubles,
seulement avec autorisation de justice,
elle ne peut vendre que la nue-propriété,
l'usufruit appartenant à la communauté;
le mari ne serait pas garant de l'emploi, à
moins qu'il fût prouvé qu'il en ait profité;
si la femme est séparée de biens, le mari est
garant de l'emploi quand il concourt au contrat, mais non de l'utilité de l'emploi; cette
garantie est la sanction de la surveillance

que la loi a voulu établir, en disposant que la femme, même séparée de biens, ne pourrait aliéner ses immeubles sans l'autorisation du mari, ou de la justice, *sub viri potestate eris et ipse dominatur tibi.*

La loi romaine défendait aux époux de s'avantager; elle les plaçait dans une heureuse interdiction, *ne melior in paupertatem incideret, deterior verò ditior fieret.* L. 3, ff. *de donat. int. vir. et uxo.* Nos lois ne sont pas aussi sévères; les époux peuvent se faire des donations, même après le mariage; mais ces donations, quoique qualifiées d'entre-vifs, sont révocables jusqu'à la mort du donateur. (*Vide* DONATION.)

Quant aux ventes, elles sont prohibées entre époux; l'art. 1595 du Code civil ne leur permet que la dation en paiement, *datio in solutum*, dans les trois cas qu'il désigne. (*Vide* VENTE.)

On ne peut renoncer au préjudice d'une communauté : Par exemple, le mari est héritier pour moitié dans une succession mobilière, il y renonce pour accepter un immeuble qui lui a été légué; on tenait, dans l'ancien droit, qu'en ce cas, la communauté devait profiter de l'immeuble; il semble qu'il doive encore en être de même ; c'est le seul moyen d'éviter les fraudes, *nulla via admittenda est quâ, salvis legis verbis, mens ejus circumvenitur.* L. 5, C. de lég.

Il faut se pénétrer d'un principe important, c'est que tout ce qui a été expressément stipulé dans un contrat de mariage, passé avant le Code civil, doit recevoir son effet, quoique le droit ne s'ouvre que depuis le Code civil; ce qui a présidé à la formation, à la création du mariage est immuable, *perpetua lex;* autrement, ce serait *rem ei auferre.* Il en est de même pour tout ce qui peut être considéré comme droit acquis, *quod ei competit ex beneficio legis.*

Mais, hors le cas de stipulation expresse, ou d'irrévocabilité légale, c'est à la loi existante lors de la dissolution du mariage qu'il convient de se reporter pour régler les droits d'une communauté. La jurisprudence du parlement de Paris n'a jamais varié à cet égard depuis l'arrêt du 17 octobre 1587; et, depuis le Code civil, les Cours de justice ont conservé cette jurisprudence par un grand nombre de jugemens; ce qui est de toute équité, puisqu'alors les parties se sont abandonnées au gouvernement de la loi, *in vim consuetudinis aut legis;* les choses restant entières jusqu'à ce que le droit soit

fixé, c'est la loi en vigueur, lors de son
ouverture, qui doit le régir; elle n'a point
d'effet rétroactif en cette occurence, *nihil eis*
aufert, puisque, lors de son émission, *nihil*
eis pertinebat.

C'est également par la loi existante, lors
de la dissolution du mariage, qu'on doit
décider de la nature des biens, c'est-à-dire,
s'ils sont meubles ou immeubles : Par exemple, les rentes constituées étaient, dans
beaucoup de coutumes, considérées comme
immeubles ; quoique des époux se soient
mariées sous l'empire de ces coutumes, les
rentes constituées ont cessé d'être immeubles, même à leur égard, depuis la loi
nouvelle, en ce sens que le mari a pu les
aliéner sans le consentement de sa femme,
mais non pas en ce sens qu'elles soient
tombées dans la communauté comme meubles, parce qu'étant immeubles, et dès-lors
propres au conjoint lors de la célébration du mariage, son droit à ce sujet est
irrévocable; le mari en devra récompense.

Tout doit se traiter libéralement entre
époux, *non amarè res inter conjunctas*
personas tractandæ sunt ; c'est pour cela
que l'action de vol n'est point admise; *sed*
non esse turpem furti actionem in hono-
rem

rem matrimonii adversùs uxorem. L. 2,
ff. *de act. rer. amot. Constante matrimo-*
nio neutri eorum neque pœnalis, neque
famosa datur actio.

Quant à ce qui concerne la communauté
conventionnelle, et les conventions qui
peuvent modifier ou exclure la communauté légale, pour éviter les redites sur
plusieurs points importans, *vide* DOT et
MARIAGE.

COMMUNAUTÉ DE BIENS

ENTRE PARTICULIERS.

Quand une chose est commune entre plusieurs personnes, les délibérations qui y
sont relatives doivent être l'ouvrage de tous
les intéressés; chacun doit y participer, *quod
omnes tangit, debet ab omnibus approbari;*
l'opposition d'une seule des parties intéressées arrête l'effet de la délibération; il ne
peut dépendre de l'une d'empirer la condition de l'autre, *par in parem non habet im-
perïum;* celui qui contredit doit être écouté
favorablement, *in re communi potior est conditio prohibentis. --- Non debet alteri per alterum iniqua conditio inferri.* L. 74, ff. *de
reg. jur.*

Dès qu'il y a récalcitrance, et en ce cas
le silence est considéré comme un refus,
vetare satis intelligitur qui non consentit, il
faut que les délibérations soient homolo-
guées contradictoirement avec les refusans,
*si dissentiunt, tunc prœtoris partes neces-
sariœ sunt qui decreto suo sequitur majoris*

partis voluntatem. L. 7, §. 19, ff. *de pact.*

De même, toutes les dépenses et toutes les pertes, faites pour améliorer ou pour conserver la chose commune, doivent être supportées par tous, *cujus effectus omnibus prodest ejus et partes ad omnes pertinent.* Par exemple, si, pour alléger un navire, il a fallu jeter à la mer partie de la cargaison, encore bien que la partie jetée appartînt à un seul affréteur, sa perte devrait être répartie, *pro ratâ,* sur chacun des autres affréteurs, *si levandæ navis gratiâ mercium jactus fit, omnium contributione sarciatur quod pro omnibus datum jactumque est.* L. 1, ff. *de leg. rhod.* --- *Æquisissimum enim est commune detrimentum fieri qui propter amissas aliorum res consecuti sunt ut merces suas haberent salvas.* L. 2, ff. *eod.*

S'il est vrai que l'union fasse la force, et qu'elle produise, dans le système économique, un effet comparable à celui que produit, en physique, le foyer destiné à rassembler les rayons épars, on ne peut, malgré cela, disconvenir que, sous le rapport de l'inhérence, l'homme le plus vertueux, le plus ennemi de l'égoïsme éprouve, par la seule force de son organisation, un peu de ce *moi humain* dont le stoïcien lui-même ne peut se défendre :

On se voit d'un autre œil qu'on ne voit son prochain.

Il convenait donc de placer l'intérêt personnel, ce grand mobile de toutes les actions, sous la tutelle de la précaution, *incitamentum actionum hominis oritur ex habendi cupiditate.*

On a dit, avec raison, que les choses communes n'étaient celles de personne ; que, privées de l'œil immédiatement surveillant du maître, elles étaient peu soignées, *quid enim multorum commune est, id neminis curæ esse solet;* et puis, l'indivision, au milieu du choc d'intérêts divers et des sentimens opposés qu'elle suscite, engendre de fréquentes contestations, *jurgia et lites parit communio;* de-là cette maxime : *nemo in communione invitus retinetur.* (*Vide* SOCIÉTÉ.)

COMPENSATION.

La compensation est un paiement réciproque et fictif, entre deux personnes débitrices l'une envers l'autre : *compensatio est debiti et crediti inter se contributio.* L. 1, ff. *de compens.*

La compensation est favorable ; elle tend à faciliter la libération, *necessaria est quià interest nostrà potiùs non solvere, quàm solutum repetere.* L. 3, ff. *de salut.* Elle doit être largement admise, et facilement étendue, d'après cette règle : *ex œquitate extendi potest compensatio ad ea quœ facilè et intrà breve tempus possunt liquidari, si nulla ratio contrarium suadeat;* en effet, on devrait écouter défavorablement celui qui, bientôt, serait condamné à restituer une somme égale, ou supérieure à celle qu'il reclame, *dolum facit qui petit quod redditurus est eidem.* L. 8, ff. *de except. dol.*

Pour que la compensation ait lieu, il faut :

1°. Que la chose due soit du même genre

que celle opposée en compensation, *com-pensatio debiti ex pari specie, licet ex causâ dispari admittitur.* — *Undè nec species cum genere, nec genus cum genere diverso.* L. 16, *C. de solut.*

2°. Que la dette soit échue, *quod in diem debetur non compensabitur antequàm dies veniat.* L. 7, ff. *de compens.*

3°. Que la dette soit liquide; une dette est liquide, *cùm certum est an et quantùm debeatur.* L. *fin.* §. 1, *C. de compens.* Cependant, *in favorem liberationis*, le juge peut admettre la compensation d'une dette susceptible d'être facilement liquidée, *ex æquitate operari debet in continenti liquidatio rerum quæ facilè et intrà breve tempus possunt liquidari.*

4°. Que la somme soit déterminée, *ut utriusque sit certa æstimatio.* L. 12, *C. de compens :* Si Paul avait l'alternative de donner mille francs, ou deux chevaux, Pierre ne pourrait compenser mille francs qu'il devrait par obligation pure et simple. Il en serait de même si une des dettes était conditionnelle, *quæcumque per exceptionem perimi possunt, non in compensationem veniunt.* L. 16, ff. *de compens.*

5°. Que la somme soit due à la personne

même qui oppose la compensation ; *ejus quod non ei debetur qui convenitur sed aliis, compensatio fieri non potest.* L. 9, ff. *de compens :* Paul ne pourrait opposer en compensation ce que Jean, son créancier, doit à son père, à sa femme séparée de biens, ou aux enfans dont il est tuteur.

6°. Que la somme soit due par la personne à qui on oppose la compensensation : Paul ne pourrait donner en compensation à Jean, son créancier, ce qu'il doit aux mineurs dont il est tuteur, *ut si diversi sunt creditores et debitores, nullum locum habet compensatio.* L. 9, C. *de comp.*

La compensation s'opère de plein droit, *solius vi legis,* à l'insu même des débiteurs; du jour où les créances se rencontrent, elles s'éteignent respectivement, *ipso jure, compensationem pro soluto haberi opportet ex eo tempore ex quo ab utráque parte debetur.* — *Ut ex eo momento quo mutuum debitum natum, vel utrumque expiret, vel alterutrum ad concurrentem summam ipso jure minuatur.* L. ult. C. *de compens.*

Ainsi, Pierre était créancier de Jean d'une rente de dix mille francs qu'il a laissé prescrire; dans l'intervalle, et avant que la prescription fût révolue, Jean est devenu

créancier de Pierre d'une pareille somme
de dix mille francs qu'il n'a pas laissé prescrire; malgré cette prescription, Pierre
pourra opposer la compensation, parce
que, lors de la rencontre de ces deux dettes,
elles étaient utiles, et que la loi a opéré,
par sa seule force, leur extinction réciproque, même à l'insu des parties, *placuit
inter omnes id quod invicèm debetur ipso
jure compensari.* L. 21, ff. *de compensat.*

Celui qui, pouvant opposer la compensation, a, par erreur, négligé de le faire, peut
exercer l'action en restitution, *qui omissâ
compensatione solvit, condicere potest.* L. 10,
ff. *de compens.*

La compensation peut se faire d'une
somme due, par titre exécutoire, avec une
somme due, par titre sous seing-privé,
pourvu qu'il soit échu; elle peut de même
s'opérer d'une somme due dans un autre
lieu, en tenant compte de la remise, *quod
parùm deest, nihil deesse videtur.*

Un co-débiteur solidaire ne peut opposer
en compensation ce que le créancier doit
à son co-débiteur; la raison est que chaque
débiteur doit *totum et totaliter*, qu'il doit
payer *propriâ pecuniâ*, ne pouvant user
des exceptions personnelles aux autres dé-

biteurs, *non est audiendus certans de jure
tertii.*

On ne peut compenser ce qui est dû pour
alimens, *debitum ex causâ victuali non
compensatur;* ni ce qui a été remis à titre
de dépôt, *in causâ depositi compensationi
locus non est. Paul. sent.* 11. (*Vide* Dépôt).

On ne le peut, en outre, pour ce qui est
adjugé pour dommages et intérêts ; autrement, le créancier, qui ne peut être payé,
maltraiterait son débiteur ; il se ferait justice
à lui-même ; il aurait, en quelque sorte, droit
de vie et de mort sur lui s'il pouvait compenser la réparation de ses mauvais traite-
mens avec tout ou partie de ses créances ;
cela répugne à la libéralité de nos mœurs,
acceptor personarum non est Deus. (*Vide*
Équité.)

COMPÉTENCE.

La compétence, dans son acception générale, signifie la mesure de tout pouvoir; c'est une limite assignée aux autorités pour éviter qu'elles ne se heurtent, ou qu'elles envahissent une puissance que l'équilibre politique leur refuse, *jurisdictio est notio jure magistratui competens.*

La *juridiction ordinaire* des Romains était le droit de connaître de toutes les affaires d'un même genre, autres que celles spécialement attribuées à des juges particuliers; la *juridiction extraordinaire* était le droit de connaître de certaines affaires distraites de la juridiction ordinaire : Le droit français a admis cette distinction; les Tribunaux civils sont la juridiction ordinaire; les Tribunaux de commerce sont la juridiction extraordinaire. En matières criminelles, les Cours d'assises sont la juridiction ordinaire, et les Cours spéciales la juridiction extraordinaire ; les juridictions extraordinaires ne sont que des exceptions, *extraordinaria jurisdictio non in regulá, sed per modum exceptionis competit.*

Le premier soin de celui qui est obligé de recourir à la justice, doit être de rechercher celle de branches sur laquelle il peut utilement appuyer son action ; la compétence doit être décidée avant tout, *priùs de judice quàm de lite.*

Les juges sont assujétis à se renfermer, strictement, dans leurs attributions ; tout empiètement est funeste, il prive les citoyens de leurs juges naturels, il brise les jalons protecteurs de la loi, *ea quœ fiunt à judice si ad ejus non spectant officium, viribus non subsistunt.*

On distingue deux sortes d'incompétence : l'incompétence *ratione materiæ ;* et l'incompétence *ratione personarum.*

Quant à l'incompétence *ratione materiæ,* il faut distinguer s'il s'agit d'un juge délégué *ad certum genus causarum :* tels sont les tribunaux de commerce ; ou d'un juge institué pour statuer *usque ad certam summam :* tels sont les tribunaux civils.

Lorsqu'il s'agit d'un juge *ad certum genus causarum,* l'incompétence *ratione materiæ* ne peut jamais se couvrir : Par exemple, si on portait une question de succession devant les tribunaux de commerce, le jugement qui interviendrait serait nul, *factum à judice quod ad ejus officium non pertinet, ratum non est. — Quidquid ab eo determinatum est, ipso jure nullum. Voet.* ff. *lib.* 2, *t.* 1, *n.* 19. Le consentement des parties ne produirait rien; cette nullité est absolue ; la nature des juridictions est d'ordre public, *attribui non potest jurisdictio ei qui non habet. — Privatorum consensus judicem non facit eum qui nulli præest judicio ; nec quod is statuit rei judicatæ habet auctoritatem.* L. 3, *C. de jurisd.*

Lorsqu'il s'agit d'un juge *usque ad certam summam,* la compétence est susceptible de prorogation, du consentement des parties, *Judex qui ad certam summam judicare jussus est, etiam de re majori judicare potest, si inter litigatores conveniat.* L. 74, §. 1, ff. *de judic.* La raison de cette différence résulte de ce que les tribunaux ordinaires, quoique limités *ad certam summam,* ont la plénitude de la juridiction civile, et que les parties peuvent expressément, ou même tacitement, renoncer à un droit établi en leur faveur, *omnes licentiam habent his quæ pro se introducta sunt renuntiare.* L. 29, *C. de pact.*

Quant à l'incompétence *ratione personarum,* le principe général est, que nul ne peut être distrait de ses juges naturels, *sua cuique servari debet jurisdictio* : Cette incompétence a lieu lorsque le cité demeure hors l'étendue de la juridiction, ou lorsqu'un négociant est assigné, à raison des affaires de son négoce, devant un tribunal civil, et, *vice versâ*, un simple particulier devant le tribunal de commerce; elle doit être proposée *in limine litis* : *Exceptiones dilatoriæ opponendæ sunt ante litis contestationem*. L. *penul. C. de except.* — *Ita ut post litem contestatam ordinariæ sedis declinet examen*. L. 4, *C. de jurisd.* Les juges compétens *naturâ rei*, peuvent juger quand les parties y consentent; on doit recevoir le jugement là où on l'a demandé, *ubi lis initium habuit, ibi et finem accipere debet.* L. 30, ff. *de judic.*

Pour fixer la compétence en dernier ressort, ce n'est pas la valeur portée dans la demande qu'il faut considérer, mais celle du litige, c'est-à-dire la valeur des seuls chefs qui sont contestés, *nullæ sunt partes judicandi in confitentes;* par la même raison, si une partie eût demandé onze cents francs par son exploit introductif, et qu'elle se fût restreinte, par ses dernières conclusions, à huit cents francs qui lui auraient été adjugés, ce jugement serait en dernier ressort, *immò et is qui per errorem aliud pro alio intendit, in eodem judicio libellum emandare potest, usque ad sententiam.* L. 3, C. de edend. (Vide APPEL ET EXCEPTIONS.)

C'est une maxime consacrée par tous les publicistes, que l'autorité des lois ne peut être plus étendue que l'autorité du législateur; l'indépendance respective des nations que le hasard, l'intérêt ou le besoin rapprochent, trouve sa garantie dans ce principe d'ordre public, *leges clauduntur territorio.* (*Vide* LOI et DROIT.)

COMPLICES.

La raison qui rend les complices solidaires et passibles des mêmes peines que les auteurs des crimes, est simple : indépendamment de la facilité que le nombre donne à la bande pour l'exécution matérielle des crimes, il l'enhardit et la fortifie moralement par le prestige que l'union donne à la force, et par la terreur qu'une réunion de moyens répand sur ceux contre qui elle est dirigée, *dùm plures simul concurrunt, ipso facto se juvant, eos qui invaduntur debilitando, eum qui percutit suâ præsentiâ corroborando ;* ainsi, les frémissemens de la mer dont les flots s'élèvent et s'entrechoquent redoublent, par leur communication mutuelle, la terreur qu'ils répandent dans le cœur des nautonniers.

On est complice, quand il dépendait de soi d'empêcher une chose, et qu'on a consenti à son exécution, *facientem et consentientem par pœna constringit ;* cette maxime est très-ancienne dans le droit français ; Loysel l'a consignée dans ses Insti-

tutes coutumières : *Qui peut et n'empéche,
péche.* En effet, ne doit-on pas, par la seule
impulsion de la charité, on pourrait dire
par la seule impression du premier sentiment de la nature, épuiser les moyens
qu'on a en son pouvoir pour détourner le
coup qui doit accabler son semblable? Un
cri intérieur ne force-t-il pas à lui tendre
une main secourable? *erue eos qui ducuntur
ad mortem.*

Dès qu'on a favorisé, volontairement,
l'exécution d'un délit, on est tenu de le
réparer ; on est coupable de ses effets, *si
culpâ tuâ datum est damnum, seu aliis
operantibus opem tulisti, jure te satisfacere
opportet. — Nihil enim interest occidat quis,
an causam mortis præbeat.* L. 15, ff. *ad
leg. Cornel. de sicar.*

La seule exception, utilement propo-
sable en ce cas, réside dans la preuve que
l'on n'a pu s'opposer au crime qu'on a vu
commettre, *nullum crimen patitur is qui
non prohibet cùm prohibere non potest.* L,
109, ff. *de reg. juris.* Alors on ne peut être
regardé, *tanquam alieni juris perturbator.*
On ne peut être frappé des peines persé-
cutoires d'une action à laquelle on est étranger,

ger, *culpâ caret qui scit, sed prohibere non potest.*

Cependant, à raison de leur énormité et des dangers incalculables de leur résultat, lorsqu'il s'agit de crimes de lèze-majesté, ou de haute trahison, le seul fait du silence gardé sur la connaissance qu'on a acquise indirectement, ou par la communication d'un simple projet, rend complice, *ob criminis enormitatem nudum consilium et nuda scientia, vel conscii silentium puniatur.* L. 5, §. 6 et 7, C. *ad leg. jul. majest.*

On deviendrait complice, en exécutant un mandat ou un ordre qui auraient une cause illicite; quelle que soit la qualité ou l'autorité de celui qui les transmet, on doit les soumettre à la révision de sa conscience; l'écriture elle-même nous enseigne que toute soumission doit être raisonnable, *sit rationabile obsequium vestrum.* Rien ne peut légitimer l'iniquité; personne n'est assujéti à sacrifier son honneur; celui qui connaît l'injustice d'un ordre, et ne s'en dispense pas, encourt l'infamie. Après la Saint-Barthélemi, Charles IX, ayant mandé à tous les gouverneurs de provinces, de faire massacrer les huguenots, le Vicomte d'Orte qui commandait à Bayonne, écrivit au roi : Sire,

Tome I. Z

je n'ai pu trouver parmi les habitans et les gens de guerre que de bons citoyens, de braves soldats, et pas un bourreau ; ainsi, eux et moi, nous supplions Votre Majesté d'employer nos bras et nos vies, à choses faisables, *nemo jubenti delictum parere cogitur, non servus domino, non filius patri, non quisquam magistratui.*

Les recéleurs sont aussi coupables que les voleurs, *quià receptores non minùs delinquunt quàm agressores.* L. 3, ff. *de incend.* Ils sont même plus odieux, à cause de l'incitation qu'ils fournissent au criminel; au reste, le même niveau égalise ceux que le crime souille, *facinus quos inquinat, æquat.*

Il y a des délits pour lesquels les complices sont punis, quoique les auteurs ne puissent l'être : telles sont les soustractions commises par un fils de famille, ou par une femme mariée, dans la maison de leur père, ou mari, *nam ubi diversa ratio, diversum quoquè jus statuendum est.*

La condamnation d'un individu, comme receleur d'effets volés, n'implique point contradiction avec la déclaration qui acquitte celui qui était accusé d'être auteur du vol, parce que tel peut ne pas être auteur d'un vol, quoique le vol soit constant ; et tel peut avoir recélé les effets provenant de ce vol, quoiqu'il ait été commis par un autre, *diversitas facti, diversitatem juris inducit.*

On peut être involontairement complice d'un crime, ou d'un malheur : telle serait la situation déplorable de l'homme, qui, sans se douter qu'il eût intention de se détruire, aurait prêté à son ami l'arme fatale dont il a fait usage pour se donner la mort; position cruelle qui, quoique exempte de crime, *inscius fecit*, place son malheureux auteur sous l'influence des angoisses du repentir! elle fournit une nouvelle preuve que la prudence doit être la règle de notre conduite; qu'en tout, il faut agir avec réflexion, et qu'il convient de restreindre l'effervescence de son imagination, et la fougue de ses désirs, lors-même qu'elles tendent à obliger, *ne puero gladium commiseris.*

CONCUBINES.

CHEZ les Romains, les concubines for-
maient une classe de femmes protégées par
la loi qui ne les déclarait point infâmes;
c'est d'elles que naissaient les enfans naturels *liberi naturales;* elles étaient distinguées
des prostituées dont les enfans étaient ap-
pelés *Spurii;* c'était une union moins hono-
rable, sans doute, que le mariage, mais licite
sous quelques rapports; les concubines
devaient être libres; les esclaves ne pouvaient l'être, *concubina apud romanos non
erat infamiæ notata; hæc conjunctio jure
civili permittebatur.*

A Rome, les prostituées, *meretrices*, étaient
obligées, pour marque de leur infamie, de
se vêtir d'une robe courte tombant jusqu'à
mi-cuisses, appelée *toga;* tandis que les
autres femmes avaient une robe longue
qui descendait jusqu'aux talons, appelée
Stola.

Il ne faut pas confondre ce que les Romains nommaient *concubines*, avec ce qu'on
appelle aujourd'hui *femmes entretenues;*

c'est avec raison que l'usage de la société range ces dernières parmi les prostituées. Ne sait-on pas, en effet, que ces femmes entretenues mettent un tarif honteux à leurs caresses, et qu'elles calculent leurs plaisirs au poids de l'or ? la prodigalité de l'amant est la mesure de leur affection; elles feignent de se passionner tant qu'il donne; il est méconnu et délaissé dès qu'il a épuisé ses ressources, *carus eris..... donec te deserant divitiæ.* On se rappelle ce trait : un lieutenant de police menaçait de sévir contre une femme entretenue qui ruinait un vieillard; de trois terres qu'il possédait, il en avait déjà vendu deux : que voulez-vous, monseigneur, lui répondit la demoiselle, *il peut être aimé, et cela est cher.*

Le vil intérêt suspend la balance dans leurs mains corrompues; il ne s'agit ni de tendresse, ni d'amour; c'est l'or qui la fait pencher. Bravant ouvertement les mœurs, elles deviennent le prix d'une enchère scandaleuse; elles ne peuvent nier à elles-mêmes que leur existence ne soit un scandale continuel; que les mères de famille et les jeunes vierges les voient avec horreur; qu'elles fuient leur approche comme l'on s'éloigne d'un lieu où règne un air pesti-

lent; elles savent qu'elles sont le déshon-
neur de leur sexe et le triste jouet du nôtre;
elles s'en vengent à force d'audace ; elles
étouffent ce qui peut leur rester de sentimens généreux pour le remplacer par les
idées les plus mercénaires.

Mais, un sort qui paraît inévitable, c'est
que l'argent mal acquis ne profite point,
malè parta, malè dilabuntur; aussi, sur le
retour, ou lorsque les amans opulens les
dédaignent, elles se traînent dans la fange,
au milieu des lois qui s'en indignent et de
la religion qu'elles outragent, *impleverunt
mensuram scandali;* on les tolère, parce
qu'une expérience funeste a démontré le
besoin de ces maux nécessaires, *rectè aliqua mala tolerantur ne aliqua bona im-
pediantur, aut ne alia mala pejora incur-
rantur; aufer meretrices de rebus humanis,
turbaveris omnia libidinibus.*

La femme, cet être sensible et timide, a
reçu la pudeur pour sa défense, *formam
pudor honestat;* en détruisant la pudeur,
elle franchit toutes les barrières, elle perd
toutes les qualités de son sexe ; dès qu'elle
attaque et provoque, ce n'est plus une
femme, c'est une espèce de monstre, *vitium adhæsivum impuditiâ.*

Que de raisons pour fuir :

. . . . Ces femmes hardies
Qui, goûtant dans le crime une tranquille paix,
Ont pu se faire un front qui ne rougit jamais.

Quelle jouissance peut-on éprouver avec des êtres qui se vautrent continuellement dans la débauche? Les caresses des courtisannes, toujours payées plus cher qu'elles ne valent, laissent d'ineffaçables traces de leur courte durée....., leurs propos grossiers, leurs carresses mensongères peuvent-elles faire naître les douces affections du cœur? Près d'elles, la brutalité remplace la délicatesse ; le plaisir de la passion n'est pas durable; est-il satisfait? on est honteux de sa position, on éprouve un retour d'amertume, et l'être dégradé qui en a été l'objet devient un sujet d'horreur.

La coupe du plaisir, trop long-tems occupée, amène la frénésie ou le dégoût ; la satiété et le marasme sont le *fructus belli*, les douleurs physiques viennent se joindre à l'inertie morale, et l'homme se trouve, au sortir de ses songes éphémères, attaché à de cuisans remords, comme le fils de Japet aux morsures sans cesse renaissantes du vautour, *voluptatum usuræ morbi sunt*;

et puis, le mépris public accompagne ces vieux libertins qui chevrottent des accens d'amour sur les glaces de l'âge; c'est un scandale de voir un homme, couvert de cheveux blancs, figurer encore dans la milice galante, lorsque la toux, la roideur de ses membres ou la gravelle lui commandent si impérieusement la sagesse; c'est une infamie que d'apercevoir le père de famille, et l'homme marié, colporter l'adultère chez les prêtresses de la volupté, lorsque le respect qu'ils doivent à leur situation sociale, et l'exemple à fournir à leurs enfans, leur imposent le devoir sacré de la fidélité; cet état de dégradation doit produire une action fortement répulsive dans l'imagination de ceux que la fougue ou les déréglemens entraînent vers cet abîme, *noli æmulari in malignantibus.*

Au commencement du treizième siècle, la lèpre faisait des ravages immenses, parce que le nombre des femmes publiques était tel qu'on fut obligé de leur assigner un costume particulier pour que les honnêtes femmes ne fussent point confondues; elles portaient des ceintures dorées: de là ce proverbe, *bonne renommée vaut mieux que ceinture dorée.* De nos jours, une maladie, que

quelques-uns persistent à regarder comme
la dégénération de la lèpre, est aussi dé-
sastreuse. Le nombre des impudiques n'est
pas moindre; il appartient peut-être à une
bonne police d'employer, incessamment,
des moyens préservateurs.

Espérons aussi que les leçons de l'expérience retremperont les mœurs; et appren-
dront aux parens à environner leurs enfans
d'une surveillance plus soigneuse. La vue
d'une image obscène, la lecture d'un ouvrage
écrit dans le style de Pétrone peuvent produire sur le cœur des jeunes personnes, naturellement irritable, un effet aussi dangereux que la robe de Nessus sur le corps
d'Alcide. Les occasions qui facilitent ces
déclarations brûlantes d'amour, bientôt suivies de propos et d'attouchemens destruc-
tifs de la pudeur, doivent être écartées avec
une inquiétude de tous les instans; une
seule peut, pour un moment de caprice fu-
gitivement heureux, créer une éternité de
supplices, *momentaneum quod delectat,
æternum quod cruciat*. L'amour caresse
avant de blesser, et il séduit l'innocence :

Le plaisir l'entraîne, le repentir le suit.

Avec de la prudence, les parens pourront

remplacer l'effet de la fontaine Acadine
qui ne laissait surnager que les tablettes
des amans fidèles ; ils reconnaîtront aisé-
ment le parjure de ces sermens d'amour,
qui ne coûtent rien aux personnes agitées
par la passion, entraînées par la fougue
des sens, ou guidées par le désir capricieux
de la nouveauté. Il est pénible de penser qu'il
existe des mères auxquelles on pourrait appliquer l'anathème de Démocrite: *Malheur
à vous qui de grâces pudiques et vierges,
n'avez su faire que de viles prostituées!*

Un pas hors du devoir peut mener bien loin.

(*Vide* VERTU.)

CONDITION.

L'OBLIGATION conditionnelle est celle dont l'effet dépend d'un évènement futur et incertain, *conditio est circumstancia à quâ actus suspenditur tanquàm ab incerto eventu.*

La condition qui consiste *in faciendo* est positive : celle qui consiste *in non faciendo* est négative : celle qui dépend de la volonté d'une des parties est potestative, *cujus effectus aut defectus pendet ex aliquo facto ejus qui relinquitur :* celle qui dépend purement du hasard est casuelle, *cujus effectus defectusve pendet ex casu :* celle qui dépend et de la volonté d'une des parties et de celle d'un tiers, ou du hasard est mixte, *cujus eventus aut defectus pendet simul et ex facto cujus relinquitur et ex alterius, vel ex casu.*

La condition positive doit être physiquement et moralement possible, autrement elle vicie la convention, *quià quæ sunt probosa et legibus prohibita, viro probo impossibilia videntur.* Si la condition négative est impossible, *pro non scripta habetur*, et la convention est regardée comme pure et simple; cependant, il faudrait, en ce cas, qu'il

apparût que celui qui a imposé une telle
condition avait dessein de faire une libéralité, il serait absurde de valider une convention qui aurait une cause aussi vaine.
Si, par exemple, Paul avait dit : je m'oblige
à payer à Jean dix mille francs *si la Seine
ne remonte pas vers sa source ;* une telle
cause serait un jeu ou un acte de démence;
elle ne pourrait fonder une obligation sérieuse, *cùm nulla subest causa propter quam
conventio ineatur, constat non posse cons-
titui obligationem.* L. 7, §. 4, ff. *de Pact.*

Dans les dispositions testamentaires, toutes
les conditions impossibles sont considérées
comme non écrites, *vitiosæ sed non vitiant.
Obtinuit conditiones impossibiles testamento
adscriptas pro nullis habendas.* L. 3, *de
cond. et démonst.* La raison de la différence
est, *quià testator aut æger, aut senex, aut
perturbatus ; insuperquè legatarius non
consentit in conditionem hujus modi.*

La condition potestative *si voluerit,* vicie
l'obligation *respectu debitoris ;* en toute obligation, il faut que le *vinculum juris* existe;
il ne se trouve pas là où il est permis à
l'une des parties de ne pas vouloir ce qu'elle
a promis, *illam autem stipulationem si vo-
lueris dare, inutilem esse constat.* L. 46, §. 3,

ff. *de verb. oblig.* — *Nulla promissio potest consistere quæ ex promittentis voluntate statum capit.* L. 118, ff. *de verb. oblig.*

Pourtant, si la condition potestative dépendait moins d'un simple acte de la volonté, que d'un fait qu'il soit au pouvoir du débiteur d'exécuter ou non : comme si Paul s'oblige à payer trois mille francs à Jean, s'il ne va pas à Rome ; une telle obligation serait valable ; ce n'est pas *promisi si voluero*, *sed promisi si id non faciam*; Paul a bien la faculté de faire ou de ne pas faire, mais, il est hors de doute qu'il a eu intention de donner trois mille francs, s'il n'allait pas à Rome; *vis obligandi nascitur ex intentione*; une telle obligation serait exigible à la mort du promettant, parce qu'alors la faculté qu'il s'était réservée cesse, et que l'obligation devient pure et simple, *vi ipsâ conditio inest.*

La condition doit être accomplie de la manière que les parties ont vraisemblablement entendu qu'elle le fût; la locution de l'article 1175 du Code civil a pour objet d'écarter les subtilités de l'école sur la question de savoir si elle devait être remplie *in formâ specificâ, vel per æquipollens.* C'est maintenant à l'intention des parties qu'il faut s'attacher ; et, si on veut être de bonne foi, il sera assez difficile de se tromper. Il est, en outre, de principe que l'accomplissement des conditions ne peut être divisé, *verius est ut quis conditionem scindere non possit.* L. 23, ff. *de condit. et demonst.*

L'accomplissement de la condition a un effet rétroactif au jour de la convention, *existens conditio in contractibus ad principium retrohabitur.* L. 11, §. 1, ff. *qui pot. in pig.* Cela doit être ; en effet, si, lors de la convention, les parties avaient été sûres que l'évènement arrivât ou n'arrivât pas, elles eussent, dès ce moment, traité purement et simplement ; l'incertitude seule a fait subordonner l'effet de la convention ; dès que l'incertitude disparaît et que l'évènement est connu, la suspension est levée et la convention est pure et simple, *undè evenit ut actus cui adjecta fuit conditio purè initus censeatur.*

La condition est réputée accomplie, chaque fois qu'il n'a pas dépendu de celui qui y était obligé qu'elle le fût, *conditiones ex solo facto pro impletis habentur quod non stet per eum cui injunctæ sunt ;* et, à fortiori, si celui qui doit, sous une condition, en a directement empêché l'accomplissement, *quicunque sub conditione obligatus curavit ne conditio extiteret, nihilominus obligatur.* L. 85, §. 7, ff. *de verb. oblig.*

Une obligation peut être contractée sous condition suspensive, ou sous condition résolutoire: la condition est suspensive, quand l'obligation est subordonnée à l'événement, de manière que, jusques-là, elle est censée ne point exister; tout est *in suspenso;* on n'a pas voulu s'obliger *de præsenti.*

La condition est résolutoire, lorsque l'obligation, parfaite dès le moment du contrat, doit cesser d'avoir son effet si la condition s'accomplit, et les choses être remises *in statu quo ante conventum.*

La différence principale de ces deux modes de condition est que la condition suspensive ne donne qu'un droit non ouvert, sans transmission de propriété, *pendente conditione nondum debetur, sed spes est debitum iri;* droit que le créancier transmet pourtant à ses héritiers, *quià non solùm nobis sed hæredibus paciscimur. Inst.* §. 4, *de verb. oblig.* En observant, toutefois, qu'il en est autrement dans les dispositions testamentaires : le légataire ne transmet rien à ses héritiers, s'il meurt avant l'accomplissement de la condition, parce que la libéralité se concentre exclusivement dans la personne qui en est l'objet, *intercidit legatum si ea persona decesserit cui legatum est sub conditione, antequàm conditio extiterit.* L. 59, ff. *de condit. et demonst.*

Lorsqu'au contraire la condition est résolutoire, la transmission de la propriété a lieu du jour du contrat ; la chose est aux risques du créancier qui gagne les fruits et peut prescrire dans l'intervalle ; seulement, sa propriété est résoluble et s'évanouit si la condition s'accomplit.

La condition résolutoire est toujours sous-entendue dans les contrats synallagmatiques pour le cas où l'une des parties ne satisferait pas à son engagement ; le caractère de ces contrats est essentiellement commutatif ; le remplissement réciproque des promesses émises, est la condition *sine quâ non contractum fuisset;* le consentement des parties est censé donné *positis ponendis.*

On appelle condition prépostère, *conditio præpostera,* celle dont l'effet précède la cause, *spondeo statim dare si cras ex Asiâ navis venit;* elle ne vicie pas la convention ;

vention ; elle est regardée comme une erreur.

On appelle condition perplexe, *conditio perplexa*, celle dont les diverses parties de la locution s'entredétruisent et ne présentent aucun sens direct : *si Titius est mon héritier ce sera Mœvius* ; cette obscurité, *obscurum per obscurius*, vicie l'obligation, parce qu'elle la rend inintelligible, *intellectu carere.* — *Ubi pugnantia inter se in testamento inveniuntur, neutrum ratum est.* L. 148, ff. de reg. jur.

Tome I. A a

CONFUSION.

ON appelle *confusion* le concours, dans la même personne, de la qualité de créancier et de celle de débiteur ; ainsi, quand l'héritier se trouve créancier ou débiteur du défunt auquel il succède, sa dette ou sa créance n'a plus d'assiette, puisqu'elle se réunit en sa propre personne, et l'obligation est éteinte, *concursu creditoris et debitoris in eamdem personam fit confusio, veluti cùm debitor creditoris, vel creditor debitoris, vel tertius utriusque hæres existit.* L. 75, ff. *de solut.*

L'effet d'une convention est d'obliger une personne envers une autre, *non potest esse obligatio sine personâ obligatâ ;* ce serait une idée inconciliable que celle qui supposerait une personne se devoir à elle-même, *creditum et debitum non possunt concurrere in eâdem personâ ;* de-là résulte que des qualités qui sont opposées et qui s'entredévorent pour ainsi dire, *et quarum una consumit alteram,* ne peuvent exister simultanément, *confusione debitor, vel creditor esse desinit.*

Pour qu'il se fasse confusion totale de la dette, il faut que la même personne devienne créancière du total; autrement, la confusion ne se fait que *pro ratâ parte*, et la créance subsiste pour le surplus. L'effet de la confusion est plutôt de faire sortir la personne de l'obligation, que d'éteindre l'obligation elle-même, *magis eximit personam debitoris ab obligatione, quàm extinguit obligationem.* L. 1, C. *de hæred. act.*

L'obligation n'est éteinte par la confusion qu'autant que la personne obligée se trouve débitrice principale : si, par exemple, le débiteur principal hérite du créancier, il ne peut se devoir à lui-même, la créance et la dette se confondent et s'éteignent, *confusione extinguitur obligatio perindè ac solutione;* la caution serait valablement déchargée, l'accessoire ne pouvant subsister sans le principal, *extinctâ obligatione principali; aut confusione secutâ, fidejussoris obligatio extinguitur.* L. 93, §. 3, ff. *de solut.*

Mais, si la caution hérite du créancier, elle cesse bien d'être caution, ne pouvant être considérée comme une caution distincte de soi-même, *pignus rei suæ consistere non potest;* cependant elle reste créancière de la dette principale, elle ne fait que perdre la garantie accessoire que le créancier avait exigée, le principal subsiste quoique l'accessoire s'en trouve détaché, *actiones naturam inducunt sui objecti*.

Pour que l'obligation soit éteinte par la confusion, il faut, en outre, que la personne obligée se trouve débitrice unique : si la dette fut solidaire, la confusion qui aurait lieu dans la personne de l'un des co-débiteurs, n'éteindrait l'obligation que pour sa part contributoire : Par exemple, Paul a trois débiteurs solidaires d'une somme de 3000 fr., il hérite de l'un d'eux, il ne s'opérera confusion que pour 1000 fr.; parce que chacun des débiteurs solidaires, ayant recours contre les autres pour le paiement de leur portion, ils sont considérés, entre eux, comme associés; la confusion, dans ce cas, n'éteint que la part dont était tenu celui auquel le créancier succède, *oppositum tantum operatur in opposito, quantùm propositum in proposito*.

On a dit avec raison que, dans beaucoup de successions, les héritiers marchaient sur une espèce de volcan, *hæredes incedunt per ignes cinere doloso latentes*; la loi est venue à leur secours, en leur ac-

cordant le bénéfice d'inventaire dont l'effet
est d'empêcher le mélange de leur patrimoine avec celui du défunt; dès qu'ils ont
la précaution d'en user, ils conservent le
droit de réclamer, contre la succession, le
paiement de leurs créances personnelles,
et, par-là, ils évitent la confusion. (*Vide*
SUCCESSION).

Celui à qui on conseille une chose, reste, à la vérité, le maître de l'exécuter ou non; mais, si le perfide conseiller est, par son rang ou par sa qualité, dans la position d'exercer une influence active sur l'imagination de celui à qui il donne l'idée d'une action répréhensible, il serait difficile, même dans la rigueur du droit, de ne pas rencontrer, dans ce conseil, tous les caractères d'un ordre qui, à raison du dol de son auteur, devrait le faire considérer comme complice, *sed si dolus et calliditas intercessit de dolo actio competit*. L. 47, ff. *de reg. jur.* — *Alios suadendo, jussisse sceleris est instar*. (*Vide* MANDAT).

CONSENTEMENT.

Le consentement est une action mentale de la volonté; cette action doit être libre, et se fixer spontanément sur l'objet qui est dans l'opinion du contractant. Les actes qui dépendent de la détermination de l'esprit, doivent, dans leur indépendance, n'avoir d'autre mobile que l'impulsion de la résolution; *ea quæ animi destinatione agenda sunt, non nisi verâ et certâ scientiâ perfici possunt.* L. 76, ff. *de reg. jur.* C'est le signe qui sert à manifester cette résolution qui reçoit particulièrement le nom de consentement; *consensus est liberæ voluntatis à sano atque integro judicio profecta approbatio.*

Les actes du commerce des hommes ne sont obligatoires que lorsqu'ils réunissent le consentement des parties contractantes, *duorum pluriumve in idem placitum consensus.* Le consentement est la cause efficiente de l'obligation, *consensu fiunt obligationes;* dès qu'il est intervenu, le *vinculum juris* existe; soit que la convention ait été, ou non, rédigée par écrit, *consensu dicimus obligationem contrahi, quià neque verborum, nequè scripturæ ulla proprietas desideratur, sed sufficit qui negotia gerunt consentire.* L. 2, ff. *de oblig. et act.*, l'écriture n'est point de l'essence de l'obligation, elle n'en établit que la preuve, *ad probationem non ad substantiam.* — *Et scripturâ non existente, tamèn, si aliis probationibus rei gestæ veritas comprobari potest, custodire efficiet.*

L'adhésion, pour être parfaite, doit avoir lieu en connaissance de cause; et être exempte de toute fausse opinion et de toute contrainte; l'erreur vicie le consentement, *non videntur qui errant consentire.* (*Vide* ERREUR).

Il en est de même de la violence, *nihil tam contrarium est consensui quàm vis et metus.* (*Vide* VIOLENCE).

Et, à plus forte raison, du dol, *de eo quod fit per dolum malum nemo tenetur* (*Vide* DOL).

Le consentement doit être parfait et entier sur toutes les parties essentielles de la convention, *si de aliâ re stipulator cons erit, de aliâ promissor, nulla contrahitur obligatio. Inst.* §. 23. *de inutil. stipul.*

Le consentement, étant la cause efficiente

du contrat, doit réunir le concours des deux volontés. Si le consentement de l'une des parties était donné après que l'autre eût rétracté le sien, il n'y aurait plus de simultanéité, ni de contact déterminatif du lien de droit, *duorum in idem placitum consensus*; dès-lors, point d'obligation. Aussi long-tems qu'il n'existe qu'une volonté unique, celui qui l'a émise peut la révoquer, *nemo sibi legem dicere potest à quâ discedere non possit*. L. 6, §. 2, ff. *de jur. codicil.* A la vérité, il n'est pas nécessaire que les deux volontés s'émettent *simul et semel*; mais, il faut que le consentement de l'un intervienne pendant que l'autre persévérait dans le sien; la rétractation du premier, faite *rebus integris*, rend le second solitaire et dès-lors inefficace.

On dit, en Droit, que les choses sont *entières*, quand les circonstances sont encore les mêmes, *dùm res adhuc integra, id est cùm à neutrâ parte contractus est impletus*; ainsi, tant que les choses sont entières, un acte peut être dissous par la volonté contraire de son auteur; mais, si l'acte avait été accepté, ou que l'exécution eût eu lieu en tout, ou en partie, les circonstances ne seraient plus les mêmes; les choses ne seraient

plus entières, parce qu'on ne pourrait empêcher que ce qui a été fait ne fût fait,
quod factum est infactum fieri non potest.
Lorsque les choses ne sont plus entières,
on ne peut ni se plaindre des actes, ni en que-
reller les résultats, *res finita est.* Dès qu'on
a exécuté, ou dès qu'on a souffert que l'acte
fût exécuté d'une manière quelconque, *si
quolibet modo contractui assensus sit,* il s'introduit un changement dans l'ordre primitif;
des faits récens le dénaturent; ils forment
un obstacle à ce qu'on puisse être remis dans
l'état originaire; il ne s'agit plus de ce qu'on
devait faire, mais de ce qui est fait, *multa
fieri prohibentur quæ facta tenent;* ausitôt
qu'un droit est acquis, il est fixé irrévocablement, *jus semel acquisitum non aufertur.*
(*Vide* CONTRATS et PROPRIÉTÉ.)

CONTRADICTION

ET PÉTITION DE PRINCIPE.

L'ESPRIT de contradiction est naturel à l'homme qui est enclin à résister aux idées qu'on veut lui faire adopter; ce penchant est irrésistible; chaque fois qu'on entend avancer une opinion, on se sent, malgré soi, plus ou moins fortement disposé à douter, à réfuter, en un mot, à contre-dire.

Tous les hommes, d'ailleurs, abondent dans leur opinion; aussi, il est difficile de détruire les erreurs; et, par une agglomération qui rend le mal incurable, on rencontre toujours dans les sciences, comme dans la société, de ces hommes, plus pointilleux qu'un hérisson, desquels on pourrait penser que Célimène dit, en riant, d'Alceste :

Et ses vrais sentimens sont combattus par lui,
Aussi-tôt qu'il les voit dans la bouche d'autrui.

Quand cette manie est portée à l'excès, elle est aussi désagréable que productrice

d'aversion ; c'est alors une véritable ergo-
terié, *dé lâná caprinâ rixare*; elle s'attache
à relever des inexactitudes frivoles ; elle
entraîne dans une discussion minutieuse,
triste apanage de ces têtes étroites, de
ces guerroyans éternels, qui, par un orgueil loquace, combattent tous les avis, et
cherchent, au milieu de leur agitation, à
réaliser ce proverbe de Terence : *nodum
in scirpo quærere.*

Les esprits superficiels se trouvent, en
outre, comme forcément amenés ou vers
la pétition de principe, ou vers ce que
Cicéron appelle, *contrarias in partes dis-
ceptare.* La très-grande majorité est rete-
nue dans le cercle étroit des spéculations
pour ainsi dire mécaniques; elle se traîne
sur la partie subalterne des arts; et, comme
la mesure de son intelligence ne lui permet
pas d'aller au delà, elle préfère, s'armant
d'un doute d'apparat, nier ce qu'elle ne
peut apercevoir, ou censurer ce qu'elle
ne peut comprendre; ce qui justifie cette
idée de Quintillien, *hoc est magnum igno-
rantiæ malum, quod credit eum scire qui
moneat.*

Les argumens faux et captieux, *pugnantes
sententiæ,* sont aujourd'hui trop fréquens;

ils vicient la démonstration ; l'effet en est doublement dangereux : ou ils égarent : ou ils fatiguent l'esprit en le forçant à une tension perpétuelle vers les principes élémentaires. Combien n'entend-on pas de propositions ; combien ne lit-on pas de traités dans lesquels on cherche à allier deux contraires, et à réaliser ce tableau, dont parle Horace, où les tigres et les agneaux sont réunis, *ut placidis coeant immitia ?* et cela, parce qu'on s'obstine à donner, pour preuve, la chose même qui est en question ; *litem lite resolvere.*

On ne peut que répéter, à ces obscurans du premier ordre, ce qu'on crie, depuis si long-tems, à ceux qui savent si bien *miscere omnia :* Soyez donc d'accord avec vous-même et choisissez, *inter utrumque tene ;* une chose implique contradiction, lorsqu'elle renferme en même tems deux propositions opposées ; à moins de soutenir que la vérité ne soit plus une, il est impossible que le pour et le contre soient également vrais, *duæ propositiones contrariæ nunquàm possunt esse simul veræ.*

Ce qui aggrave le mal, ce qui même en est une des causes principales, c'est le défaut de méthode ; dans la plupart des discussions polémiques, tout est prolixe, parce qu'il n'y a ni ordre, ni distribution; les faits et les moyens y sont confondus; l'intérêt du sujet est noyé dans un torrent d'épisodes incohérens; on méconnaît les règles de la logique qui auraient enseigné à approfondir une idée avec autant de clarté que de simplicité, pour s'abandonner aux déréglemens d'une imagination ambitieuse, ennemie jurée de la plénitude du savoir. Les auteurs, en trop grand nombre, sont des ouvriers qui ont fait un mauvais apprentissage, ou qui n'en ont point fait du tout; ils ne savent qu'ériger des masses informes; point de symétrie, ils ignorent les procédés de la théorie, *currus bovem trahit* : point d'élégance, ils sont hors d'état de saisir l'ensemble, *infelix operis summa*.

CONTRAINTE

CONTRAINTE PAR CORPS.

Nous appartenons à la société, à notre famille, à nous-mêmes ; la liberté individuelle est placée sous la sauve-garde de la loi ; les juges doivent essentiellement la respecter : en y portant inconsidérément atteinte, non seulement on tue moralement un citoyen, on sait combien peuvent être funestes les suites d'une incarcération, ne fût-elle que de quelques heures ! mais on fait tort à la société et à sa famille auxquelles il ne peut plus fournir ses devoirs et ses travaux.

La liberté est le bien le plus précieux de l'homme civilisé. En Angleterre, la loi *habeas corpus* défend de tenir un citoyen en prison, au-delà de vingt-quatre heures sans l'interroger ; elle ordonne, en outre, qu'après cet intervalle, on le relâche sous caution jusqu'à ce que son procès soit fini. Dans les gouvernemens despotiques même, où la maxime *qui non potest luere in ære luat in cute* est admise ; on en reconnaît le prix, et on cherche à la garantir ; on cite toujours avec éloge cet arrêt d'un Em-

Tome I. B b

pereur turc : Un mahométan avait prêté
cent écus à un chrétien, à condition que
s'il ne les rendait au tems fixé, il pourrait lui couper deux onces de chair ; le
terme expiré, il le traduisit devant Amu-
rat I., qui permit au turc de couper les
deux onces de chair, en déclarant que s'il
lui arrivait d'en couper plus ou moins, il
subirait pareille peine ; arrêt remarquable
qui, tout en respectant la loi du contrat,
évitait une mutilation dont la stipulation
déshonorait l'humanité.

Dans nos mœurs, les lois ont dû couvrir
la liberté individuelle de leur égide, *non
bene pro toto libertas venditur auro ;* elles
se sont attachées à en bannir le trafic ; elles
déterminent, par les articles 2059 et suivans du Code civil, le petit nombre de
cas où l'on peut se soumettre à la contrainte par corps, et ceux où les tribunaux peuvent, ou doivent la prononcer.

Mais les règles les plus rigides devaient
céder à l'absolue nécessité ; la confiance et
la sûreté étant les bases du commerce, l'activité des opérations ne permettant aucun
moyen retardataire des rentrées, *dilationem res non recipit,* la loi en faveur du
commerce, généralement reconnu comme

le soutien des États, a dû admettre indéfiniment la contrainte par corps; c'est une exception au droit commun dont les effets ne sont que tolérés et ne peuvent tirer à conséquence; on n'en doit pas moins réprimer, avec sévérité, tout ce qui tendrait à faciliter, ou à propager la contrainte par corps dans les opérations civiles. Ce qui est le fruit de la nécessité, n'est pas susceptible d'établir une raison d'analogie, *quæ propter necessitatem recepta sunt, non debent in argumentum trahi.* — *Quod contrà rationem juris receptum est, non est producendum ad consequentiam.* L. 141, ff. de reg. jur.

Un abus, trop fréquent, élude la prohibition de la contrainte par corps établie en faveur des citoyens non commerçans; ils sont assez imprudens pour souscrire, dans leurs emprunts ordinaires, des lettres de change dont la nature, essentiellement commerciale, les rend justiciables des tribunaux de commerce; ils ne se souviennent pas que :

C'est jouer trop gros jeu que de jouer le par-corps.

Cela rappelle un trait arrivé à un de nos auteurs comiques : Boursault, auteur

du Mercure galant et d'Esope à la Cour,
devait vingt-cinq écus à Remy Bertrandet,
marchand à Troyes; celui-ci tira, sur le
poëte, une lettre de change de cette somme,
et, comme la prise de corps n'avait lieu que
de marchand à marchand, le tireur mit
pour adresse : A monsieur Boursault, *marchand poëte*, à Paris ; la bonne marchandise, s'écria le poëte ! heureusement, dit-il,
j'avais reçu vingt-cinq louis la veille, et je
me trouvai dispensé d'aller demander réparation pour une muse qu'on avait traitée
en roturière.

Deux questions étaient controversées
dans l'ancien droit;

La première : la contrainte par corps a-
t-elle lieu entre associés, pour une entre-
prise de commerce?

La deuxième : peut-elle être prononcée
par les arbitres chargés de régler le différent entre associés?

La jurisprudence actuelle s'étant justement fixée sur l'affirmative de ces deux
questions, il serait superflu d'établir les
raisons de décider.

Une autre question est encore contro-
versée en ce moment : peut-on appeler d'un
jugement qui prononce la contrainte par

corps, quand l'objet de la demande n'excède pas la compétence en dernier ressort?

Une Cour impériale l'a résolue négativement, en se fondant sur ce que le tribunal, compétent sur le fond, l'est aussi sur l'accessoire; cependant, la liberté individuelle tenant à l'ordre public, *omnium porro legum summa et suprema est quæ utilitatem publicam tuetur*, il est permis de penser, *salvâ reverentiâ*, qu'on peut appeler du chef qui prononce la contrainte par corps, encore bien que l'objet du litige n'excédât point le dernier ressort, *libertas omnibus rebus favorabilior est, in ambiguis pro libertate respondendum est.*

Sur le stellionat. (*Vide* HYPOTHÈQUE).

Sur la cession de biens et l'élargissement des contraignables par corps après une détention de cinq ans. (*Vide* FAILLITE).

CONTRAT.

LES contrats sont, en général, du Droit des gens; ils sont la conséquence nécessaire de la civilisation, et les moyens répartiteurs de la convenance individuelle. Pour pouvoir contracter, il suffit d'être de la grande société des hommes; ce droit appartient aux Etrangers comme aux regnicoles; la loi civile se borne à régler la forme propre à établir la preuve des contrats.

Le contrat est l'acte par lequel on s'oblige à donner, à faire, ou à ne pas faire quelque chose, *duorum pluriumve in idem placitum consensus animo contrahendæ obligationis.* L. 1, §. 2, ff. *de pact.*

On distingue trois choses principales dans chaque contrat : celles qui sont de son essence : celles qui sont de sa nature : et celles qui lui sont accidentelles.

Les choses qui sont de l'essence du contrat, sont celles sans lesquelles il ne peut exister, tellement que l'absence de l'une d'elles le frappe d'inertie : par exemple, trois choses constituent le contrat de vente; l'objet, le prix et le consentement; qu'on retire une de ces choses, il n'y a plus contrat de vente. Il est possible que la combinaison des deux choses restantes, produise un résultat quelconque, parce qu'on ne reconnaît pas, dans le droit français, la qualité occulte des simples pactes; mais il sera dépourvu des prérogatives attachées au contrat de vente, *quia res non potest intelligi sine suâ substantiâ.*

Les choses qui sont de la nature du contrat, sont celles qui conviennent tellement aux actes, qu'elles en font implicitement partie, et qu'elles y sont toujours sous-entendues, *id perfectum est quod ex omnibus suis partibus constat;* mais, il est libre à chacun de renoncer aux droits établis en sa faveur, *nemini invito beneficium datur;* aussi, elles peuvent en être détachées par une stipulation expresse: par exemple, la garantie est de la nature du contrat de vente; cependant, le vendeur peut s'en affranchir par une disposition consentie par l'acheteur, parce que l'idée d'une vente, sans garantie, se conçoit facilement, *naturalia licèt abesse possint, locum tamen habent in contractu, nisi expressè removeantur, et adesse præsumuntur ità ut contrarium asserenti probatio incumbat.*

Les choses qui sont accidentelles au contrat, sont celles qui, n'étant ni de sa nature,
ni de son essence, n'y sont renfermées que
par une clause explicite; elles ne se sup-
pléent jamais : tels sont les termes de paiement, les délégations, les intérêts, et toutes
autres conditions établies, ou toutes précautions prises dans l'intérêt des Parties, *acci-
dentalia ordinariò absunt, neque aliter locum inveniunt quàm si expressè adjiciantur.*

Il est très-important que chaque contrat
ait son essence, et qu'il contienne les choses
constitutives de sa nature spécifique; autrement, la classification des contrats serait
équivoque et arbitraire. Pour qu'un contrat
jouisse de ses effets civils, il doit être sérieux :
veut-on faire une donation? il faut que l'intention de libéralité soit évidente, il faut se
dépouiller franchement et effectivement :
veut-on faire une vente? il faut que le prix
soit raisonnablement déterminé; *factum
non videtur cùm superest aliquid agendum.*

Il n'est pas sans utilité de remarquer, en
Droit, une différence entre le contrat et la
convention proprement dite; le contrat est
pris, en général, pour un ensemble de conventions, *plura instrumenta in eâdem
chartâ;* ainsi, l'art. 1521 du Code civil dit :

la convention est nulle, etc., il n'y a que la convention, prise isolément, qui soit nulle; mais, le contrat de mariage qui est l'ensemble des conventions, est valable; de même, dans le cas de l'art. 1172 du Code civil, si le contrat comportait des conventions, indépendantes les unes des autres, il n'y aurait que la convention, renfermant la condition impossible, qui fût frappée de nullité.

Quoique le droit français ne reconnaisse pas la rigoureuse distinction que les Romains établissaient entre les contrats et les simples pactes, cette disparité, admise par nos maîtres en législation, ne doit pas être tout-à-fait dédaignée: la simple convention n'est pas destituée du lien de droit, et pourtant il importe, quant aux effets, de la distinguer du contrat, *distingue casus et conciliabis jura.*

Lorsque les contrats sont parfaits, *cum omnibus punctis absolutum fuerit instrumentum*, ils forment, entre les parties, une loi aussi sacrée que si elle fût émanée de l'autorité publique, *hoc servabitur quod ab initio convenit; legem enim dedit contractus. Pacta conventa quæ neque contra leges, neque dolo malo inita sunt, omninò servanda sunt.*

Mais, ce n'est que quand le contrat est

absolument parfait que les parties sont liées ;
jusqu'au dernier période du complément,
chacune d'elles peut se rétracter : par exemple , si on était convenu que le contrat
serait rédigé par écrit, il ne serait obligatoi-
rement accompli que lorsque la rédaction
par écrit serait achevée et couronnée par la
signature, *nisi inter contrahentes convenerit
ut actus in scripto celebretur, tunc enim non
nisi omnibus partibus absolutá scripturá per-
fectus habetur contractus.* L: 17, C. *de fid.
instrum:*

De même, si on était convenu de passer
acte devant notaires, quoique les parties eussent signé, jusqu'à ce que les notaires eussent eux-mêmes apposé leur signature, chacune des parties pourrait se départir ; cet
acte , quoique signé des parties , ne vaudrait
même pas comme acte sous signature privée,
parce qu'elles ont voulu traiter par acte no-
tarié, et que le consentement, qui en était
la base , ne s'est point intégralement maintenu jusqu'à son complément ; ce ne serait ,
en ce cas, qu'un acte imparfait qui ne pourrait être regardé que comme un simple projet, privé de tout effet civil, *pœnitentiæ locus
est, licet impunè recedere.*

Un principe important dont il faut se pé-

nétrer, c'est que toutes les fois qu'il n'est
plus au pouvoir de l'une des parties qu'une
obligation existe, ou n'existe pas, il y a
vinculum juris; ainsi, l'hypothèque prépos-
téré peut avoir lieu pour un crédit ouvert,
quoique non encore réalisé; ainsi, l'hypothèque du mineur remonte au jour de la
tutelle, quoique le tuteur ne reçoive les
deniers pupillaires que long-temps après ;
parce que, dans ces deux cas, à partir du
jour de l'ouverture du crédit et de la dévolution de la tutelle, il ne dépend plus du
créditant, ou du tuteur de ne pas être obligé,
necessitate astringuntur.

Lorsque le contrat a reçu son complément, il ne peut dépendre d'un tiers d'en
détruire l'effet à l'insu des parties intéressées; l'art. 1397 du Code civil en donne
l'exemple et le précepte : le notaire qui ne
transcrit point, à la suite de l'expédition du
contrat de mariage, les changemens qui ont
été faits au contrat primitif, est, seul, responsable envers les parties intéressées, *non
debet alterius collusione, aut inertiâ, alterius jus corrumpi.*

L'obligation contractée par écrit, ne peut
être détruite que par écrit, *nihil tàm naturale est unumquodque eodem modo dis-*

solvi quo colligatum est. L. 35, ff. *de reg. jur.*

La maxime commune en France, est que tous les contrats sont de bonne foi, *item in contractibus alter alteri obligatur de eo quod alterum alteri ex æquo et bono præstare opportet.* La bonne foi est si nécessaire dans les actes du commerce des hommes que toutes les règles du Droit se réunissent pour la protéger : Ainsi, tout ce qui a été fait, exécuté, ou consommé de bonne foi pendant une juste possession, ou dans l'exercice d'une qualité légitime, constitue un droit acquis et doit être maintenu ; *quod legitimè factum est non debet irritari, licèt ad eum casum devenerit à quo incipere non potuit. — Non est novum ut quæ semel utiliter constituta sunt durent, licèt ille casus extiterit à quo initium capere non poterint.* L. 85, ff. *de reg. jur.*

Dans l'ancien droit, la plupart des stipulations insérées dans les contrats, de même que les déchéances ou péremptions, n'étaient que comminatoires, parce que la renonciation au plus grand nombre était de style, *ea quæ sunt styli non operantur in contractibus,* mais, la loi nouvelle ayant remédié à cet inconvénient, en proscrivant la renon-

ciation aux conditions qu'elle veut conserver, il n'existe plus, à proprement parler,
de dispositions comminatoires, *sublatá causá, citò et tutò effectus evanescit.*

Dans l'ancien droit, les contrats qui
avaient pour objet direct de transférer
la propriété, n'opéraient irrévocablement
cet effet que par la tradition, *traditionibus
et usucapionibus dominia rerum non nudis
pactis transferuntur.* L. 20, C. dè *pact.;*
cette maxime fameuse, née de la subtilité,
est anéantie; elle blessait la loi du contrat;
elle était une source de fraudes. (*Vide*
Propriété.)

CONVENANCE.

La convenance consiste dans la conformité d'une action avec le tems, les lieux et les personnes; elle est d'un grand secours pour réussir dans le monde ; le *quid deceat, quid non*, est une règle qu'on ne doit jamais perdre de vue; il faut savoir approfondir ce que les romains appelaient *rationes locorum et temporum ;* il faut, surtout, profiter de l'occasion, *vita brevis, occasio præceps ;* l'irrésolution est dangereuse; le tems vole, on ne peut l'arrêter, *dùm calet hoc agitur ;* le moindre retard peut être funeste, *cum votum voveris domino tuo non tardabis reddere, et si moratus fueris reputabitur tibi in peccatum.*

On doit d'abord s'occuper de ce qui presse, *quod nunc instat agendum.* Ovide a dit, avec raison, que le remède est tardif quand le mal est invétéré :

> . . . . *Serò medicina paratur,*
> *Cùm mal i per longas invaluerunt moras.*

Toute chose, faite intempestivement, est inefficace et souvent dangereuse, *non erat his locus.* On rapporte que des députés de la ville de Troye, chargés d'aller faire un

compliment de condoléance à l'empereur
Tibère qui avait perdu sa mère, mirent
si peu d'empressement à remplir leur mis-
sion, qu'ils n'arrivèrent à Rome que plus
d'un an après la mort de cette princesse;
l'Empereur écouta froidement le harangueur phrygien : Mes amis, dit-il aux députés, je vous remercie de la part que vous
prenez à ma douleur, et moi aussi, je pleurs
avec vous la perte que les Troyens ont faite.
—Quelle perte, seigneur?— Celle de votre
Hector, c'était un grand capitaine (il y avait
plusieurs siècles qu'il avait été tué par
Achille). Il eût été difficile de leur faire
sentir plus vivement le manque de bien-
séance.

Chaque chose doit être mise à sa place;
un peintre qui, dans l'éloignement, peindrait les objets dans tous leurs détails, avec
leur forme, leur couleur et leur grandeur
naturelles, exprimerait *la vérité absolue*,
mais il n'observerait pas *la vérité relative*,
il pécherait contre les règles de l'art. La
justesse des proportions est nécessaire dans
toute espèce de production. Il ne faut pas
donner le rôle d'Hercule à jouer à un enfant, *sua sint sibi convenientia cuique.* Ainsi,
dans l'Arioste et dans Homère, tout est

colossal et rien ne choque, parce que tout
est coordonné et soutenu; point d'inégalités
choquantes; on n'y voit point des nains
luttant contre des géans, ni des pygmées
se roidissant contre des atlas :

Singula quæque locum teneant sortita decenter.

L'essentiel, en tout, est d'observer un
juste rapport; il ne faudrait pas montrer,
brusquement, une trop vive lumière à
l'homme long-tems enseveli dans les ténèbres, il serait ébloui; il ne faudrait pas,
par une transition burlesque, tomber de
la splendeur des palais dans l'obscurité des
tavernes, *dèlabi majoribus ad minora*; ce
serait un contre-sens semblable à celui qui
peindrait Caton galant, ou Brutus damme-
ret; il ne faudrait pas passer d'une sévérité
outrée à une excessive indulgence, une loi
physique veut que la réaction soit proportionnée à l'action; une gravité chagrine
serait déplacée dans un banquet, *dulce est
dissipare in loco*, ce n'est pas au moment
où le Nil baigne les campagnes de ses eaux
bienfaisantes, qu'on doit proposer de le
resserrer dans ses digues.

Par un argument qu'on peut appliquer
au moral, il est permis d'ajouter, que de
même

même qu'Hésiode a dit que la noble jalousie est utile aux mortels, on ne peut disconvenir qu'il existe un certain orgueil licite. L'excès de modestie aurait ses inconvéniens, surtout dans ce siècle où les esprits sont plus que jamais entraînés vers tout ce qui fait éclat; le docte probe languit ignoré, *probitas laudatur et alget*. La trop grande humilité serait une vertu de dupe; on est presque toujours pris au mot sur l'opinion défavorable qu'on donne de soi-même. C'est par la même raison que le luxe de consommation devient véritablement utile, et contribue à entretenir la joie parmi les hommes, à la différence de ce luxe destructeur qui ne consiste que dans une somptuosité d'apparence, *optimus est in omnibus rebus modus.*

Sous le rapport des convenances sociales, il faut observer que tout ce qui tient à la reconnaissance et au respect, doit être fait par soi-même, et non par procureur, *ea autem quæ sunt dignitatis, honoris, seu reverentiæ non possunt per alios expediri, nisi in casibus necessitatis.*

La politesse exige qu'on ne conteste pas un fait que quelqu'un dit avoir vu :

Crois ce qu'on dit, malgré que ton œil le démente.

Tome I.   C c

Pourtant, lorsque le fait raconté paraît un peu trop lourd, on peut dire comme Lamothe : je le crois, monsieur, puisque vous l'avez vu, mais, si je l'avais vu, je ne le croirais pas. La raison enseigne, d'ailleurs, qu'il faut douter où il faut, se soumettre où il faut, et assurer où il faut; *sit rationabile obsequium vestrum.*

On doit éviter tout ce qui tient à l'emphase; tout apparat est inconvenant dès qu'il tient de l'exagération. Il est ridicule de saluer ou de faire la révérence comme un maître de danse, quoiqu'il soit bon d'apprendre à danser. Il est absurde de parler toujours comme un rhéteur, quoiqu'il soit bon de savoir la rhétorique : les députés d'une grande ville, voulant haranguer Henri IV, et mettre leur érudition à profit, commencèrent leur discours par ces paroles : *Annibal partant de Carthage....* A ces mots, le prince les interrompant, leur dit : *Annibal partant de Carthage avait dîné, et je vais en faire autant.* C'est une gaucherie des plus déplacées, que d'aspirer, en ce cas, à une perfection qu'il faut laisser aux gens du métier; les personnes de bonne compagnie éprouvent, en remarquant ce genre d'exagération, une sensation aussi

pénible que celle qu'on reçoit d'une dis-
sonnance choquante.

Il convient aussi d'éviter, avec soin, ces
propos licencieux qui blessent la décence;
les progrès du bon goût et la culture de
l'esprit exigent une morale théorique :

> Chastes sont les oreilles,
> Encor que le cœur soit fripon.

Il n'est pas moins nécessaire d'éviter et
l'embarras des visites indiscrètes ou trop
prolongées, et l'importunité des discours
ou des complimens inconsidérés; quoique
ce soit un personnage comique qui le dise,
il est bon de se rappeler ces vers :

> Mais enfin, coupons au discours,
> Et que chacun chez soi doucement se retire;
> Sur telles affaires toujours
> Le meilleur est de ne rien dire.

On doit se soumettre aux usages des lieux
où l'on se trouve, *quandò intrasti in ur-
bem ambula juxtà ritum ejus ;* un proverbe
trivial peint bien, par son énergie, la nécessité de se plier aux convenances locales :
il faut hurler aux bois avec les loups; *mos
regionis semper inspiciendus.*

Si fueris Romæ, Romano vivito more.
Si fueris alibi, vivito sicut ibi.

Cc 2

COQUETTERIE.

La coquetterie est le désir de plaire à plusieurs personnes à-la-fois ; elle est naturelle
aux deux sexes; mais elle est spécialement
le partage des femmes chez qui l'adresse
doit être le supplément de la force, et à
qui la nature elle-même a inspiré le besoin et tous les raffinemens propres à séduire et à intéresser, puisqu'elle les a soumises à l'empire d'un être plus fort.

Beaucoup de jeunes personnes ont un
goût excessif pour la coquetterie ; l'inexpérience les égare, la pétulance les entraîne,
elles fanent, dès l'aurore de la vie, les plus
douces jouissances du sentiment ; tout, dès-
lors, n'est plus qu'artifices. Il en existe
un trop grand nombre à qui on pourrait
appliquer ce que Saluste disait de la fameuse Sympronia, *psallere, saltare ele-
gantiùs quàm necesse est probæ, multa alia-
que instrumenta luxuriæ.*

Les femmes connaissent ces beaux vers
sur l'art de la coquetterie :

Paris, à chaque pas, nous offre cent coquettes,
Ivres d'un fol encens, volages, indiscrètes.

O vous, qui, sur leurs traces, voulez vous enflammer,
A jouer leurs travers l'art seul peut vous former ;
Pour ce fameux exploit, il est mille artifices,
Et le jeu des vapeurs et celui des caprices :
D'un geste ou d'un sourire combinez la valeur ;
Commandez à vos yeux de feindre la douleur,
Le plaisir, le dédain, ou la mélancolie,
La raison quelquefois, plus souvent la folie.

Mais elles se font un devoir d'oublier
ceux-ci qui ne sont pas moins beaux :

Iris, vous comprendrez un jour
Le tort que vous vous faites,
Le mépris suit de près l'amour
Qu'inspirent les coquettes.
Songez à vous faire estimer
Plutôt qu'à vous rendre aimable ;
Le faux honneur de tout charmer
Détruit le véritable.

Les moyens factices finissent par détruire
la nature, on ne peut contester cette vérité ;
il en est une autre démontrée par l'expérience de tous les jours, c'est que la nature
se venge tôt ou tard des usurpations de l'art.
Ne sait-on pas que les femmes, en voulant
se parer avec trop de soin, tant au moral
qu'au physique, sont trouvées moins jolies
que dans un aimable négligé ? Ne sait-on
pas que tous ces raffinemens détruisent la

sensibilité, qu'ils finissent même par épuiser les principes de la vie? Au risque de pàsser pour un censeur morose, je dois dire que Zaleuque, pour bannir le luxe parmi les Grecs, avait décidé que les damès ne pourraient porter ni pierreries, ni parfums, que lorsqu'elles seraient résolues à se prostituer.

Il est rare qu'une femme trop coquette soit bonne mère, et qu'elle puisse s'approprier la réponse sublime de cette dame romaine qui, pour parure, montra ses enfans : *et hæc, inquit, ornamenta mea sunt ;* au contraire, une fâcheuse tradition atteste que la légèreté et l'infidélité sont inséparables de la coquetterie ; ce mélange d'artifices offre trop souvent la réalité de cette idée d'Horace :

Jam nunc et incestos amores
De tenero meditantur ungui.

La mère, livrée à la dissipation de la coquetterie, non-seulement néglige l'éducation de ses enfans, mais son exemple funeste est un poison qui corrode la pureté de leur cœur ; la fille imite naturellement sa mère, *sequitur leviter filia matris iter.*

Ce qu'on nous inspire, en sortant du berceau,
Naissant comme avec nous, nous suit jusqu'au tombeau.

La jeune personne qui remplace la simplicité pudique par une affectation maniérée,
est dédaignée pour épouse, *filia illocabilis;*
les liens de l'hyménée ne serrent, avec délices, que la beauté modeste; alors, le malheur
éclate ; cette fille, si précieusement mus-
quée, est condamnée à vivre dans un délaissement honteux ; et c'est la mère qui
a assassiné moralement l'être auquel elle
donna le jour, *qualis mater, talis filia.*

(*Vide* VERTU).

CORPORATION.

L'AGRÉGATION d'hommes qui vivent sous une police commune offre d'assez grands avantages; l'esprit de corps produit l'honneur. Les grenadiers, à l'armée, donnent l'exemple de la discipline et du courage ; ainsi, on voyait autrefois les capucins, eux-mêmes, braver tous les dangers dans un incendie. On s'identifie malgré soi avec sa corporation; on est comme placé sur un théâtre plus vaste; le développement des moyens est plus large ; l'aiguillon de l'émulation active les ressorts ; l'énergie est doublée, parce qu'on veut ne pas paraître inférieur à ceux qui avoisinent, ou qui ont précédé, *utile nobis proposuerunt exemplar.*

Dans les sciences, le grand résultat des corps académiques est d'être un centre commun qui appelle les lumières de tous les points de l'horizon intellectuel du monde.

L'esprit de corps, si utile pour émouvoir l'émulation, devrait aussi produire le besoin, individuellement réciproque, de protéger chacun des membres de la corporation ; les agrégés devraient respectivement offrir, et

trouver un appui dans chacun d'eux. Il en
est autrement ; la jalousie est une tristesse
que l'on conçoit du bien de son prochain,
on le regarde comme un mal, pour soi, en
ce qu'on s'imagine qu'il diminue sa propre
gloire : cette déité infernale couvre l'humanité de deuil ; elle rappelle ce que l'histoire
nous apprend des Ephésiens qui, en chas-
sant Hermodore, disaient : *nemo de nobis
excellet, sed si quis extiterit, alio in loco et
apud alios sit.*

L'intérêt particulier, sainement entendu,
devrait pourtant les prémunir contre la dé-
mangeaison de l'envie ; sa faulx est ambula-
toire ; demain, elle peut atteindre celui qui,
la veille, fut l'auteur de la chûte d'un autre ;
ils devraient, à chaque instant, répéter ces
vers :

> Les loups ne mangent pas leurs frères,
> Suivant un exemple si doux,
> Messieurs les auteurs, dans vos guerres,
> Soyez humains comme les loups.

On peut remarquer plusieurs inconvéniens dans la partie organique des corpo-
rations ; ils sont d'autant plus graves qu'ils
jaillissent des précautions même employées
pour les éviter.

Le premier : c'est que, dans les unes, les

places se donnent au concours, comme moyen indicatif de la capacité. Mais le concours ne prouve pas toujours ce qu'il s'agit de prouver; il n'est point nécessairement révélateur du talent : tout le monde se rappelle l'aventure du fameux Nicole qui ne put jamais parvenir à être docteur en théologie; Pothier n'eût peut-être point obtenu une chaire de droit, s'il eût fallu la disputer au concours; Jean-Jacques Rousseau y eût mal figuré; Corneille était muet en public.

La deuxième : c'est que ce sont les membres de la corporation qui sont juges de la capacité des aspirans. Cet ordre de choses fait naître beaucoup de réflexions; celle qu'on éprouve généralement est de se rappeler ce vers :

Nul n'aura de l'esprit que nous et nos amis.

Il est rare, en effet, de trouver de ces hommes, véritablement grands, parce qu'ils atteignent la hauteur de leurs fonctions; la partialité, ou l'inquiète prévoyance des électeurs, repousse trop souvent l'homme de mérite, pour accueillir l'intrigant ou le protégé. Les égards qu'on doit aux vivans imposent silence :

Quelques tableaux, point de portraits.

Autrement, on pourrait multiplier les exemples probatoires des vices de ce genre d'élection ; l'opinion publique qui, récemment encore, s'est vivement prononcée sur certains élus, est fixée sur ce point.

Le troisième : c'est que ce sont ces mêmes membres qui exercent le droit de stygmatiser les agrégés contre lesquels on a porté des plaintes, trop souvent mendiées par la jalousie, ou suscitées par la cabale; de tels juges sont rarement impartiaux. Les uns jouissaient d'une prérogative de supériorité ; ils voyent de mauvais œil ceux qui s'efforcent à la partager : les autres exploitaient, exclusivement, une mine abondante dont le produit est diminué par l'excavation ingénieuse de nouveaux venus qu'ils détestent de tout leur cœur : les autres vivaient tranquilles au milieu de leur commune médiocrité, ils ont cru s'apercevoir, ou ils ont été convaincus, qu'elle était dévoilée par cela seul que des néophites plus habiles, ou plus laborieux, avaient fourni un point de comparaison ; tous, se rengorgeant, imitent monsieur Josse; ils profitent de l'occasion pour dénigrer, par fois même pour perdre l'infortuné qui n'a eu d'autre tort que d'être égal, ou supérieur à ses collègues, ou qui a eu assez de caractère pour dédaigner le mouvement circulaire , ou une basse courtoisie. Il appartient au Gouvernement libéral que la Providence a rendu à la France , de porter ses regards sur ces inconvéniens.

COULEURS.

NEWTON a considéré les couleurs sous deux rapports : le premier, celui des couleurs dans la lumière, ou dans l'air atmosphérique : le deuxième, celui des couleurs dans les corps. Il y a, relativement à la lumière, sept couleurs primitives : le violet, l'indigo, le bleu, l'oranger, le jaune, le vert et le rouge. Le blanc se forme par la réunion de toutes les couleurs; le noir par l'absence de toutes les couleurs; les différentes nuances sont caractérisées par la réunion de deux ou de plusieurs couleurs : par exemple, le jaune et le bleu forment le vert.

En général, les corps noirs et ceux fortement colorés s'échauffent beaucoup; il existe de l'analogie entre la lumière et le calorique; or, la lumière ne pouvant que difficilement s'échapper et pénétrer les corps fortement colorés, il en résulte qu'elle s'y condense; c'est pour cela qu'un homme, vêtu d'un habit et d'un chapeau noirs, s'échauffera beaucoup plus vite que celui vêtu d'un habit et d'un chapeau blancs ; la lumière, pénétrant facilement le blanc, ne s'y condensera pas en aussi grande quantité.

La couleur par excellence est le rouge ; c'est celle que les enfans affectionnent ; ils la distinguent et la choisissent de préférence à toutes les autres. Aussi, pour exprimer une jolie petite fille, on dit : c'est une jolie petite rouge. Aussi, on remarque qu'en général le signe extérieur des décorations est un ruban rouge.

Les dames de qualité mettaient autrefois du rouge, moins pour tromper sur l'abandon de leur fraîcheur naturelle, que pour prouver qu'elles avaient le droit d'en porter ; on appelait cela *mettre le rouge en navette*, parce que son application avait la forme d'une navette. Les bourgeoises se bornaient à en mettre pour voiler les ravages du tems. En cela, les femmes rappelaient le plâtrage de leurs antiques aïeux, car les sauvages se teignaient le corps de différentes couleurs, et sur-tout de rouge.

Les couleurs exercent un grand effet sur les lois de la vision, sur-tout sur la perspective qui tend à représenter les objets, selon la différence que l'éloignement et la position apportent dans la figure et dans

la couleur; et, sous ce rapport, il convient
d'examiner ce qu'est l'optique, prise particulièrement, c'est-à-dire, lorsqu'elle traite
de la lumière directe.

Suivant l'hypothèse de Newton, généralement adoptée par les physiciens, la lumière
vient d'un écoulement; un rayon de lumière,
selon lui, est une suite continue de molé-
cules qui se succèdent.

On appelle *milieu libre* les corps qui n'opposent point de résistance aux rayons de
la lumière : l'air n'est pas un corps parfaitement libre, il oppose quelque résistance;
dans un trajet de cent soixante dix toises, il se
perd un centième de rayons; c'est pour cela
que les rayons des astres ne peuvent parvenir jusqu'à nous dans leur intensité primitive.

On appelle *lumière réfléchie*, l'état d'un
rayon qui, rencontrant un corps lisse qui
lui refuse ouverture, est forcé de rétroagir;
les corps *concaves* sont ceux qui renvoyent
le plus de reflets, parce que les rayons se
réunissent dans le foyer où ils convergent :
tels sont les réverbères. Sous le rapport de
la pyrotechnie, le foyer des corps concaves
produit les effets les plus violens; on sait
que les miroirs d'Archimède incendièrent

la flotte des Grecs. Dans la fantasmagorie, on se sert de verres *planes-concaves* ; par ce moyen, on double l'effet des rayons. Les corps *convexes* sont inférieurs ; ils n'ont qu'un foyer virtuel et les rayons divergent. Les corps *planes* sont ceux qui, à raison de leur qualité obtuse, renvoyent le moins de rayons.

On appelle *lumière réfractée*, l'état d'un rayon qui rencontre un corps diaphane qui lui donne ouverture : ainsi, les lampes avec des bouteilles remplies d'eau présentent une lumière réfractée.

Lorsque la réfraction passe d'un corps plus dense dans un corps moins dense, la réfraction tend à l'oblique, parce que les rayons sont convergens, et qu'ils cherchent à se rapprocher de l'angle d'incidence qui les éloigne de la perpendiculaire : ainsi, quand un poisson est vu dans l'eau, il ne se trouve pas au lieu même qu'indique son image ; il paraît plus près de la surface qu'il ne l'est réellement ; cette image se réfracte en convergeant ; et, si on veut le tirer à plomb, il faudra tirer plus bas, par le double motif que le plomb est aussi réfracté et qu'il tend à diverger ; c'est par la même raison qu'un bassin paraît beaucoup plus

grand

grand quand il est vide que lorsqu'il est plein.

La perspective qui tend à représenter les objets selon la différence que l'éloignement et la position apportent dans la figure et dans la couleur, est une des illusions de l'optique ; elle produit plus ou moins d'effet, selon que la vue est plus ou moins bornée ; ce qui en diminue principalement le résultat, ce sont ces bordures disparates, qui, détruisant l'ensemble, compriment l'apparence qui doit tromper agréablement la vue; c'est ce qui rend la synoptique des panorama si supérieure aux optiques ordinaires.

Cette découverte est superbe : elle consiste à peindre les objets sur une forme cylindrique; on place le spectateur au milieu de ce cylindre; dans cette position, les images se présentent à lui en tous sens; il les aperçoit devant, derrière, dessus et latéralement; le tableau n'a point de fin, il n'a point de bordures empruntées; ce sont des nuages, des toits, des arbres qui en tiennent lieu, ce qui, perpétuant l'illusion, lui donne un caractère de vérité; les objets paraissent dans leur force naturelle, parce qu'on voit cet ensemble de la nature auquel on est habitué dans les synoptiques journalières;

cette unité, cette harmonie des figures et des couleurs qui s'étendent à l'infini et que le spectateur, placé au haut du tableau, embrasse par une vision générale selon la différence de la position, assurent au panorama le triomphe sur toutes les optiques. La lumière que réfléchissent ces tableaux semble avoir l'intensité primitive de celle des objets qu'ils représentent, quoiqu'elle leur soit bien inférieure, parce que ces tableaux, étant enluminés et éclairés, sont exposés dans un lieu où règne une obscurité ménagée avec art.

La gnomonique, ou l'art de tracer des cadrans solaires, est fondée sur un principe extrêmement simple : c'est la connaissance de la couleur et de l'effet de l'obscurité causée par un corps opaque que l'on oppose à un corps lumineux, et dont la figure dépend du plan du corps opaque: à mesure que le corps lumineux change de place, la position du corps opaque qui est fixe, produit une obscurité, et projète une ombre qui décrit sur la surface un cercle relatif.

Au moyen de l'ombre, on peut, par un procédé non moins facile, mesurer la hauteur d'un clocher, d'une tour, ou d'un arbre: lorsque l'ombre d'une tour, d'un clocher,

ou d'un arbre est projetée sur une ligne,
on plante un jalon dans la même direction;
aussitôt, l'ombre du jalon se projette également; alors, on mesure l'ombre de l'un et
de l'autre; et, de la longueur connue du jalon, à l'aide d'un calcul de proportion, on
connaît de suite la hauteur de la tour, du
clocher ou de l'arbre.

~~~~~~

COURAGE.

Avec du courage et de la patience, rien
n'est impossible à l'homme, *nil hominibus
arduum est. — possunt quià posse videntur.*
Plus on éprouve de difficultés, plus on doit
opposer de courage; ainsi, les arbres, agités
par les vents, prennent de plus profondes
racines. Les tempêtes font éclore de mâles
caractères; il faut lutter contre les désagré-
mens, *componere animum suum ad omnes
casus;* faire face à ses ennemis, et déconcer-
ter leurs efforts par sa fermeté; leurs coups
doivent activer la résistance; le courage
naît au milieu des dangers, et semble s'accroître de ses pertes : la tige tire une nouvelle vigueur du fer même dont ses rameaux
sont frappés :

. . . . . *Per damna per cædes ab ipso
Ducit opes animumque ferro.*

Il ne faut jamais se rebuter, *pòst malam
messem serendum est;* c'est en bravant l'o-
rage qu'on arrive au port ; il faut joindre
le zèle à la résolution, *amat victoria curam.*
Il convient, surtout, d'appeler la prudence à

son secours, elle enseignera à éviter les embûches : Ulysse, instruit de la métamorphose de ses compagnons, se rend au palais de Circé pour les délivrer, il rejette avec précaution le breuvage qu'elle lui présente pour le transformer lui-même ; il se dispose à la frapper de son épée si elle ne lui accorde ce qu'il demande; Circé, trouvant son art sans force contre ce prince, a recours aux prières, elle l'appaise en rendant à ses compagnons leur premier être. Avec la prudence, les forces sont doublées, parce qu'elle fournit les moyens préservateurs du mal.

Vis consilii expers mole ruit suâ,
Vim temperatam dii quoque provehunt
In majus.

Anthée, chaque fois qu'il touchait la terre, y puisait des forces nouvelles pour combattre Alcide, et si, vouloir arracher la massue des mains d'Hercule, était une témérité, il n'est heureusement pas aussi difficile de triompher des obstacles et des persécutions des hommes, qui, quoique méchans, ne sont que de faibles mortels, et de franchir les piéges qui s'opposent à l'exécution d'un dessein juste en lui-même, fortement conçu, et poursuivi avec zèle, *si labor terret merces invitet.*

Il est des circonstances où il faut braver jusqu'à ses affections, et jusqu'à la douleur; en touchant aux plaies les plus vives, on doit s'attendre à quelques cris; si ces souffrances sont nécessaires, on doit oser les entreprendre. La peur d'un mal conduit souvent dans une situation plus funeste encore; *in vitium ducit culpæ fuga.*

L'homme courageux est inébranlable; armé contre tous les événemens, le monde entier croulerait sur sa tête, qu'il resterait calme:

> *Si fractus illabatur orbis*
> *Impavidum ferient ruinæ.*

Semblable au roc battu par la vague écumante,
Rien ne l'étonne, rien ne l'épouvante.

Il supporte une foule de maux, sans que son énergie soit submergée par les flots de l'adversité:

> . . . . *Aspera multa*
> *Pertulit adversis rerum immersabilis undis.*

S'il doit succomber; si un pouvoir inexorable prépare son malheur, il aura du moins l'avantage d'entendre dire de lui:

> . . . . *Si Pergama dextrâ*
> *Defendi possent, etiam hâc defensa fuissent.*

il aura fait ce qu'il devait,

. . . . . *In magnis cecidisse decorum est.*

tous les hommes sensibles et généreux le
plaindront ; ils s'empresseront de répandre,
sur son cœur affligé, les consolations les plus
obligeantes :

J'ai connu le malheur, et j'y sais compatir.

c'est un spectacle, digne de la commiséra-
tion divine, que l'état d'un homme de bien
accablé d'adversités, *ecce spectaculum Deo
dignum : vir bonus cum malâ fortunâ com-
positus.*

Cependant, s'il est à propos d'écarter, par
son énergie, l'addition du mal de la peur à
la peur du mal, on ne doit pas se consumer
en efforts superflus pour des choses impossibles, *cum diis pugnare.* La témérité inopor-
tune est dangereuse : il ne faut jamais gravir
en vain d'arides rochers, *et quæ desperat
nitescere posse relinquit ;* et éviter d'être le
prototype de ce chêne orgueilleux qui rompt
pour n'avoir pas voulu plier.

Il est des entreprises hérissées de difficultés dans lesquelles, dit Horace, on
marche sur des feux mal éteints, cachés
sous une cendre trompeuse :

Periculosæ plenum opus aleæ

Tractas, et incedis per ignes
Sopitos sub cinere doloso.

C'est alors qu'un zèle gouverné par l'a-
dresse, mais audacieusement vigoureux,
doit se déployer, *instat periculum ;*

Le péril est grand, il l'est au plus haut point,
Je l'envisage entier, mais je n'en frémis point.

C'est souvent la difficulté de la position
qui force à mieux faire, *felix necessitas qui*
cogit ad melius ; l'arbre, courbé par le vent,
est relevé par la contention d'un effort
opposé ; la nécessité n'a point de règles fixes,
on emploie tout, *digna res ubi nervos in-*
tendas tuos, dit Térence ; l'énergie s'exalte,
un effet inattendu jaillit d'une cause qu'on
aurait dédaignée en toute autre occasion ;
c'est en ce sens que l'on peut dire que l'u-
nique salut des vaincus est de n'en point
avoir, *una salus victis, nullam sperare, sa-*
lutem ; et l'on triomphe, parce qu'un danger imminent a exigé l'emploi de l'arme du
désespoir :

Sonnez trompettes, organes de la gloire,
Sonnez, annoncez la victoire.

On se repose alors de ses glorieuses fatigues à l'ombre de ses lauriers, *otium cum*

dignitate, on éprouve la plénitude de cette
satisfaction intérieure qui embellit l'existence : tel un vieux nocher, maintenant à
l'abri des orages, rêve délicieusement les
naufrages de sa jeunesse.

Nunc de littore Oceanum lustro cautesque,
Et vada quibus me tempestas illisit
Gratissimo horrore contemno.

Lucrèce dit que la vue du danger d'autrui
nous paraît agréable par la comparaison de
nous-mêmes avec celui que nous voyons
dans le péril; on se plait à s'effrayer d'un
danger qui n'est pas le sien; l'âme a besoin
d'être remuée; et, quoique l'homme soit
naturellement bon et compatissant, il aime
à s'affliger, en simple spectateur, sur le malheur de ses semblables. Aussi, on éprouve
un attrait irrésistible à aller regarder une bataille sur une hauteur d'où l'on puisse voir,
en sûreté, les développemens et la mêlée;
de même que l'on court, par un mouvement
invincible, considérer, du rivage, un vaisseau assailli par la tempête et luttant contre
les vagues qui veulent l'engloutir :

Suave mari magno turbantibus æquora ventis,
E terra magnum alterius spectare laborem;
Non quià vexari quemquam est jucunda voluptas,
Sed quibus ipse malis careas quià cernere suave est.

Ce dont on doit se garder, avec un soin extrême, c'est de susciter le danger, *suscitare sopitos ignes;* n'apprenez pas au taureau qu'il a des cornes, dit un ancien philosophe, *residet in eâ re periculum;* à une armée qui fuit, il faut faire un pont d'or, si on ne peut lui opposer une barrière d'acier, disait le héros que l'univers admire.

Il est heureux, mais peu fréquent, que les dangers passés rendent plus sage, *non etenim faciunt elapsa pericula cautum.* De la Rochefoucault a dit que l'expérience des pères était perdue pour les enfans, l'exemple de tous les jours permet, malheureusement, d'ajouter que l'expérience, acquise par les fautes passées, préserve bien rarement d'en commettre de nouvelles. (*Vide* BRAVE.)

COUTUMES.

Il y avait, en France, cent quatre-vingt coutumes générales, modifiées par une infinité de coutumes particulières. On divisait leurs dispositions en *dérogatoires :* celles qui étaient contraires à une loi positive ; en *supplétoires :* celles qui établissaient des règles sur des espèces que le législateur n'avait point prévues ; en *déterminatives :* celles qui étaient relatives aux usages locaux ; en *interprétatives :* celles qui, se fondant sur la jurisprudence ou sur la manière la plus généralement entendue des citoyens, expliquaient les dispositions obscures des lois ou des contrats.

Chaque coutume était restreinte dans son territoire, *consuetudines sunt locales, et in suo quoque territorio clauduntur.* Lorsque la coutume locale était muette ou obscure sur un point, pour rechercher la raison de décider, il fallait distinguer les matières qui avaient leur principe dans le droit romain, de celles qui l'avaient dans le droit coutumier ; par exemple, pour les

*

testamens, les substitutions, les tutelles et
les contrats qui puisaient leur origine dans
le droit romain, on recourait aux dispositions du droit romain; et pour la communauté entre conjoints, le retrait ligna-
ger, la succession aux propres, inconnus
au droit romain, on recourait à la coutume de Paris, qui constituait le droit
commun coutumier.

Cette multiplicité de dispositions diverses
environnait les lois d'une inertie funeste;
l'étude en était hérissée de difficultés; la
jurisprudence était aussi bizarre que versatile. L'unité de législation, si désirée
par Montesquieu, projetée sous différens
règnes, a enfin été accordée à la France
par le Code civil; ce bienfait, qui n'est pas
assez apprécié, acquerra du crédit avec
le tems. Et comment se pourrait-il qu'il
n'en acquît pas? Le Code civil est un re-
cueil méthodique des principes de justice
éternelle, successivement adoptés et suivis par les Grecs, par les Romains, et par
la plupart des peuples civilisés, *suæ dotes*
commendant.

Cependant, cette grande idée d'uniformité des lois, aurait présenté de graves inconvéniens dans sa mise en pratique, si elle

n'eût été modifiée; dans un grand royaume, les localités y résistent; la différence du climat et du sol, la diversité des produits et des systèmes agricoles nécessitent des règles spécialement analogues; les lois, qui, toujours, parlent impérieusement et génériquement, ne pouvaient, sans injustice, établir, dans beaucoup de cas, des statuts uniformes pour les pays du nord et du midi de la France. Cédant à la nécessité, elles se sont référées aux usages locaux sur certains points qu'elles ont déterminé, ce qui laisse aux anciennes coutumes la seule force légale qui leur convint, *consuetudo specialis seu localis quæ vim habet statuti, sive legis municipalis.* L. 42, C. *quæ sit long. cons.* En effet, un usage immémorial, appliqué aux localités, devait être respecté; une longue tradition invite à imiter ses ancêtres, *inveterata consuetudo pro lege non immerito custoditur.* L. 32, ff. *de legib.*

(*Vide* DROIT et LOI.)

CRÉANCIERS.

Au lieu de présenter en détail, il nous a
paru plus convenable de grouper, dans un
seul chapitre, les droits que la loi accorde
aux créanciers pour conserver et pour exercer la plénitude de leur intérêt.

On nomme créancier celui à qui il est
dû quelque chose, soit pour prêt, soit pour
toute autre cause, *creditorum appellatione
non hi tautùm accipiuntur qui pecuniam
crediderunt, sed omnes quibus ex quálibet
causâ debetur.* L. 11, ff. *de verb. oblig.*

Les créanciers ont deux moyens pour
empêcher les actes qui tendent à frauder
leurs droits.

Le premier, accordé par l'art.' 1166 du
Code civil, les autorise à exercer tous les
droits et actions de leur débiteur; c'est une
dérogation importante, mais juste, au droit
romain qui ne permettait aux créanciers,
l'exercice des droits et actions de leur débiteur, que lorsqu'il y avait fraude de sa
part; dans nos mœurs, il importe peu qu'il
y ait, ou non, fraude de la part du débi-

teur, parce qu'au moyen du gage que la loi leur accorde sur tous ses biens, les créanciers sont considérés comme *procuratores in rem suam ;* ils peuvent agir directement contre les débiteurs de leur débiteur, et les assigner *de plano* en reddition de compte et en liquidation; ils peuvent prendre inscription hypothécaire pour leur débiteur négligent, et intervenir dans toutes les instances où ils ont à craindre la collusion, *exceptiones quæ competunt debitori, competunt etiam creditoribus qui eo invito uti possunt.*

Il n'y a d'exception que pour les droits et actions qui sont exclusivement attachés à la personne du débiteur : tels que le bénéfice de minorité, une pension alimentaire, un droit d'usage et autres moyens *in personam.* On ne doit même pas prendre cette exception à la rigueur; il y a plusieurs droits que les créanciers peuvent exercer quoiqu'ils soient inhérens à la personne du débiteur : tels qu'un droit d'usufruit, un droit de légitime et plusieurs autres indiqués par Lebrun, dans son Traité des Successions, liv. 2, chap. 2, § 2, n°. 46. Il dit, entr'autres choses, qu'un créancier peut exercer un privilége personnel du débiteur, d'où résulte quelqu'émolument, pourvu qu'il ne demande point une acceptation précise de la part de la personne à qui le privilége est accordé.

Mais les créanciers ne représentent point leur débiteur comme un héritier représente son auteur; n'ayant, d'ailleurs, aucun droit sur sa personne, *non sustinent personam*; ils ne peuvent exercer les droits qui sont moins *in bonis quàm in personâ*: tel est le droit de demander le rapport à ses cohéritiers; ce n'est que dans l'intérêt exclusif de la personne que ce droit est établi, et pour maintenir l'égalité entre héritiers; ce n'est qu'en vertu d'une qualité attachée à la personne de l'héritier qu'il peut être exercé, *inter eos dabitur collatio quibus possessio data est*; les créanciers ne représentant point la personne de leur débiteur, ils exciperaient du droit d'un tiers, en exerçant l'action en rapport.

Pourtant, si l'héritier qui ne demande point le rapport, renonçait à la succession, ses créanciers pourraient se faire autoriser à accepter pour lui et demander, en ce cas, le rapport en son lieu et place; c'est ce qui résulte des dispositions de l'art. 788 du Code civil, combinées avec celles

celles de l'art. 857, ce qui est de justice,
puisqu'au moyen de leur acceptation, au-
torisée par la loi, ils sont mis dans l'intégrité des droits de l'héritier renonçant;
leur acceptation place la succession à leurs
risques et périls; ils ne sont plus simples
créanciers, ils participent aux droits d'héritier, *cui damnum huic lucrum.*

Lorsque les créanciers exercent les droits
et actions de leur débiteur, ils agissent *jure
debitoris*, et pour éviter le circuit d'action;
le défendeur peut leur opposer toutes les
exceptions et toutes les fins de non-recevoir qu'il avait contre le débiteur; il n'y
a nulle différence dans sa position, qui ne
peut être aggravée par un fait qui lui est
étranger, *loco debitoris sunt*; les représentans ne peuvent avoir plus de droit que le
représenté, *qui alterius jure utitur, eodem
jure uti debet.*---Quoties dominium transfertur ad eum qui accipit, tale transfertur
quale fuit apud eum qui tradit. L. 20. ff. de
acq. rer. domin.*

Le deuxième, accordé par l'art. 1167
du Code civil, qui les autorise à attaquer,
en leur nom personnel, les actes faits par
leur débiteur en fraude de leurs droits,

quidquid fit in fraudem creditorum nullius est momenti.

L'art. 1167 du Code civil, dit : *fait en fraude de leurs droits;* l'art. 1464., emploie la même locution; mais les art. 622 et 788 comportent une locution différente; ils exigent seulement qu'il y ait préjudice : dès-lors, on pense qu'il suffit aux créanciers d'établir le préjudice pour être admis à attaquer, par l'action révocatoire, tous les actes de leur débiteur qui diminuent leurs droits; c'est-à-dire qu'on ne doit point exiger le *consilium fraudis*, mais seulement *l'eventus damni.* En effet, les créanciers, ayant un gage sur les biens de leur débiteur, il y a fraude dès que le débiteur fait un acte attentatoire, *ita demùm revocatur quod fraudandorum creditorum causá factum est, si eventum fraus habuit.*

On n'a peut-être point assez soigné la valeur des mots dans la rédaction du Code civil; il n'y a réellement pas de synonimes de droit; ainsi, si le débiteur a renoncé à un usufruit, ou à une succession, les créanciers pourront, aux termes des art. 622 et 788, faire annuller la renonciation faite à leur préjudice; de même, s'il a transigé contre leur intérêt, s'il a déféré le serment libé-

ratoire, s'il a laissé acquérir une prescription ou une péremption, ils ont qualité
pour provoquer la réformation de ces actes.

Le Code civil donne à l'action révocatoire
plus d'étendue qu'elle n'en avait dans le
droit romain qui ne l'admettait que lorsque
le débiteur avait réellement aliéné, et non
quand il avait seulement omis d'acquérir,
*non fraudantur creditores cùm quid non
acquiritur à debitore, sed cùm quid de bonis
diminuitur. L.* 134, *ff. de reg. jur.* Cette
distinction subtile du droit romain était
fondée sur ce qu'en ce cas le débiteur ne
diminuait pas ses facultés, puisqu'il ne man-
quait qu'à gagner, *nihil tunc de suo amittere
intelligitur, sed tantùm occasionem lucri
amittere.*

Mais, l'étendue établie par le Code civil
est juste; on ne fraude pas moins effectivement ses créanciers, en n'exerçant point
une action qui pouvait leur profiter et augmenter leur gage, qu'en diminuant la masse
du gage actuel, *censetur facere in fraudem
non solùm qui donat aut vendit, sed is qui
non utitur occasione acquirendi.* — *In fraudem facere etiàm eum qui non facit quod
debet facere intelligendum est. L.* 4, *ff. quœ
in fraud. credit.*

Relativement aux tiers que l'action révocatoire doit atteindre, il faut distinguer s'ils
ont traité avec le débiteur, ou à titre onéreux, ou à titre gratuit.

S'ils ont traité à titre onéreux, le principe général est que, pour que cette action
soit utilement intentée contre eux, ils soient
conscii fraudis. Le Code civil n'a point, à la
vérité, de dispositions précises à cet égard ;
mais, par argument de l'art. 445 du Code
de commerce, il apparaît que le droit
français admet implicitement la même distinction que le droit romain. Cette preuve
de fraude, déjà si difficile à faire à l'égard
du débiteur, l'est bien plus à l'égard des
tiers, puisqu'il doit être démontré qu'ils ont
connu et participé à des manœuvres frau-
duleuses dans le dessein de tromper les
créanciers, en les privant de leur gage.

S'ils ont traité à titre gratuit, le principe général est que les créanciers ont l'action révocatoire contre toute personne qui a
reçu des biens de leur débiteur, quoiqu'elle
n'ait pas explicitement participé à la fraude,
*non est quærendum an sciente eo cui dona-
tum est, sed hoc tantùm ad fraudandum
creditores.* En effet, *nemo liberalis nisi libe-
ratus ;* une libéralité n'est légitime que lors-

qu'elle ne préjudicie point à des droits acquis; or, les créanciers, ayant les biens de
leur débiteur pour gage, tout ce qui tend
à le leur ravir, doit être révoqué. Celui qui
acquiert à titre gratuit n'a couru aucun
risque, il n'a rien payé; la loi a dû autoriser l'action révocatoire *ipso jure*, puisqu'autrement cet acquéreur à titre gratuit s'enrichirait aux dépens d'autrui, *nemo debet*
cum alterius damno locuplètior fieri.

Cependant, si l'acte en vertu duquel l'acquéreur à titre gratuit a reçu tout ou partie
des biens du débiteur, est entre-vifs, il a l'effet de saisir immédiatement et d'être irrévocable; l'art. 2092 du Code civil ne donnant
de gage aux créanciers que sur les biens
présens et à venir de leur débiteur, l'acte
entre-vifs mettant les choses *extrà bona*
donatoris pour les transférer *in bonis acci-*
pientis, il sort cette conséquence nécessaire
que les créanciers qui n'étaient point porteurs d'actes, ayant date certaine à l'époque
de la disposition entre-vifs, ne peuvent
exercer l'action révocatoire , *non potest*
videri desiisse habere qui nunquàm habuit;
les biens donnés, sortis irrévocablement des
mains de leur débiteur, lorsqu'ils ont traité
avec lui, ils ne peuvent dire qu'ils aient

fait naître, ou augmenté la cause impulsive de leur convention, *non videntur rem amittere quibus propria non fuit.*

Le créancier qui reçoit ce qui lui est dû, lors même qu'il saurait que son débiteur est insolvable, ne se rend point coupable de fraude; il ne fait que veiller à ses intérêts, c'est aux autres créanciers à s'imputer d'avoir été moins attentifs, ou moins actifs que lui, *apud Labeonem scriptum est eum qui suum recipiat, nullam videri facere fraudem; alii creditores suæ negligentiæ expensam ferre debent. L.* 6, ff. *quæ in fraud. credit.*

Le créancier assez diligent, ou assez heureux, pour recevoir ce qui lui est dû, quelques jours, quelques heures même, avant la faillite, ou la déconfiture, a valablement reçu, *vigilavi, meliorem meam conditionem feci, jus civile vigilantibus scriptum est, ideòque non revocatur id quod percepi. L.* 18, *C. de pactis.*

Il n'y a d'exception à cette règle que lorsqu'il s'était opéré saisie, délaissement, ou dévolution, *nisi id factum sit pòst bona jam à creditoribus possessa, aut ab eo factum qui pòst abstinendo, vel restitutionem impetrando solvere uni non debuit. L.* 13,

ff. *quæ in fraud. credit.;* parce qu'alors le
créancier aurait pris pour soi, ce qui appartenait à tous, *neque enim debuit præci-
pere cæteris post bona possessa, cùm jam
par conditio omnium creditorum facta esset.*
L. 6, ff. *quæ in fraud. credit.*

En morale, les créanciers ne doivent pas
agir avec trop de dureté contre leurs débiteurs; un chrétien doit toujours se souvenir de ne point faire à autrui ce qu'il ne
voudrait pas qu'il lui fût fait; ils doivent
se rappeler ce précepte du catéchisme du
concile de Trente, *quid de locupletibus di-
cemus iis qui ab illis solvendo non sunt quod
commodarent exigunt acerbiùs. . . . horum
exactionis acerbitatem, jure rapacitatem,
adquè adeò rapinas appellabimus.* (*Vide*
DÉLAI et PAIEMENT.)

FIN DU TOME PREMIER.

TABLE

DES CHAPITRES

CONTENUS

DANS LE PREMIER VOLUME.

FIN DE LA TABLE DU TOME PREMIER.

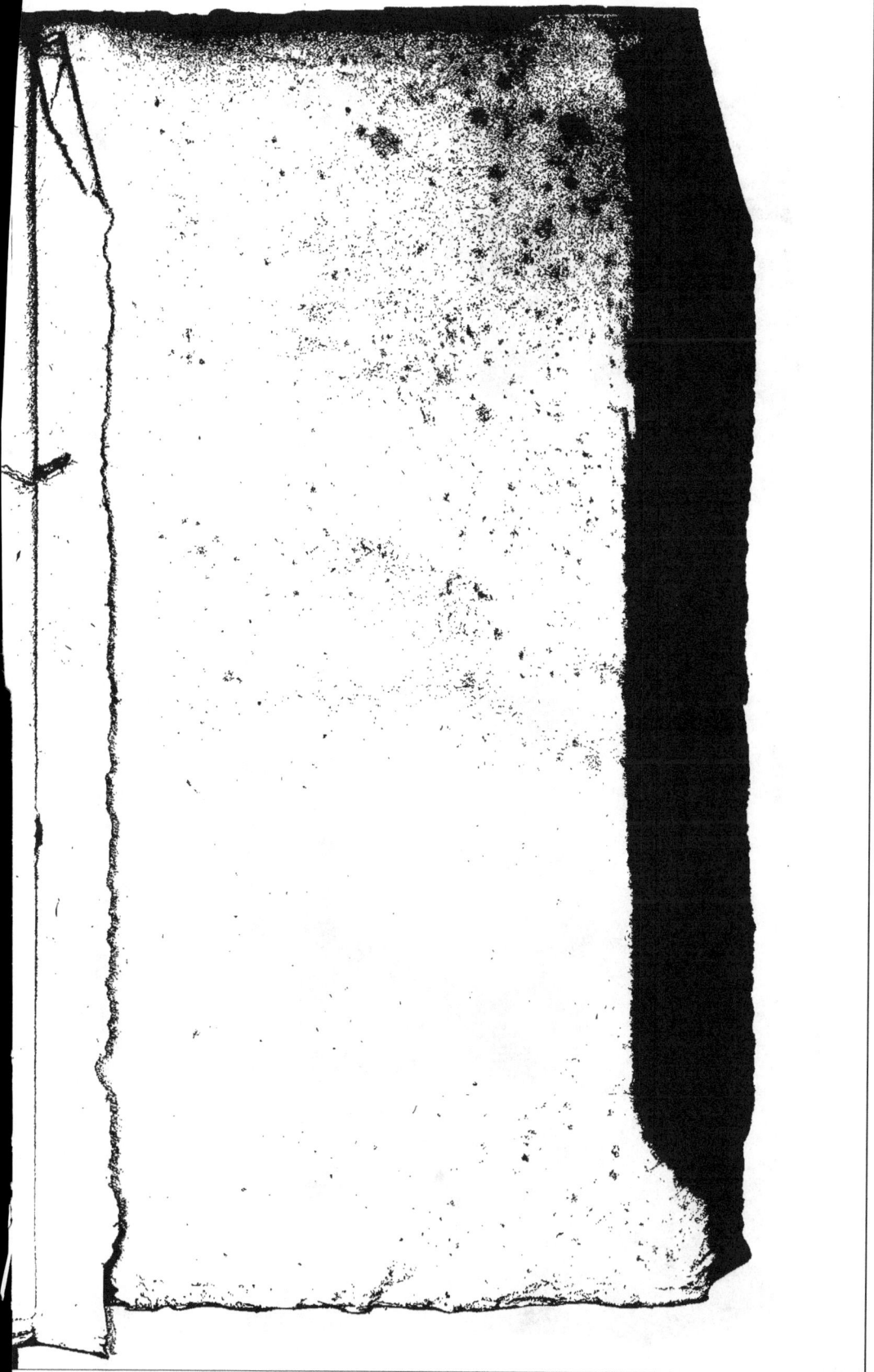